狄青

曹彬

赵匡胤

赵普

著

赵佶

宋的 一张面孔

包拯

苏轼

王安石

范镣

赵恒

范仲淹

浙江大学出版社
ZHEJIANG UNIVERSITY PRESS

图书在版编目（CIP）数据

北宋的十一张面孔 / 吴铮强著. — 杭州：浙江大
学出版社, 2021.4（2023.7重印）

ISBN 978-7-308-20499-6

Ⅰ.①北… Ⅱ.①吴… Ⅲ.①历史人物 – 生平事
迹 – 中国 – 北宋 Ⅳ.①K820.441

中国版本图书馆CIP数据核字（2020）第 159765 号

北宋的十一张面孔

吴铮强　著

责任编辑	丁佳雯	
责任校对	马一萍　牟杨茜	
封面设计	杭州兴邦电子印务有限公司	
出版发行	浙江大学出版社	
	（杭州市天目山路148号　邮政编码310007）	
	（网址：http://www.zjupress.com）	
排　　版	杭州兴邦电子印务有限公司	
印　　刷	浙江省邮电印刷股份有限公司	
开　　本	880mm×1230mm　1/32	
印　　张	10.875	
字　　数	275千	
版 印 次	2021年4月第1版　2023年7月第3次印刷	
书　　号	ISBN 978-7-308-20499-6	
定　　价	45.00元	

前　言

如果上天给你一个月光宝盒,让你穿越时空到中国古代的某个朝代,那么你一定要选择北宋。因为历史学家告诉我们,北宋社会与现代社会最为接近。高雅、浪漫、繁华、精致、卓越,这些都是北宋的标签。

来到北宋,你就走进了张择端的《清明上河图》。开封府城楼以西商店林立,屋宇雄壮,门面宽阔,生意兴隆,路上车水马龙,熙熙攘攘,热闹非凡。开封府中心的相国寺是北宋的皇家寺院,同时也是四方商品汇聚的大商场,每月定期开放八次。寺内大批房屋被辟作营业性质的邸店,供各地来京商人居住和堆放货物。

越来越多的商人在街道两旁开设店铺,曾经宽阔的街面逐步缩减,于是发生了"侵街"现象。真宗咸平五年(1002年),宋廷下令在开封城内拆毁侵街而建的贵要邸舍,并在街道两旁设置标志。但后来大批房舍店铺又突破了真宗时所立的标志,所以仁宗再次下令拆毁。到12世纪初的徽宗崇宁年间(1102—1106年),开封城内的税务机关向侵街店铺收税,这标志着沿街建筑的合法性终于得到了官方的正式承认。政府规划的坊市制逐步崩溃,侵街现象的出现标志着沿街开店设铺这种近代型的城市风貌在宋代奠定了它的基本格局。

宋代城市人口急速增长,城市规模不断扩大,一再冲破原有城墙的束缚,向四周近郊地区扩展。城市近郊出现越来越多的居民点,商业活动也随之活跃起来,郊区的经济功能和外貌景观与市区日趋接近。

法国著名汉学家谢和耐(Jacques Gernet)曾经感慨:"直至11和12世纪以前,中国人并未显示出商业上的才干。但打那(宋代)以后,经商的能力便成为中国人最卓越的品质之一。"北宋是个全民皆商的社会,商品经营者包括皇室国戚、官员胥吏、士人乡绅、寺庙僧尼、乡村农户、乡镇个体手工业者、行商坐贾、城镇平民、浮游流亡人户等。在宋人的观念中,要想致富,就要经商,"农不若工,工不若贾"的思想越来越流行。

随着商品市场的扩大和进入流通市场的商品量的增加,社会上逐渐出现了一批资产雄厚的大商人。譬如有的饭店拥有五十余炉,雇工达100~200人;有的金银彩帛铺交易动辄上千万;有的布商一次可交易五千匹;等等。商品的经营方式有长短途贩运、产销一体化经营、行商坐贾联营、批发零售结合,以及包买包卖、预买预卖等。

由于商品经济在社会生活中发挥了重要作用,加上众多的官吏士人加入商品经营的行列,对于商业的看法,宋代社会与前代相比发生了某些变化。如有些士大夫认为,士农工商都是百姓的本业,应当同等对待。宋代许多商人拥有大量财富,他们常常突破政府对各阶层服饰与交通工具的规定,衣着豪华,出行讲排场,这些行为引起了士大夫们的妒忌。

北宋是个富有创新精神的时代,中国古代四大发明中的三项——指南针、火药、活字印刷术都是在宋朝完成的。谢和耐曾说:"在社会生活、艺术、娱乐、制度、工艺技术诸领域,中国(宋朝)无疑是当时最先进的国家,它具有一切理由把世界上的其他地方仅仅看作蛮夷之邦。"日本宋史学家宫崎市定认为:宋代是中国历史上最具魅力的时代。中国文明在开始时期比西亚落后得多,但是之后这种局面逐渐被扭转。到了宋代便超越西亚而居于世界最前列。然而由于宋代文明的刺激,欧洲文明向前发展了。

北宋是个精神文明高度发达的时代。随着理学的诞生,儒学在北宋实现了复兴,儒、道、佛三家也开始相互交汇地深入发展,传统经学进入了"宋学"的新阶段。唐朝韩愈、柳宗元开创的古文运动在北宋完成。在唐宋散文八大家中,仅北宋就占据了六家。

词是宋代最具特色的文学体裁。随着由科举入仕的官僚阶层的成长，歌台舞榭和歌儿舞女日益成为文人士大夫生活中的重要内容，滋生于这种土壤的词自然异常兴盛。因此，北宋的词在词史上占有无与伦比的地位。词在晚唐五代尚被视为小道，到北宋才逐渐与五七言诗相提并论，并发展出众多流派，名家辈出。柳永精通韵律，他的词长于铺叙，用语俚俗，情景交融，深受下层平民的欢迎，以致"凡有井水饮处，即能歌柳词"。高才逸气的苏轼则冲破了词专写男女恋情、离愁别绪的界限，开创了豪放词派。

随着商业经济的发展，宋代城市平民的文艺活动也异彩纷呈，瓦子、勾栏是他们文娱游乐的重要去处。瓦子是城市中固定的娱乐中心；勾栏是瓦子内固定的演出场所，内设戏台、称为"戏房"的后台以及称为"腰棚"的观众席，四周用栏杆圈围起来，上面张有巨幕，以蔽风雨寒暑，因而也唤作游棚、乐棚等。文艺活动就在这样的场所展开，主要的形式有说唱、戏剧、杂技和武术等。

北宋几乎所有的精英都被科举制度吸纳进了朝廷。朝廷之中正上演着一幕幕华彩的戏剧，情节曲折复杂，冲突激烈深刻，台词高贵华丽，悬念永无休止。如果你能在北宋长期生活，一定要通过科举考试进入北宋的朝廷，这样你可以深切体会到什么是北宋的社会与生活，什么是文人的统治与武人的悲歌，什么叫作帝国书生意气。

所谓科举，即朝廷开设科目，士人自由报考，最后以考试成绩选拔官员的制度。科举有贡举、武举、制举、词科、童子科等不同的科目。贡举也称常科，是科举中最主要的科目，主要考察应考者对儒家经典熟悉的程度与其作文水平。宋代300余年间共开贡举一百一十八榜，所取官员共约十一万人。北宋庞大的官僚系统，特别是高级文官，主要是通过科举，特别是进士科选拔的。据统计，北宋共有宰相七十一人，其中进士出身的六十五人，约占92%；副宰相共一百五十三人，其中进士出身的一百三十九人，约占91%。

宋代贡举实行解试、省试、殿试三级考试，逐层选拔的制度。经过皇帝亲自主持的殿试后，朝廷根据殿试成绩对应举者排定名次，其中前十名是由皇帝亲自确定的。殿试评定完毕后即进行唱名赐第仪式，皇帝亲临崇政殿或集英殿，殿试官、省试官及宰臣、馆职等入殿侍立，举人等候于殿门外。然后朝廷依次传唱举人姓名，中举者入殿内接受皇帝赐予的科举等第。唱名又称传胪，仪式十分隆重，有诗曰："殿上胪传第一声，殿前拭目万人惊。名登龙虎黄金榜，人在烟霄白玉京。"真宗朝开始，唱名赐第之日中举者释褐赐绿袍、笏——中举者虽还没被授予正式的官职，但已经不再是穿褐（粗布衣服）的平民，而是步入仕途的官身。太宗至仁宗朝，第一甲的进士一般都可以直接出任州军的副长官或一县的长官。进士出身者升迁也较为迅速，高科及第者有不到10年即至宰执的，如吕蒙正于太平兴国二年（977年）考中进士第一名，6年后即升为参知政事，11年后升为宰相。

接下来向你介绍在北宋官场中最值得结识的十一位人物：

开国皇帝宋太祖赵匡胤是个黑胖子，喜欢喝酒、赌博。他武功高强却防范武人，瞧不起文人却又喜欢重用文官。这个人文化水平不高，算计不深，有点大大咧咧。由于非常重义气，人脉之广超乎想象。

赵匡胤的身边总是跟着一个书记官。这个人叫赵普，爱读历史书，是一个真正老谋深算的家伙，不折不扣的阴谋家。他曾经成功地谋划了一场兵变。不过在赵匡义篡位的过程中，他扮演着无间道的角色。无间道中的人不会有好下场，赵普同样一败涂地。但令人称奇的是，在长时间的不动声色之后，他突然重拳反击，打了一个极漂亮的翻身仗。这一次出手反击，赵普是为尊严而战的。

曹彬这名字听上去文质彬彬的，其实这个人也的确文质彬彬，不过他不是文人，而是一名武将。了解曹彬这个人后你会明白，在北宋的官场上，只有文质彬彬的人才吃香，哪怕是一个武将。

作为一个局外人，你可以用一种轻松的心态去了解宋真宗赵恒。这个人其实有轻度的精神疾病，当然不管你觉得他如何好笑，你还是要在他面前装得特别正经。如果有一天宋真宗告诉你他是"玉皇大帝"，那时你一定要装出无比崇拜的样子。

如果要去开封府找寻"包青天"包拯大人,你一定要仔细核对年份,因为包大人并不是长年在开封府上班的,他任开封府尹的时间仅一年半左右。如果你恰好与包拯同朝为官,而包拯这时刚好担任谏官,那你要注意了。虽然宋朝官场上利用职务之便捞点好处是再平常不过的事情,有时因太清闲办公室里找不到人也很正常,不过包拯在时大家还是注意点,不然你就等着他弹劾你吧。对了,还有,千万不要找人打听包大人身边的大帅哥展昭,因为压根没这号人。

想必你也能猜到,范仲淹范大人肯定整天愁眉苦脸的,谁让他先天下之忧而忧呢。这也难怪,谁叫他有个不幸的童年:父亲去世太早,母亲一个人养不活尚在襁褓中的他,只好改嫁朱家,范大人考进士时填的名字还是"朱说(yuè)"……唉,这些都是范大人的隐私,咱就不说了。不过在这里要很"严肃"地"警告"你,为了你的官途,千万不要跟着范大人去搞什么庆历新政,那伙人最后都被贬官了。不过,想要建功立业倒是可以在庆历新政前追随他到西北前线去,那里既有"四面边声连角起,千嶂里,长烟落日孤城闭"的边塞风光,又有"军中有一范,西贼闻之惊破胆"的豪迈情怀。

见到狄青大人,你一定会想问他脸上为什么有一块刺青。其实在很久以前他的脸上就有一块刺青,要不他怎么叫"面涅将军"呢。你说他这个嗜好很特别?什么嗜好,在大宋,罪犯脸上才有刺青!另外,士兵在当时的地位与罪犯也差不多,因此也会在脸上刺字。刺那玩意儿容易遭人白眼,所以其实皇上也曾想让他用药水把脸上的刺青消掉,但他居然不愿意,你说奇不奇?当然了,不奇也就不是狄青大人了,从士兵做到枢密使的,大宋朝也就只有他了。

王安石或许会让你感到痛苦,因为你可能既崇拜王安石的道德文章,又不能认同他激烈的改革措施。这已经让你非常不安了,你本打算三缄其口、静观其变,可是朝廷已经分裂为两派,要么支持改革,要么离开朝廷,你该怎么办?

你想跟着苏轼去杭州西湖,去黄州的东坡与赤壁;与他一起赋诗饮酒,吃他煮的东坡肉;你读苏轼的诗词,总以为他过着神仙般的生活。可事实上跟随着他,你才知道贬官的生活是如此艰辛,所谓的神仙生活其实只是一种心境。

如果你真的跟随被贬官的苏轼到了海南岛,那么等到朝廷大赦天下、苏轼获准到常州定居时,你最好不要再跟着他了。因为苏轼很快就要去世了,而朝廷中蔡京已经完全控制了政局,元祐党人将遭到更严厉的打击。这时,建议你直接去广西宜州,因为不久之后苏门四学士之一的黄庭坚就会被贬到这里,然后你就会结识一个很特别的人物——范寥。范寥饱读诗书,多才多艺,经历曲折,任侠好赌,他这次是专门从江南来广西追随黄先生的。不久黄先生去世后,范寥为黄先生料理完后事,便再次回到了江南。其后范寥又卷入了一件跷蹊作怪的谋逆案中,但他竟神奇地从谋逆的参与者变成了告发者,并因此成了朝廷命官。

在经历了这一切之后,你要抓紧时间游览宋徽宗设立的宣和画院,在那里你或许会结识一位叫张择端的画师,他正在创作一幅千古奇画《清明上河图》。如果你有机会参与编纂《宣和画谱》《宣和书谱》,那么你就太幸运了,你将因此见到宫廷收藏的和从民间收缴来的无数珍贵的书画文物。

玩过瘾之后,请你果断地结束你的旅程,因为金兵的铁骑很快就会踏来,优雅的宋徽宗将变成无耻的太上皇,然后再沦为可怜可鄙的阶下囚。大宋的军队将以不可思议的速度迅速溃败,你的心脏将无法承受靖康之变的残暴,你的灵魂更不堪面对靖康之变的耻辱。

……

目录

英特迈往不屑流俗：王安石

我生百事常随缘：苏轼

北宋的十一张面孔

打四百座军州都姓赵

赵匡胤

宋太祖三十二势长拳

在人们的印象中，宋朝是一个文人统治的帝国。然而这个帝国的开创者却是一位职业军官，他的名字叫赵匡胤。

在成为职业军官之前，赵匡胤闯荡江湖，行侠仗义，是一位不折不扣的大侠客。他大概是中国历史上唯一一位侠客出身的皇帝。

传说赵匡胤武艺高强。江湖第一武术门派少林寺最经典的少林长拳，据说就是赵匡胤所创。少林长拳全称"宋太祖三十二势长拳"，亦称"太祖长拳"。在结束游侠生涯、成为一名职业军官后，赵匡胤为了训练士卒，总结平生武学，综合士卒在战场上真拼实杀的格斗经验，编制了三十二势拳法。后来赵匡胤发迹变泰，成了宋朝的开国皇帝，昔日士卒自觉身价陡增，于是便在民间传授赵匡胤三十二势拳法，并名之曰"宋太祖三十二势长拳"。宋初，少林寺住持福居禅师为振兴少林拳法，曾邀当时全国十八家武林门派人士入寺切磋技艺，宋太祖三十二势长拳便属十八家之一。

21岁那年，赵匡胤告别结婚3年的娇妻贺氏，孤身一人闯荡江湖。这一年是公元948年。

就在前一年，北方的契丹攻入后晋的都城开封，俘虏了后晋的皇帝石重贵。后晋因此灭亡，而契丹在开封改国号为"大辽"。与此同时，原后晋河东节度使刘知远在晋阳（今山西太原）称帝，国号汉。刘知远就是后汉高祖。后来辽太宗耶律德光纵兵抢掠，结果被中原民众赶出了开封。刘知远乘机出兵攻占了洛阳、开封。

赵匡胤离开家乡时，刘知远已经去世，刘知远的儿子刘承祐继承了皇位。

赵匡胤的家就在当时的都城开封。赵匡胤的父亲赵弘殷，是后汉朝廷的一名禁军将校。

在那样一个王朝更替司空见惯、战乱之中民众朝不保夕的年代，军官的家庭倒是能过上衣食无忧的生活，因为军官有充足的军饷。相比被任意蹂躏抢掠的平头百姓，军官的生命和生活反而是最有保障的。因此，当时有出息的男子都会去从军，而有眼光的女子则希望能够嫁给强壮的年轻军官。

赵弘殷年轻时也曾走投无路，四处闯荡。后来他来到洛阳郊外的杜家庄，遭遇大雪，便躲在杜家庄门前。杜家庄庄主平日豪侠好客，因此他的仆人见到一位壮汉落难到杜家庄，便请他进屋，好生招待。不久杜家庄庄主看中了赵弘殷，就把一个女儿嫁给了他。赵弘殷因此成了杜家的第四个女婿，后来与杜小姐生下三男三女。长子赵匡济夭折，另外两个儿子就是赵匡胤和赵匡义——宋朝的太祖和太宗。据说杜家庄前曾经有一个小池塘叫作双龙潭，它似乎预示着两位皇帝的降临。

赵匡胤出生在这样一个军官之家，所以后人很难理解他为什么要在21岁时离开父母，四处闯荡。有人认为，当时赵弘殷事业不济，很难帮儿子安排一个合适的职位。或许根据多年的经验，赵弘殷深知，如果让儿子在禁军中从普通士卒起步，将来是不会有什么前途的，与其如此，不如让儿子去拜访各路军官，机缘凑巧的话，或许能得到一份更加合适的差使。

不过话本小说《赵太祖飞龙记》却告诉我们，赵匡胤是一个难以管教的淘气鬼，一点也不听父母的话。父母让赵匡胤进私塾读书，赵匡胤不用心学习，反而混迹于街头那些不务正业的不良少年中，经常做出越轨的举动，甚至触犯刑律，最后发展到赵弘殷要和他断绝父子关系的程度。这虽然是话本小说的记载，但非常符合离家出走的常理。

与赵匡胤形成鲜明对比的是赵匡胤的弟弟赵匡义。赵匡义总是

像大人一样一本正经，如父母亲期待的那样认真学习、刻苦读书。

千里送京娘

赵匡胤体格魁梧、身体强壮，为人豁达大度，气概非凡。更重要的是，他武艺高强。

自从赵匡胤离开家乡四处闯荡，江湖上便多了一位侠客。他的故事一直在江湖上流传，很多事迹和传说被编为说话（话本，即说话的府本）和戏曲。《赵太祖飞龙记》就是其中著名的一部。

宋朝的开封、临安（今杭州）等都市中，有一些叫作瓦子的娱乐场所。在那里，并排建造着许多大大小小专供演戏、说唱的小屋，表演说话、舞蹈、歌曲、戏剧等，从早到晚，热闹非凡。

北宋时期，说话的内容除了《三国志》、五代风土人情之外，还有名人故事。到了南宋，又出现了婚姻爱情、神仙鬼怪、公案传奇、英雄豪杰等各种类型的说话。这些说话的底本，后来就扩充、发展成了《水浒传》《三国演义》等小说。流传到今天的宋元时期话本还有不少，《新编五代史平话》《京本通俗小说》等就是几种著名的话本集。

可惜的是，讲述赵匡胤传奇故事的《赵太祖飞龙记》已经失传。其实《赵太祖飞龙记》在当时很受老百姓欢迎。明代有一本朝鲜人写的汉语教科书《朴通事谚解》中就有这样一段对话：

> 我去部前买书去了（部前是大都的地名）。
> 买了什么书？
> 买了《赵太祖飞龙记》和《唐三藏西游记》。

除了《赵太祖飞龙记》之外，还有一部讲述赵匡胤行侠仗义的短篇话本《赵太祖千里送京娘》。话本说青年赵匡胤力敌万人，是个路见不平拔刀相助的侠客。由于在开封闯下大祸，触犯王法，赵匡胤被迫从都城远逃他乡。

一路上赵匡胤继续惩治各地恶棍。当他来到山西太原时，遇到了叔叔赵景清。当时赵景清在当地一座叫清油观的道观中当道士，于是赵匡胤在那里停留了下来。一次偶然的机会，赵匡胤看见道观的一座殿房里面有一位美丽的少女。一打听，原来这位少女是蒲州人，被强盗抢到了这里。侠义心肠的赵匡胤听了这位少女的悲惨遭遇，毅然决定把她送回家。途中他们遭到了抢夺姑娘的那伙强盗的袭击，但赵匡胤将之一一击退，最后终于平安地将姑娘送回了家乡。

姑娘的父母喜出望外，热情地款待了赵匡胤，并希望他长久地留在那里，还表示要把女儿嫁给他。但赵匡胤毅然拒绝，当即离开。姑娘的父母未能如愿，十分纳闷：一个男子与一个女子同行千余里，两人的关系理应十分密切，可这个青年却抛弃自己的女儿，自顾自地走了，这是一个多么无情无义的人！于是他们就责问女儿，要她如实地说出和这个青年的关系。女儿反复解释说赵匡胤是一个正直纯洁的青年，属于柳下惠式的正人君子，父母却始终不肯相信。姑娘感到十分悲痛，为了表明自己与赵匡胤之间的关系清白，便投井自杀了。有一位日本的学者认为，这部话本的中心意思是说宋朝虽然在很多方面不及汉、唐，但其君主在不贪女色这一点上却大大胜过汉、唐。

小说、戏曲中出现的青年赵匡胤，是手持棍棒、叱咤风云的一代豪杰，常常与一帮出身高贵却又游手好闲的人结义为兄弟。一般人会认为这或许只是曲艺作家虚构的艺术形象。但出乎意料的是，有历史学家研究认为，赵匡胤的真实形象可能和这些文学作品描绘的相距不远。因为即使在当了皇帝以后，赵匡胤仍然保留了很多游侠特有的豪爽习性，比如经常大碗喝酒，喜欢在酒宴上决定国家大事，并且特别喜

爱独自一人微服私行。

军官生涯

无论赵匡胤在离开家乡四处闯荡的岁月里有没有打抱不平、行侠仗义,他离开父母的真正目的都是拜访各地军阀,希望找到一个施展抱负的机会、一个安身立命的处所。

赵匡胤曾沿着黄河溯流而上,走到陕西一带。传说当时他流落到长安(今陕西西安)街头,身上只剩下两块干馍。因为馍太干了咬不动,他正发愁,恰好看见路边一家羊肉铺在煮羊肉,便走上前去恳求店家给他一碗羊肉汤,这样就可以把干馍泡软了再吃。店家看他可怜,就让他把馍掰碎放到碗里,浇了一勺正在翻滚的羊肉汤给他。赵匡胤接过碗狼吞虎咽地吃了起来,直吃得身上发热、头上冒汗,饥寒全消,精神倍增。吃罢,赵匡胤向店主连连道谢,继续登程。

赵匡胤当上皇帝后,长安人得知当朝天子曾在此吃过羊肉汤泡馍,于是纷纷效仿,久而久之就形成了长安城中一道独特的风味食品——羊肉泡馍,并一直流传至今。

除了留下一道地方小吃之外,赵匡胤在长安一事无成。后来赵匡胤又在洛阳闯荡了一段日子,然后向南谋求出路。赵匡胤曾去复州(今湖北天门)投奔其父旧友王彦超,可是王彦超将他拒之门外,只给了他一些银两。

赵匡胤当了皇帝之后,在一次宴会上问王彦超:你以前在复州时,朕来投靠,你为什么不接纳?

王彦超连忙叩头回答说:我当时只是一个刺史,一勺水哪里能容下一条龙呢? 如果我当时接纳了陛下,陛下可能就当不成皇帝了。

赵匡胤听了哈哈大笑。

在王彦超那里吃了闭门羹后，赵匡胤只好去投靠随州（今属湖北）刺史董宗本。但在董宗本手下，赵匡胤感到很憋屈，不久便离开了。

有笔记小说记载，一位擅长占卜、相面的老僧一见到赵匡胤就赠予他一笔丰厚的礼物，并指点他向北而去。于是赵匡胤折返北上，并在途中遇到了后汉枢密使郭威。郭威就是后来的后周太祖。

郭威当时正忙于镇压一场叛乱，急需用人，赵匡胤于是应募进入郭威帐下，成了一名小校。不久后周建立（951年），赵匡胤被郭威从普通将校提拔为驻守滑州（今属河南）军队的副指挥使。但在出发去滑州任职前，赵匡胤结识了郭威的内侄、当时的开封府尹柴荣，于是被任命为开封府的马军直使（骑军指挥官），从而留在了开封。

就这样，赵匡胤终于成为中央禁军的一员将领，从此开始了他辉煌的军事生涯。

郭威是一名十分节俭的皇帝，不过他在位只有3年。郭威死后，他的内侄、养子柴荣继承了帝位，这就是后周世宗。

新皇帝周世宗34岁，正值精力充沛的年纪，但在大臣和军队中的威望还不够高。后周建立时，并没有占据后汉的全部地盘，后汉高祖刘知远之弟、镇守晋阳的河东节度使刘崇称帝，以延汉祚，史称北汉。偏偏这时北汉刘崇看准后周帝位交接这一政局不稳的时机，在辽朝的援助之下，率领军队大举入侵后周。

消息传来，周世宗打算亲征。但朝廷中多数大臣认为，敌人来势凶猛，应该持慎重态度，反对世宗亲自出征，其中四朝元老冯道的态度最为坚决。

大臣们反对的理由是，皇帝年轻，缺少战争经验，而北汉、辽朝的军队又是联合行动，形势对后周十分不利。然而临阵畏敌对于血气方刚的周世宗来说是绝对不能容忍的，最终新皇帝力排众议，决定御驾亲征。

在周世宗的督促、激励下，后周军队迅速向北行进，在高平（今山西高平）与北汉军队遭遇。后周军队分左、中、右三路分列布阵。但战争一开始，右路军一触即溃，指挥员樊爱能、何徽带领骑兵望风而逃，步兵则纷纷丢弃武器投降北汉。失败的阴影笼罩着后周军队，危急关头，周世宗率领侍卫部队亲自上阵督战，"跃马突入敌阵"。

周世宗身先士卒，将士们自然奋不顾身，争先恐后地冲进北汉军队的阵营。这时还是一名禁军殿前军的将校、负责禁卫周世宗的赵匡胤，也大喊"国家安危，在此一举"，跃入敌阵，奋力拼杀，把敌军阵营冲得七零八落。战场形势顿时大变，后周军队士气大振，奋勇直前，北汉军队全面崩溃。刘崇慌忙逃回晋阳，辽朝军队则不战而退。此次战役，历史上称为高平之战。

高平之战后，周世宗的威望大大提高，雄心勃勃的周世宗下一个目标就是统一中国。不过通过高平之战，周世宗发现他的军队不仅纪律松散，还有很多老弱病残，这对统一事业非常不利。于是周世宗开始整顿禁军，淘汰了年老体弱之人，并把各地勇壮之士招募到都城，选择其中最优秀者编成一军，名为"殿前诸班"。统领指挥这支军队的将领就叫"殿前都点检"。而负责选拔殿前诸班兵士的，就是在高平之战中建立功勋、刚刚升任为殿前都虞侯的赵匡胤。

通过整编，后周军队的战斗力大大提高，周世宗立即着手统一天下。955年，在夺取了后蜀的秦、凤（以上今属陕西省）和成、阶（以上今属甘肃省）四州后，周世宗再次御驾亲征讨伐南唐，势如破竹地攻取了淮南、江北要地。

南唐军队惊慌失措，一下子乱了阵脚。这时赵匡胤率领殿前军勇往直前，从淮南的涡口（今安徽怀远东北）一直攻到清流关（今安徽滁州西郊关山中段），占领了军事要冲滁州，活捉了皇甫晖等南唐大将。在进攻六合时，赵匡胤又与南唐军队反复激战，斩敌首级一万多。因战功卓著，赵匡胤由殿前都虞侯升任为殿前都指挥使、匡国军节度使。赵匡胤的父亲赵弘殷(时为侍卫亲军司马军副都指挥使)也参加了这次军事行动,却在行动中因病去世。

后周军队很快深入南唐腹地,但由于这一带多河川湖泊,后周的骑兵无法发挥其机动能力,结果被南唐强大的水军所击败。返回开封后,周世宗吸取教训,利用南唐的俘虏训练士兵,组建了一支强大的水军。

957年,周世宗再次亲自领兵出征南唐,一举攻陷重要据点寿州(今安徽寿县),消灭了江北的所有南唐军队。

同年十月,周世宗第三次亲征南唐,一直攻至长江岸边。南唐精疲力竭,把江北十四州全部割让给了后周。两国以长江为界,南唐被迫将"大唐"的国号改为"江南"。

在对南唐的军事行动中,赵匡胤屡建功勋,深得周世宗的信任和重用,成为屈指可数的禁军最高级将领之一,在通往皇帝宝座的道路上迈出了重要一步。

出门靠朋友

在家靠父母,出门靠朋友。

当年赵匡胤所投靠的郭威,就是靠着一帮结拜兄弟发动兵变当上皇帝的。日后赵匡胤则依样画葫芦建立了宋朝。

郭威早年曾同一帮情投意合的中下级军官结为生死兄弟,号称"十军主"。他们中有一个叫李琼的人,认定郭威将来一定大富大贵,因此找了一个机会与郭威等人刺臂盟誓:"凡我十人,龙蛇混合,异日富贵毋相忘,苟渝此言,神降之罚。"用现在的大白话讲就是我们十个人,能耐、出息各不相同,有的人将来可能会当皇帝,有些人也就能当个将军，但无论谁发达了，都不要忘了共享富贵。后来郭威正是依靠"十军主"的支持和拥戴，一举登上皇帝宝座的。

21岁就离家闯荡的赵匡胤，深知结交朋友的重要性。经过多年的经营，赵匡胤身边终于有了一帮铁哥们，号称"义社十兄弟"，他们是杨光义、石守信、李继勋、王审琦、刘庆义、刘守忠、刘廷让、韩重赟、王政忠。这些人大都是后汉初投入郭威麾下的，后来渐渐成为赵匡胤生死相交、患难与共的铁哥们。

经过10多年的军旅生涯，到了后周末期，由于赵匡胤晋升最快、官职最高，他很自然地成了义社兄弟的首领。而这时，赵匡胤的这些义社兄弟都已成为禁军的中高级将领：石守信和王审琦分别任殿前都指挥使和殿前都虞侯；韩重赟则是殿前司控鹤军都指挥使；李继勋在高平之战后升任殿前都虞侯；刘廷让任侍卫司龙捷右厢都指挥使；杨光义、刘庆义、刘守忠、王政忠等人应当也是禁军中级以上军官。

这帮弟兄自然迫切希望自己的拜把子大哥能够入主皇宫，自己也好跟着得到享不尽的荣华富贵。如果不是这帮兄弟贪图荣华富贵，赵匡胤根本没有机会登上皇位。因此在夺取帝位后第二年(961年)的七月，赵匡胤把这帮昔日的弟兄召进宫中，设宴款待，感谢他们的拥戴之功。酒酣耳熟之后，他举起酒杯，吐出了肺腑之言："如果没有弟兄们的鼎力相助，我不可能有今天，感念你们的功德，真是无日或忘。"

其实，与赵匡胤关系密切的将领，还有不少人。

赵匡胤的父亲在禁军侍卫亲军马军司中从低级军官升到高级军官，任职长达30年之久，也有很多部属、好友。如虎捷右厢都指挥使赵彦徽、河阳节度使赵晁，都是赵匡胤之父赵弘殷的拜把子兄弟。

大将韩令坤是赵匡胤儿时的玩伴。有一次两人在一间破房子里玩赌博的游戏，听见门外雀叫，便争着出去捕鸟。哪知刚一出门，房子突然坍塌，两人险些送了性命。他们的关系自然不同一般。另一大将慕容延钊，曾做过赵匡胤的副手。两人的私交也不错，即使后来当了皇帝,赵匡胤仍一直把延钊称为兄长。

其他的高级将领如高怀德、张令铎等,也是赵匡胤的朋友。这些人虽不如"义社十兄弟"那样死心塌地地为赵匡胤卖力,但赵匡胤如果能当上皇帝,他们至少也是乐观其成,并不会反对。

因此在后周禁军中,除了韩通,所有的高级将领都在赵匡胤势力范围之内。

赵匡胤不仅团结了一批知兵善战的将领,在下层士兵中也拥有较为广泛的群众基础。赵匡胤本人是从基层部队一步步爬上来的,因此比较了解士兵的疾苦,知道士兵的需求,常与士兵同甘共苦。赵匡胤仗义疏财,得到赏赐即平分给部下,使士兵打心眼里佩服。高平之战以后,受命整顿禁军的赵匡胤趁机扩大自己的影响力,在整个禁军系统中牢固地建立了自己的人脉。因此,赵匡胤在军队中享有崇高的威望,他的任何行动都很容易得到士兵们的支持。

赵匡胤见识非凡,他不仅在军队系统构建自己的关系网,还极力网罗其他人才,组成自己的智囊团。

这其中最重要的自然是赵普。

赵普的祖先居住在幽州蓟县(今北京西南)。后唐时期,由于当地战乱接连不断,赵普的祖父便离开故乡,迁居洛阳。后周世宗即位后,赵普认识了永兴军节度使刘词,并在他的幕府中任职。刘词对赵普赞赏有加,临死前还在奏疏中极力向朝廷推荐赵普。

赵匡胤攻下南唐滁州时,赵普受朝廷派遣前往滁州担任军事判官。碰巧赵匡胤的父亲赵弘殷卧病在床,赵普便朝夕看护,尽心照顾。由于这一机缘,赵匡胤和赵普一见如故,关系十分亲密。

有一次,赵匡胤捕获了一百多个盗贼,准备将他们全部处死。赵普怀疑其中必有无辜者,建议赵匡胤重新审问,最后很多人被无罪释放。此事加深了赵匡胤对赵普的信任和尊重,因此赵匡胤担任定国军、归德军节度使时,便请赵普做书记官。从此赵普一直在赵匡胤的

幕府工作,并成为赵匡胤篡夺后周政权的幕后策划者。

除了赵普之外,赵匡胤的智囊班底还包括吕余庆、刘熙古、沈义伦、李处耘、王仁赡、楚昭辅等人。

赵匡胤政治集团中,还有一个重要的人物,那就是他的弟弟赵匡义。

尽管赵匡胤与赵匡义是同胞兄弟,但两人的性格从小就不同。据说弟弟口齿伶俐,喜欢读书,孩子们对他总是另眼相待。而哥哥非常淘气,读书不用功,从私塾回来时,常常带领着一群伙伴,自己则装扮成大王。兄弟两人的性格在当上皇帝以后也没有改变。当赵匡胤成为后周重要的禁军将领后,灵活机智的赵匡义与赵普一起成为赵匡胤智囊团中的重要人物。

功夫不负有心人。经过几年的苦心经营,赵匡胤得到了丰厚的回报。他已在禁军系统中拥有了巨大的影响力,是任何人也不敢小视的实力派人物。一遇风吹草动,赵匡胤的言行便显得举足轻重,而他的政治取向足以左右一个王朝的生死存亡。

点检为天子

在赵匡胤通往权力巅峰的道路上,李重进与张永德是两个最主要的威胁。

李重进是郭威的外甥,张永德则是郭威的女婿。他们都手握重权,地位都比赵匡胤高。如果他们能和衷共济、联手合作,完全可以阻止任何变乱发生。遗憾的是,两人为了争权夺利,钩心斗角,不断发生纠纷。

张永德本来一直是赵匡胤的上级,可以说待赵匡胤不薄,两人甚至称得上是朋友。赵匡胤虽名位渐高,但因做官廉洁,平时又仗义疏财,因此积蓄不多,甚至家庭用度也常捉襟见肘。张永德不仅在政治上提携关照赵匡胤,在经济上也经常接济赵匡胤。贺夫人死后,赵匡胤续娶将军王饶的女儿做继室,张永德送了赵匡胤几千缗的金帛,使他风风光光地办了个婚礼。

不过在宋朝建立的前一年发生了一件奇怪的事情,这件事使张永德离开了权力的核心。959年,周世宗北征时"无意中"得到一块木牌,木牌上有"点检作天子"几个字。时任殿前都点检的正是张永德。周世宗看到木牌,立即对张永德起了疑心:张永德身为驸马,手握重兵,却整日与李重进争权夺利,不断内讧,自己一旦归天,张永德恐难控制,其野心不能不防。

北征本来非常顺利,后周军队仅42天就攻占了莫、瀛二州,然后开始向幽州进攻。然而天有不测风云,人有旦夕祸福,周世宗突然身染重病,被迫停止进攻,返回都城。半个月后,世宗去世,时年39岁。

世宗在去世之前,以明升暗降的方式封张永德为太尉同中书门下平章事(简称同平章事),同时免去了张永德都点检的职务,并解除了他的兵权。周世宗去世后,张永德又被任命为忠武军节度使,离开了京城,等于被逐出了权力中心。

而继任殿前都点检的,正是赵匡胤。

赵匡胤用一块木牌除掉了张永德,然后又走女人路线拔掉了李重进。

世宗去世后,他年仅7岁的儿子柴宗训继位,实权掌握在柴宗训母亲符氏手中。恰好符太后与赵匡胤的弟媳是亲姐妹,于是赵匡胤的弟媳便来到宫中,极力游说符太后赶走李重进。年仅20岁出头的符太后毫无政治经验,一纸命令便将李重进贬到遥远的扬州当节度使。李重进虽然保留了侍卫亲军司马步军都指挥使的职务,但有名无实,对朝廷政局已经鞭长莫及。

这样一来,殿前司中前四位实权派人物便成了殿前都点检赵匡胤、副都点检慕容延钊、都指挥使石守信、都虞侯王审琦。这些人不是赵匡胤的把兄弟,就是赵匡胤的老朋友。

而之前侍卫亲军司中的前五号人物是:马步军都指挥使李重进、马步军副都指挥使韩通、马步军都虞侯韩令坤、马军都指挥使高怀德、步军都指挥使张令铎。其中李重进已被打发到扬州,高怀德、张令铎、韩令坤都是赵匡胤的"自己人"。唯有韩通一人对后周忠心耿耿,不属于赵匡胤的势力范围。不过韩通勇有余而谋不足,且性情骄横、盛气凌人,与同僚关系很糟糕,有"韩瞠眼"之称。

军队基本上都在赵匡胤的掌控之中,朝堂也不难对付。新继位的后周恭帝柴宗训年幼无知,符太后于政治斗争的水平堪称幼稚,而辅政大臣魏仁浦、范质、王溥都是老好人,惯看五代的王朝更替,不能指望他们在后周政权危亡的关键时刻挺身而出、安邦定国。

陈桥兵变

宋朝建立的过程基本照抄了后周模式。

后汉高祖刘知远死后,朝政由杨邠、郭威、史弘肇等顾命大臣掌握。这引起了新皇帝后汉隐帝的强烈不满。他决心除掉这些权贵,直接掌握朝廷大权,于是接连杀害了杨邠、史弘肇等顾命大臣,驻守在魏州、重兵在据的武将郭威显然是下一个要杀害的目标。

郭威走投无路,被迫领兵攻入都城汴京。隐帝被乱兵杀死,郭威请李太后临朝听政,并提议立刘知远的侄子刘赟为皇帝。

恰巧在这时传来了契丹入侵的急报,郭威奉太后之命,领兵北上抗御契丹。到了澶州(今河南濮阳南),突然有几千名将士发生骚乱,闯入了郭威的营帐，逼着他当皇帝。有人还撕裂了一面黄旗，披在郭威身上，用来代替天子穿的黄袍。将领士兵们簇拥着郭威，口呼万岁，声震天地。于是郭威率领部队，掉头返回了都城，正式即帝位，建立了后周政权。这是951年发生的事情。

这一拥立皇帝的闹剧是不是由郭威一手策划的，难以确定。不过赵匡胤与他的谋士们大多亲身经历了这一事变。这种在出征途中被将士们逼迫当皇帝的戏码，赵匡胤太熟稔了。

960年的春节，朝廷突然接到镇、定二州的报告，说辽和北汉联合南下入侵边境。宰相范质、王溥未加核实就决定派赵匡胤率殿前司军北上抵御。

与此同时，赵匡胤集团四处散布"将以出军之日策点检为天子"的传言。和上次为了除掉政治对手张永德而制造的流言不同，这次是为自己夺取政权制造舆论。一时间，将要改朝换代的消息四处蔓延，传遍了京城每一个角落，只有高墙深院中的符太后和小皇帝还一无所知。

京都百姓不辨真假，10年之前郭威兵变后进入开封纵兵大掠的情景仍浮现在眼前。本该喜气洋洋的新春佳节，却闹得满城风雨，人心浮动。从小市民到士大夫，搬家的、逃难的，乱作一团。

当时连京城中的三尺孩童也知大变将至，但最有可能制止事变发生的韩通却根本不相信赵匡胤会犯上作乱。赵匡胤率军出发前曾到韩通府上辞行，当时韩通之子韩徽曾献计乘机干掉赵匡胤，但被韩通阻止。

当赵匡胤的大军慢吞吞地行至开封东北四十里地的陈桥驿时，已是黄昏时分。于是大军安营扎寨，歇息下来。晚上，整座军营乱成一团，士兵们并不睡觉，而是狂呼乱叫，议论纷纷，声称"当今皇上年幼无知，我辈即使出死力为国杀贼，又有谁知道我们的功劳，不如先立点检为天子，然后再北征不迟"。

据说这时赵匡胤的弟弟赵匡义、最重要的谋士赵普都在军中。他们极力劝阻将士们骚动,但将士们哪里肯听,坚决要求返回京城,先策立赵匡胤,然后再北上杀敌,否则他们就甩手不干了。

赵普见兵变时机已经成熟,当即部署了兵变细节,并要求军士们安定情绪,按计而行,返回京城后不得剽劫。

于是将士们安静下来,环侍在赵匡胤大帐周围,等待次日凌晨发动兵变。而这时赵匡胤早已喝得烂醉,呼呼而睡,对帐外发生的一切似乎毫无察觉。

同时赵普与赵匡义连夜派人驰返京城,向石守信、王审琦等人通告发动兵变的消息,让他们做好准备,一旦大军返京,就由他们打开城门,放部队入城。

次日凌晨天未亮,环侍在赵匡胤大营外一夜未睡的将士们开始骚动,呼声一片,四面群起响应,声震原野。

这时一部分将士握刀持剑,急敲赵匡胤营帐大门,高喊:"我辈无主,愿奉点检为皇上!"

守在门外的赵匡义连忙推醒还在睡梦中的赵匡胤。赵匡胤走出营帐,面对手持兵器的将校,似乎尚在梦中。赵匡胤还没明白怎么回事,就被将士们拥至厅堂。大家把一件早已预备好的绣龙黄袍披在他身上,然后一起跪拜在地,高呼"万岁"。

赵匡胤坚定地拒绝了将士们的"无理要求"。将士哪里肯听,把赵匡胤强扶上马,要他回京即皇帝位。

赵匡胤深知如果不严明军纪、建立威严,这帮将士异日必将恃功倨傲、骄横难制,于是高声宣布:"你们贪图富贵,强立我为天子,我心存感激。但是没有规矩不成方圆,你们如果能服从我的命令,我就当这个天子。否则,就请诸位另请高明。"

众将齐声高呼:"我们一定服从命令!"

赵匡胤当即下令:"少帝及太后,我曾北面称臣;文武百官,都同我并肩共事。对他们，你们不能随意侵犯凌辱。近代帝王起兵，初入京师时都纵兵大掠，今天你们不得再这样劫掠京城民众，抢夺府库财物。服从命令的，将得到重赏；不服从命令的，就杀你全家！"

于是，赵匡胤率军调转马头，回师开封，辽、汉联兵入侵的事情似乎根本没有发生过。

宋朝建立

回到京师，石守信、王审琦打开城门，赵匡胤毫无阻碍地进入了开封。

百姓们听说大军去而复回，早已成惊弓之鸟。但大军入城后秋毫无犯，解甲归营，百姓情绪顿时平静下来。几个市井无赖想趁火打劫，也被巡逻士兵迅速罚处。因此京城秩序井井有条，没有出现混乱。

后周的宰相大臣们听说兵变的消息，个个大惊失色，手足无措。只有韩通一人从朝中飞奔回家，企图组织抵抗。行至途中，韩通被赵匡胤的部将王彦昇发现，王彦昇跃马追赶。韩通刚到家门，还未关上大门就被王彦昇杀害，曾让父亲早做防备的韩徽同时遇难。

朝堂之上，宰相范质紧紧抓住另一个宰相王溥的手说："匆匆派兵，导致此变，我们有负先皇临终所托，断送后周天下，罪该万死！"正当范质、王溥等一班文臣长吁短叹之时，士兵们冲进朝廷，逼迫范质等人来到都点检公署。

赵匡胤见到朝中大臣，倒也有一丝羞愧："我受世宗厚恩，今日被六军所逼，到了这种田地，实在让人惭愧。"

范质正待上前硬起头皮斥责赵匡胤，军校罗彦环持剑上前，厉声喝道："我辈无主，今日须得天子！"

一见这个阵势，范质、王溥等文官觉得还是保命要紧。迟疑片刻，王溥第一个倒身下拜，范质跟着跪下口呼"万岁"。周世宗临终时的顾命大臣，就这样改换了门庭，宫中寡妇孤儿只能将江山拱手相让。

夜长梦多，事不宜迟。当天下午，开封城中锣鼓喧天，旌旗招展。崇元殿上，百官齐聚，举行了隆重的禅代仪式。

翰林学士承旨陶穀拿出早已准备好的禅位诏书，以后周小皇帝柴宗训的口吻向全国宣布，后周失去政权是因为失去了民众的拥护，赵匡胤继承皇位是顺承上天的旨意，为了顺应天意与人心，后周非常乐意将政权交给赵匡胤。随后赵匡胤在龙座面前下拜行礼，接受了这一诏书，接手了后周的政权，登上了皇帝的宝座。

因为赵匡胤曾任归德军节度使，而归德军治所在宋州（今河南商丘），因此新王朝定国号为"宋"。

赵匡胤就是历史上的宋太祖，这一年他年仅33岁。他将这一年的年号改为"建隆"，寓意"创造蓬勃兴盛的新时代"。

杯酒释兵权

宋朝建立后，对于攸关政权安危的各类人员，赵匡胤都迅速给予了赏赐与安抚。

首先是对参与或支持兵变的"开国功臣"（如石守信、高怀德、张令铎、王审琦、张光翰、赵彦徽等）以及策划兵变的幕僚（如刘熙古、赵普、吕余庆、沈义伦、李处耘等）分别予以重用。其次是对原来后周的文武大臣一概留任，并为领有重兵的将领加官晋爵，如对防御辽军至关重要的侍卫亲军司马步军都虞侯韩令坤、前副都点检慕容延钊，以及驻守潞州的李筠和驻守扬州的李重进等都升了官。同时封柴宗训为郑王，让他迁居西京洛阳（宋朝的东京是开封），并礼遇原先臣属于后周的割据政权。

但新建的宋朝只控制了首都开封及周边部分地区，各地节度使大多还在观望局势变化。

后周昭义军节度使、驻守潞州的李筠是后周的建国功臣、抗击北汉的主将，资历远高于赵匡胤，对赵匡胤代周建宋十分不满。但李筠不敢立即起兵，直到四月才与北汉结盟，率军讨伐赵匡胤。赵匡胤先派石守信、高怀德等分道迎击，到六月则亲率大军对付李筠，将李筠包围在泽州城中。城破之后，李筠投火自杀，李筠之子李守节投降。

李筠举兵后，驻守扬州的李重进曾派亲信翟守珣前往联络，试图联合李筠共同举兵。不料翟守珣到开封向赵匡胤报告了这件事情，赵匡胤为了防止李重进与李筠南北呼应，使局势变得更加复杂，便让翟守珣说服李重进暂缓发兵，又遣使赐李重进铁券誓书，稳住了李重进。到九月李重进在扬州起兵时，李筠早已被平定。赵匡胤先派石守信领兵讨伐，十月再次亲征，十一月便攻破扬州城，李重进全家自焚而死。

平定李筠和李重进叛乱后，其他心怀不满而实力不济的地方藩镇只得屈服，赵匡胤基本稳定了政权更替后的局势。

为了防止类似陈桥兵变的事件再次发生，赵匡胤逐步免除了那些名位与自己相近的禁军高级将领的军职。赵匡胤建立宋朝后，慕容延钊成了殿前都点检，韩令坤则任侍卫亲军司马步军都指挥使。建隆二年（961年），赵匡胤首先免除了这两人的禁军职务，让他们出任地方上的节度使。殿前都点检这个赵匡胤建宋前担任过的职务似乎不便再授予任何人，因此便空缺了。侍卫亲军司马步军都指挥使则由赵匡胤的把兄弟石守信担任。

七月，侍卫亲军司马步军都指挥使石守信、殿前副都点检高怀德、殿前都指挥使王审琦、侍卫亲军司马步军都虞侯张令铎等人都被免除了禁军职务,出任地方上的节度使去了。这样一来,侍卫亲军司马步军都指挥使、副都指挥使、都虞侯的职位都空缺了,原来从属于侍卫亲军司的马军司与步军司成了皇帝直接控制的机构,与殿前司并称"三衙"。而赵匡胤任命的"三衙"长官都是些资历浅薄、才干平庸的将领,禁军就这样被牢牢地控制在皇帝一人手中了。

对于赵匡胤削夺禁军高级将领兵权一事,宋人笔记有一段戏剧化的演绎,说是一天晚朝结束,赵匡胤宴请石守信、王审琦、高怀德等禁军系统的老朋友喝酒。酒酣耳热之际,赵匡胤不免有些心里话与这些好兄弟、老朋友聊聊。

赵匡胤说,做皇帝好心烦的,整天提心吊胆。

石守信等人说,做皇帝多好啊,你有什么好烦的。

赵匡胤说,就烦别人也想做皇帝。

石守信等人一听话里有话,吓得连忙叩头说,你当皇帝是上天的旨意,谁还敢有这样的心思?

赵匡胤说:"我知道你们没有这样的心思,可你们的部下就说不准了。要是他们为了自己的富贵,也拿个黄袍披在你们身上,你们想不做也难了。我看你们领兵打仗是为了什么呀,不就是想升官发财过好日子吗。我看你们不要在禁军里干了,到地方上去做大官,为子孙多买些田地,造些宅府,那日子过得多舒服。这样的话,我们君臣之间也不用相互猜忌了,你好我好大家好,也不枉我们兄弟一场,你们说呢?"

石守信等人一听,都说皇帝为我们想得真周到。第二天这些人就递交了辞职报告,要到地方上享受生活去了。这就是"杯酒释兵权"的故事。

历史学家一般是不相信这种拿军政大事当儿戏的故事的。不过这则故事生动地反映了赵匡胤解除禁军将领职位的基本手段——经济赎买,而不是政治迫害或暴力夺取。宋代武将大多贪图富贵,或许与这种政策有很大关系。

与此同时，赵匡胤还将军权一分为三。他沿用了五代时期掌管军政的枢密院，却改用文人担任枢密院长官。这就意味着禁军只负责军队平时的训练，调兵作战要由文人掌管的枢密院安排。同时，每当出兵打仗，由皇帝临时决定领兵统帅。三方面相互制约，禁军就不可能脱离皇帝的控制了。

打四百座军州都姓赵

赵匡胤夺取中原的政权后，南唐、吴越、泉漳、荆南、湖南等汉族割据政权表示臣附，未表臣附的有后蜀、南汉和北汉。在这些政权中，北汉地域狭小而军队强悍；南唐与后蜀国力较强，而且一东一西与宋朝毗邻；荆南与湖南两个小政权夹在南唐与后蜀之间；吴越相当顺从；泉漳与南汉在最南方。此外，宋朝周围还有北方的辽，西北的党项、回鹘，以及西南的大理等少数民族政权。

宋朝所谓的统一事业，并不是要将上述所有政权一一踏平，而是指消灭各汉族割据政权，并夺回石敬瑭割给辽朝的幽云十六州。

宋朝的君臣大多认为，辽朝的军队非常强悍，难以对付，如果先攻打北方的北汉政权，将导致宋与辽直接对峙，这样一来宋朝北方边境将受到严重威胁，极不利于宋朝对南方作战。此外，南方税源丰厚，先将南方划入版图更容易积累财富作为对北方作战的物质基础。在这种指导思想下，赵匡胤决定先攻取南方的各个政权。

建隆三年（962年）九月，割据湖南的武平节度使周行逢卒，其子周保权继位。衡州刺史张文表起兵袭占潭州（今湖南长沙），企图取而代之。周保权一面派军队抵抗，一面派人向宋求援。乾德元年（963年）正月，赵匡胤命慕容延钊为都部署，李处耘为都监，借道荆南讨伐张文表。

二月初九,宋军到达荆门(今属湖北)。这时周保权已经平定张文表之乱,但宋军仍要求借道荆南。荆南节度使高继冲派叔父高保寅到宋营探听情况。当夜,慕容延钊宴请高保寅,同时派数千骑兵偷袭荆州。高继冲惊慌迎战,宋军迅速攻占荆州。初十,高继冲投降,荆南亡,宋得三州十七县。

吞并荆南后,宋军日夜兼程向湖南进发,遭到了湖南张文富部的抵抗。慕容延钊水陆并进,攻取了岳州(今湖南岳阳)、澧州(今湖南澧县),张文富退守朗州(今湖南常德)。李处耘放归的俘虏纷纷传播宋军吃人之事,朗州军民非常恐惧,便向山谷奔窜。慕容延钊遂率军入朗州城,擒杀了张文富,并俘虏了周保权。朗州灭,宋得十四州一监六十六县。

平定荆南和湖南后,后蜀、南唐和南汉便处于宋朝可直接打击的范围之内。

乾德二年(964年)十月,后蜀国主孟昶派赵彦韬携蜡书出使北汉,企图与北汉联合攻宋,不料赵彦韬将蜡书献给了宋朝。十一月,宋朝以此为借口,派六万大军进攻后蜀。宋军由王全斌率主力由凤州(今陕西凤县东北)南下,攻打四川北边的门户剑门(今四川剑阁北);由刘光义率偏师从归州(今湖北秭归县)沿长江西上,剑指四川东大门夔州(今重庆奉节县东)。后蜀则派王昭远和赵崇韬统军北上抗击王全斌。

结果刘光义军连败后蜀水军,攻占了夔州,后蜀东部门户首先丢失。次年(965年)正月,王全斌军兵分两路夹击剑门,后蜀军队一触即溃,赵崇韬被俘。之后宋军攻占了剑州(今剑阁),活捉蜀军统帅王昭远。后蜀太子孟元喆昏庸无能,率军进至绵州(今绵阳)时还在与姬妾伶人嬉戏,听说剑州失守,不战自溃,慌忙逃回成都。

孟昶见大势已去,便派使臣奉表投降。正月初九,宋军于魏城(今绵阳东北)受降,后蜀亡,宋得四十五州一百九十八县。宋平蜀后,王全斌部在蜀中野蛮掠夺,激起后蜀降兵叛乱,蜀中百姓纷纷响应。宋朝不得不增派军队入川镇压,叛乱方得平息。

消灭后蜀后,赵匡胤开始攻打北汉。开宝元年(968年)七月,北汉皇帝刘钧卒,北汉发生内乱。赵匡胤认为有机可乘,便于八月派李继勋、党进等进攻北汉。北汉派刘继业(杨业)抵抗,同时向辽朝求援。十一月,辽军救援北汉,宋军无功而返。次年正月,赵匡胤亲征北汉,直抵太原城下。四、五月,宋军分别于阳曲(今属山西)北和嘉山(今河北曲阳东)击败辽朝援军。但是北汉坚守太原城,宋军围攻数月而不得。这时雨季开始,宋军中疫病流行,同时辽军又将来援,宋军只得撤兵。

宋灭后蜀后,曾通过南唐劝说南汉国主刘鋹臣服,遭到刘鋹拒绝。开宝三年(970年)九月,宋朝派潘美、尹崇珂率湖南的地方军队讨伐南汉。宋军自郴州(今湖南郴州)南下,连克贺州、昭州、桂州、连州。十二月,宋军进至韶州(今韶关),南汉十万大军以象阵为前锋抗击宋军。宋军以强弩射象,大象中箭奔回,冲散了南汉军,宋军遂攻占韶州。次年正月,宋军再克英州(今英德)、雄州(今南雄),长驱南下,进逼广州城。穷途末路的刘鋹用竹木筑成防栅,宋军采用火攻,南汉军队狼狈逃窜。开宝四年(971年)二月初五,刘鋹被迫投降,南汉亡,宋得六十州二百一十四县。

宋灭南汉后,南唐十分害怕,国主李煜(就是那位著名的词人)加倍进贡宋朝,企图维持割据政权。南唐落第士人樊若水在采石矶附近以钓鱼为名用丝绳测量长江宽度,并向宋朝建议以船建浮桥渡过长江。他的建议被赵匡胤采纳。开宝七年(974年)九月,宋朝遣使召见李煜,李煜称病不赴。赵匡胤以此为借口,准备平定南唐。

李煜派徐铉出使开封。徐铉对赵匡胤说,南唐对宋朝从来都十分恭顺,没有任何过失,宋朝攻打南唐真是没有道理可言。赵匡胤说,南唐的确没有什么罪过,但是天下一家,卧榻之侧,岂容他人鼾睡!

十月，赵匡胤以曹彬、潘美为帅，自江陵顺流而下进攻南唐，连克池州（今安徽贵池）、铜陵、芜湖、当涂、采石（以上今皆属安徽）。十一月，宋军以船建成浮桥，渡过长江，并击败了南唐水陆两军。

开宝八年（975年）初，宋军开始进攻金陵（今江苏南京），吴越协助宋军进攻，常州（今属江苏）、润州（今江苏镇江）降。南唐杀死了试图降宋的金陵守将皇甫继勋，派镇守湖口（今属江西）的朱令赟统兵十余万东下金陵抗击宋军，结果朱令赟部进至皖口（今安徽安庆西）时被宋兵击败。十一月，宋军攻占金陵，李煜投降，南唐亡，宋得十九州三军一百零八县。

赵匡胤去世时，南方除了吴越和泉漳两个割据政权，其他均已归入大宋版图。在各个割据政权中，吴越对宋朝是最为顺从的，不但向宋称臣，还协助宋军攻打南唐。南唐灭亡次年，钱俶到开封朝见赵匡胤，赵匡胤对他十分礼遇，并信守诺言放他回国。

宋太宗继位后，钱俶于太平兴国三年（978年）三月再次入朝。割据泉漳的平海军节度使陈洪进在前一年的八月入朝进贡，在开封住了半年多，太宗就是不放他回去。陈洪进知道宋太宗的领土要求，便献出泉漳两州十四县，于是泉漳归入宋朝版图。钱俶见状，上表请求罢去吴越国王、天下兵马大元帅等官衔，要求回吴越，遭到宋太宗拒绝。无奈，钱俶只得于五月初一向宋朝献上吴越的十三州一军八十六县。

皇帝的睡眠问题

在各种史书中，对宋太祖赵匡胤的评价多是"聪明豁达""神武英断""宽仁多恕""孝心友爱"等。画像中的赵匡胤则是身材魁梧、面相宽厚、黑里透红，一副慈祥的样子。

其实赵匡胤的一生由三个不同的形象组成，一是少年时代的游侠，二是一名成功的职业军官，最后才是陈桥兵变后的皇帝。不过即使当了皇帝，赵匡胤仍保持着早年嗜酒的习性。

赵匡胤十分好酒，曾亲口说过："朕每因宴会，乘欢至醉，经宿未尝不自悔也。"赵匡胤这一生最为关键的时刻都离不开酒的陪伴。陈桥兵变时，将士们鼓动喧哗，弟弟赵匡义和谋士赵普在暗中谋划，赵匡胤自己则喝个大醉，呼呼大睡，貌似并未参与兵变的阴谋。赵匡胤解除禁军将领的兵权也是在酒宴上进行的，留下了"杯酒释兵权"的典故。

有学者分析，赵匡胤给人大腹便便、性格豪放的印象其实是人们根据他嗜酒的特点想象出来的，事实上赵匡胤生性怯懦多疑，甚至被认为有点神经质。关于这一点的重要证据是，赵匡胤在当了皇帝之后，睡眠便成了他一个严重的问题。他对周围的一切都不大相信，整日提心吊胆，睡不好觉。例如"杯酒释兵权"时，赵匡胤说"吾终夕未尝敢安枕而卧"。而在访问赵普时，赵匡胤也说到了自己的睡眠问题。

赵匡胤在当了皇帝之后，仍然喜欢微服私访，经常悄悄走上开封街头，察访民事。侍从向他劝谏，指出身为皇帝轻率外出是十分危险的。他从容地说，"帝王之兴，自有天命，周世宗见诸将方面大耳者皆杀之，我终日侍侧，不能害也"，显得十分豪爽。不过也有学者认为赵匡胤的这种习惯是一种有失身份且愚蠢的行为，同时这也说明他对自己的处境十分不安，民间的情况如果不是亲眼所见他就放心不下。

赵匡胤私下最爱拜访的是谋士赵普的家，而且经常搞突然袭击，以至于赵普退朝后在家里都不敢脱下朝服。一天晚上，天降大雪，赵普想，这样的天气皇上应该不会来了。可是正当赵普准备休息时，突然听到一阵敲门声和叫喊声，出门一看，正是太祖立在雪地里。

赵普慌忙迎拜，请太祖进屋，并在房间里铺上厚厚的地毯，烧炭煮肉招待太祖。赵普的妻子也出来为太祖把盏斟酒，太祖亲切地称她为"嫂子"。酒过数巡，赵普才慢慢地装出很随便的样子问："夜深天冷，陛下怎么还出来?"太祖回答说:"吾睡不能着,一榻之外,皆他人家也,故来见卿。"赵普这才知道如何统一全国的问题已经折磨得太祖无法入睡。

不过,赵匡胤的最后一觉一定睡得很香。据说赵匡胤在去世那天晚上曾与皇弟赵光义(赵匡胤当上皇帝后,赵匡义就把名字改成赵光义,后来他自己当皇帝后又改成炅)对饮。不过当时就有人猜测,其实是皇弟赵光义在酒中下毒才导致了赵匡胤的突然去世。

半部《论语》治天下

赵普

赵普的秘密

赵普的一生,是在阴谋中度过的。因此他对保守秘密有着绝对的自信。

某天,他掌握了一个天大的秘密。然而这个秘密实在太荒谬了,荒谬到说出来的时候,没有一个人会相信。因此只有永远地埋藏这个秘密,这个刚刚建立的王朝才会显得正大光明。同时赵普相信,这个秘密将成为他一生中最大的政治资本,让他享尽荣华富贵。哪怕自己骄纵不法、为所欲为,皇帝也将永远地宠信他、爱护他、尊重他。

然而赵普错了,大错特错。

那是赵普一手策划并指挥陈桥兵变,帮助宋太祖赵匡胤夺取政权的第二年(961年),赵匡胤的母亲杜太后忽然病重,临终之际,杜太后将太祖和赵普召到病榻前。

赵普感到非常奇怪,他虽然与太祖家关系极为密切,临终受命尚属正常,但杜太后最后想见到的应该是她的儿子赵匡胤、赵光义和赵廷美。令人吃惊的是,当太祖与赵普在杜太后病榻前接受遗命时,杜太后最宠爱的儿子赵光义始终没有出现。

这种不正常的现象令赵普非常不安。赵普凭直觉认为,赵光义刚刚离开杜太后身边不久,想来之前杜太后与赵光义已进行过长时间的谈话。

这时杜太后忽然问太祖:"你知道你之所以能坐天下的原因吗?"

此言一出,赵普立即回想到陈桥兵变后,杜太后的第一反应是"我儿素有大志,今日果然如此"。可见杜太后是推动太祖发动政变的因素之一,她是一位对权力很有兴趣的老太太。

太祖这时正在悲泣,不知应该如何作答。杜太后却坚持要让太祖回答,太祖不得不敷衍道:"我之所以能得天下,都是靠祖上和太后的积德。"

面对长子的马虎眼,杜太后淡淡一笑,严肃地说道:"恐怕不是吧。只不过是因为周世宗让他年幼的孩子当了皇帝,以致完全不能控制局面,才让你有了机会。如果周朝有个年长的君主,天下岂是你想夺就能夺的。你和光义都是我生的,等你百年之后,应该传位于你的弟弟。天下如此之大,立一位成年的君主才是国家社稷之福啊。"

对于一个在阴谋中成长起来的谋士而言,掌握信息和预料事情的动向是至关重要的。当太祖跪地连称"谨遵教诲"的时候,赵普迅速地梳理了一下头绪,意识到事情正如他所预料的,因此局面尚不至于失控,或者说把握事态主动权的机会还很大。

这时杜太后忽然扭头对赵普说:"赵书记把我的话记下,不得有误。"

赵普乖顺地取出纸笔,写下"建隆二年六月甲午,上受太后遗命:兄终弟及,社稷之福"一行字,并在最后署下"臣普记"。

赵普随太祖一起退出杜太后寝宫时,笑嘻嘻地对太祖说:"这个不妨由陛下自己保管?"

太祖笑着收下了太后的遗命,亲自将其放入一个精致的金匣子,用蜡涂封,并在封蜡上盖上太祖的私密印玺,然后吩咐宦官藏于后宫。

危险的遗命

回到自己的府第,赵普一直在回想和分析赵光义这个人。赵光义和他的哥哥相差12岁,和赵普则相差17岁。

956年，赵普任滁州军事判官时初次会见太祖，并因为悉心照顾太祖生病的父亲而与太祖结下深厚的私谊。赵弘殷对赵普"待以宗分"，也就是将赵普当成自己家里人一样看待。不久赵弘殷病逝，赵普则成了太祖的谋士，从而认识了太祖全家。当时赵匡义年仅18岁，而赵匡美（后改名为赵廷美）才10岁，太祖的长子德昭才6岁。在赵普眼里，他们都还是小孩子。太祖的母亲杜氏对赵普很亲热，称呼其为"赵书记"，至死不变。

不过赵普很快就观察到，虽说老大赵匡胤是全家的顶梁柱，杜氏也非常依赖这个大儿子，但从感情上说，杜氏并不喜欢大儿子。就像赵弘殷一样，赵匡胤在她眼中就是一个粗俗的武夫，不懂规矩，从小调皮捣蛋，长大后整天与一群狐朋狗友饮酒赌博，到处闯祸。而且赵匡胤自少年时代就离家出走，后来参军，长年在外，随时都有生命危险，绝不是母亲可以寄托感情的对象。

而杜氏第二个存活的孩子赵匡义就完全不一样。虽然两个孩子都中等身材，肥胖而略显臃肿，方面大耳，面孔黝黑，但赵匡义自出生便一直留在母亲身边，喜欢上私塾，喜欢写字，经常拿一些书法作品给母亲欣赏，甚至还学会了作诗。在闲暇的时候，匡义喜欢哼着小调与伙伴下围棋，或者玩蹴鞠。虽然匡义也很贪玩，但他不会脱离母亲的视野，不像兄长那样调皮闯祸。这让母亲感到安心，匡义也因此得到了特别的宠爱。

也有记载称，陈桥兵变时，赵普亲自安排太祖全家躲在定力寺静观其变。赵普让赵匡义照顾好全家，并说如有异常情况，军中会有太祖的义社兄弟及时照应，不必害怕。当时赵匡义十分冷静，既不慌张也不打听，并且始终陪伴在母亲身边，这给赵普留下了深刻的印象。

兵变成功之后，已成为皇弟的赵光义作为太祖最亲近的成年男子，立即被任命为殿前都虞侯。五月，太祖讨伐李筠，赵光义被任命为大内都点检，留守京师。十月，太祖南征李重进，光义又被任命为大内都部署,留守京师。显然,这时的赵光义是作为太祖最信赖的人物出现的。太祖不在京师时,赵光义是掌握禁军兵权的最高指挥官。

此外,赵普回想起,在兵变到杜太后去世的这段时间里,杜太后对自己似乎特别热情,经常要求赵光义跟随自己出门。赵光义是一个很乖巧的年轻人,每次和赵普在一起,都会请教政治运作和军队权力结构方面的问题。赵普认为赵光义骤然承担政治重任,这方面的知识是迫切需要掌握的,因此总是十二分详细地向光义介绍各种政治上的细节和内幕,而赵光义对这些也有异乎寻常的浓厚兴趣。现在看来,杜太后的热情和赵光义的乖巧并非偶然。

一个极富挑战意味的难题摆在皇帝和赵普面前:是不是应该将皇弟光义作为皇位继承人来对待?

陈桥兵变才刚刚过去一年,新皇帝年仅34岁,每天都有万般算计的赵普的确没有考虑到,皇位继承人的问题会如此迅猛而严峻地摆到他的面前。

如果已在弥留之际的人不是杜太后而是当今皇上,而这时太后提出应该由22岁的皇弟赵光义继位,而不是由10岁的皇子赵德昭继位,赵普肯定不会有任何的异议。相反,他会认为杜太后深明大义。

但现在在弥留之际的人是杜太后,她那当了皇帝的儿子只有34岁,10年之后皇子德昭就是21岁,完全是一位成年人。何况选择继承人是皇上的权力,怎么可以由太后来指定继承人呢?

再说,如果皇上将皇位传给皇弟赵光义,那么光义之后皇位又应该传给谁呢? 按照"兄终弟及"的方式,皇位岂不是要传给赵廷美?

虽然赵普深知,杜太后的遗命只是让皇上传位给赵光义,并无意让赵廷美继承皇位,但赵普偏偏要在遗命中写"兄终弟及",以此来突显杜太后这个遗命的荒唐愚蠢。换言之,赵普是想通过质疑这个遗命的合理性来削弱其合法性。

赵普不是那种整日"子曰诗云"的酸儒。在那些读书人面前,赵普总是自称小吏,"寡于学术"。赵普偶尔会读读《论语》,并认为《论语》中孔子与弟子的诸多对话显示孔子其人颇有性情,是一个顽固而实在的人,远胜于后世的穷酸文人。世间俗儒流传着赵普"半部《论语》治天下"的说法,这一方面是嘲笑赵普经书读得太少,另一方面则是为了抬高《论语》的地位,将《论语》视作治国宝典。其实《论语》在赵普的时代地位并不高,只不过是一部小经,与五经(《诗》《书》《礼》《易》《春秋》)不能相提并论。《论语》被列为四书之一,成为比五经更重要的经书是赵普之后200多年的事情了。

赵普不爱读经并不意味着赵普不爱读书。在赵普看来,经书对于辅佐王霸之业并没有多少实际意义。赵普爱读的是对政治运作提供了大量实例的史书。他对《左传》《史记》《汉书》等史书中记载的各种历史事件,可谓是烂熟于心。

无数的历史经验都证明,兄终弟及只能带来政治上的混乱。孔子是商朝王族的后裔,商朝后来被周朝所灭,但孔子说"郁郁乎文哉,吾从周"。孔子为什么不顾自己的血统而推崇周朝文化呢?商朝实行"兄终弟及"的继承惯例,常常引发内部纷争。而周朝实行嫡长子继承制,确保了王位继承和权力过渡的平稳。这应该是孔子推崇周朝文化的重要原因。

举个例子来说:春秋末年,吴王寿梦去世,留下了四个儿子——长子诸樊、次子余祭、三子余昧、幼子季札。季札很贤能,寿梦最初想要传位给他,但季札谦让,不肯接受。寿梦于是立长子诸樊,由季札代理行政。后来诸樊也要让位给季札,国人也坚决拥立季札,但季札认为这不合礼法,会引起内乱,坚决不答应,最后竟抛家弃室跑到田野里去种地。诸樊不死心,临死前将君位让了弟弟余祭,让他按兄弟次序一个个传下去,最后传于季札为止。后来余祭传位给弟弟余昧。余昧去世后,就轮到季札来继位了,但季札又逃走了,君位不得不传给了余昧的儿子僚。

这时,诸樊的儿子公子光就向吴王僚发起了挑战,他认为,他的父亲诸樊是为了将王位传给季札才在兄弟中一个个往下传的。现在既然季札没有继位,那么就应该把王位传回给诸樊这一支,由他当国君。最后公子光在伍子胥的帮助下,派刺客专诸在宴会上刺杀了吴王僚,继位为国君。公子光就是吴王阖闾。

这个例子表明,即使兄终弟及能够顺利进行,第二代的继承问题仍会引起严重的政治危机。杜太后要求皇上将皇位传给皇弟光义,这可能引起皇子赵德昭的不满。即使光义能顺利继位,光义死后还是会引起匡胤子德昭、光义诸子、皇弟廷美之间激烈的权力斗争。哪怕赵氏兄弟真的能遵循杜太后遗命,兄终弟及传至赵廷美,但是三兄弟的后代仍将形成三股争夺皇位的政治派别,将宋朝闹得永无宁日。

因此赵普分析,杜太后的遗命为刚刚建立的宋朝政权留下了一个深不可测的陷阱。如何才能填平这个陷阱,正是谋士赵普此时面临的巨大难题。

以天下为己任

赵普虽然小吏出身,"寡于学术",写不出漂亮的文章诗赋,但有着非凡的政治抱负。

赵普是幽州蓟县人。五代的蓟县城,在今天北京城的西南。赵普显赫之后,曾为他五世的祖先修建了祖庙。然而,流传到今天的史籍却只记载了赵普三代祖先的简况。他的曾祖父叫赵冀,做过三河(今河北三河)县令。祖父叫赵全宝,做过澶州司马(州郡长官的助理官之一)。赵普的曾祖父和祖父大致生活在唐朝末年。赵普的父亲赵迥生活在五代,做过相州(今河南安阳)司马。曾、祖、父三代都是小吏。赵普并没有显赫的家世，因此他在表奏中总是称自己"臣比乏宏才，且非世胄""出自孤寒，本非俊杰"。

唐末藩镇割据，幽州卢龙军是著名的河北三镇之一，治所就在蓟县。911年，幽州节度使刘守光自称皇帝，建立大燕国。913年，晋王李存勖派大将周德威攻灭大燕国。10年后，李存勖灭后梁，建立后唐政权，赵普就出生在后唐政权建立的前一年。

赵普出生后，后唐虽已统一中原，但幽州并不太平，连续遭到契丹的进攻。936年，赵普15岁。就在这一年，后唐河东节度使石敬瑭甘当儿皇帝，投靠契丹，引契丹军南下。为答谢契丹的支持，石敬瑭把包括幽州在内的燕云十六州（也称幽云十六州）之地割让给了契丹。

赵普的父亲赵迥不愿受契丹的统治，遂率领全族南迁，来到常山（今河北正定）居住下来。常山是三国名将赵云的故乡，当地人质朴少文，性多敦厚。赵普一家在常山大约居住了6年多，常山豪族魏氏很赏识沉厚寡言的赵普，便把女儿嫁给了他。

942年，驻在常山的成德节度使安重荣举兵反抗后晋，石敬瑭派杜重威率大军前去镇压，擒杀安重荣。两军交战，常山成为战场。赵迥不堪战乱，再度举家南迁至洛阳。这一年赵普21岁。战乱与颠沛流离之苦，使赵普深刻认识到和平安定的重要性。

迁至洛阳后，父亲赵迥让赵普到相对安定的西北去找份差事。于是赵普来到陇州（今陕西陇县），成了凤翔节度使属下的陇州巡官。

不久赵普又来到永兴军节度使的治所长安。这里曾是繁荣强盛的大唐帝国的首都，但现在已是满目疮痍。世代为官的门阀士族已经不知去向，统治这个城市的都是些贪婪无知的流氓恶霸，尚能见证唐朝辉煌的只有大唐十八位皇帝巍然屹立的陵墓。然而除了女皇武则天的乾陵，其他的陵墓都已被后梁时的耀州节度使温韬发掘，其中包括赵普崇拜的唐太宗的昭陵。不通文墨的温韬看不上从昭陵盗掘出来的价值连城的书画作品，却去争抢装裱在书画外的华美绸缎。他让手下把绸缎撕下来,书画作品则被全部扔掉。王羲之的《兰亭序》真迹或许就是在这时让温韬给撕毁了。

更令人发指的是,唐朝诸帝的尸骨因此流散,成为长安城中豪强们争夺的奇珍异宝。赵普曾花费巨资辗转从一个豪强手中购得唐太宗的脑骨,然后悄悄地将其葬回昭陵。昔日贵族已经烟消云散,横行于世的尽是些野兽。在这个彻底丧失理智的时代,赵普发现像他这样尚知何为"汉唐辉煌"的卑贱小吏,其实比任何人都更有资格承担起恢复政治秩序的责任。由此赵普树立了"以天下为己任"的政治抱负。

在长安,赵普被刘词辟为从事,进入了刘词的幕府。刘词是后周世宗柴荣手下得力的将领,不久就在长安任上病逝。临终前,刘词上遗表向朝廷推荐了赵普。这时正值后周世宗亲征南唐,赵匡胤刚刚攻下滁州(今安徽滁州),于是赵普被任命为滁州的军事判官。

在滁州,赵普结识了军官赵匡胤。赵普发现,赵匡胤或许是一个值得依赖且可以共谋大事的人。

两人本来只是泛泛之交,但有一次,赵匡胤在攻下滁州之余,顺手抓了一伙强盗,竟有一百多人。正当赵匡胤打算处决这些强盗时,赵普提醒赵匡胤说,最好审一审这批人。

出乎赵普意料的是,眼前这位方面大耳的年轻军官迟疑了一下,竟同意了他的建议。赵普很快审完了这批强盗,竟放走了十之七八。赵匡胤看着赵普放走了他抓来的人,对赵普说:"你挺能干的啊。"说完便扬长而去。

这次会面给两人都留下了深刻的印象。但乱世之中,这不过是萍水相逢,算不得什么交情。不料数日后赵匡胤主动找到赵普,拜托他照顾自己病倒的父亲,一位位阶比儿子还低的老军官。受人之托,赵普不敢怠慢,"躬亲药饵,朝夕无倦"。赵匡胤的父亲赵弘殷十分感激,因为赵普也姓赵,便主动提出与赵普联宗。尽管赵普觉得没有必要,赵弘殷依然要求赵匡胤以兄长之礼对待赵普。

第二年,征伐南唐的战争暂告结束,赵普调任渭州(今甘肃平凉)军事判官,又回到了西北。

　　不久,赵弘殷去世,赵匡胤却因军功升任为匡国军(治同州,今陕西大荔)节度使兼殿前都指挥使,跻身大将之列。就在这时,赵匡胤上表推荐赵普担任匡国军节度推官,把赵普收入自己的幕府之中。当时赵匡胤的幕僚还有楚昭辅、王仁赡、沈义伦、刘熙古、李处耘等人,掌书记则是吕余庆。不过3年后赵匡胤改任归德军(治宋州,今河南商丘)节度使时,赵普已经接替吕余庆任掌书记,成为赵匡胤集团的谋主。这一年,赵普38岁。

完美的阴谋

　　在乱世中成长起来的赵普对局势可谓了如指掌。五代时期的武人,一旦升到节度使的高位,有了一定的势力,大多会萌发夺取政权的野心。赵匡胤官至节度使,统率着禁军中最精锐的殿前诸班,文有赵普等一班谋士,武有义社十兄弟一班武将,觊觎帝位是很自然的事。

　　不过,赵普深知想当皇帝的人太多了,夺取政权谈何容易,天时、地利、人和缺一不可。不过赵普很快就观察到赵匡胤有一些过人之处,这十分有利于他走向权力的巅峰。

　　赵匡胤十分讲义气,深得将士们的认同。五代时期的武人大多出身寒微,最恨人摆架子、装清高。他们有一些特殊的建立身份认同的方式。首先是饮酒和赌博——凡是能和他们一起纵情饮酒、豪赌的人,一般都大受他们的欢迎,被视为够仗义、有情义的真男子。其次武人之间常常主动表现出自己对荣华富贵的向往。这的确是一种十分怪异的风气,但在那个怪异的时代却大行其道。那个时代的武人将参军打仗看作是一种高收益、高风险的工作，参军打仗如果不能换来荣华富贵，那就真是不知所谓了。因此他们会毫不掩饰自己对财货、田地、职位的贪婪，经常在一起畅谈自己对荣华富贵的向往，相约要共创、共享富贵。

赵匡胤非常喜欢饮酒和赌博。其实他并非真的善饮好赌，只是十分陶醉于兄弟们在一起纵情豪饮豪赌的气氛。赵匡胤每次都用放肆的大笑和狂吼将气氛推向最高潮。狂欢中，他感到自己和兄弟们的生命融为了一体，无常的生命因此变得畅快淋漓和妙不可言。因此，即使赵匡胤的地位不断上升，他对义社兄弟和士兵的态度丝毫没有改变，一有机会便与兄弟们豪饮，和士卒们蹴鞠狎游。赵匡胤的这种态度给他带来了丰厚的回报。义社兄弟和属下将士们死心塌地地认为，赵匡胤是可以最大限度保护他们利益的人，只要有机会，就一定要帮助他争夺皇位。

最令赵普感到鼓舞的是，军营中有一个传言在迅速传播。这个传言说，杜太后在洛阳夹马营产下赵匡胤的那个夜晚，夹马营赤光满室，远处望去疑是失火。而刚刚出生的赵匡胤身披金色，3日不变，异香经宿不散，所以赵匡胤有一个小名叫"香孩儿"。赵普最初听到这个荒诞不经的流言时只感到滑稽可笑。这样的流言每3个月就会出现一次，就像京城妓女对狎客编造的高贵血统那样经不起推敲。不过赵普派人调查的结果显示，赵匡胤身边的人并没有故意传播这个流言，这个传言有可能是将士们自己编造传播的。

最让赵普感到大事可图的是，赵匡胤对"发迹变泰"采取了一种听天由命的态度，为人处世十分低调。虽然赵匡胤从不讳言自己对荣华富贵的向往，但他对任何阴谋策划都有一种本能的反感。赵普花了很长的时间才明白赵匡胤这种态度的真实含义。原来这位方面大耳的将军认为他的任何异常言行都对他的发展十分不利。在他看来，对周世宗忠心耿耿是离富贵最近的那条途径，其他的一切都不是他力所能及的,除非有上天的旨意或者其他的任何力量注定要改变他的命运。

了解到赵匡胤的这种态度之后,赵普就开始整合赵匡胤集团内部各种可以利用的力量,利用一切机会消除赵匡胤的潜在敌人,一步步将他推至更接近权力巅峰的地方。

959年,赵匡胤升任殿前都点检,不久周世宗就病逝了。

天时已降,机不可失。那段时间,赵匡胤对赵普的一切作为都不管不问,然而一个兵变的阴谋正在完美地呈现,每一个环节都显得浑然天成,没有任何意外可能发生。

陈桥兵变可能是赵普幕僚生涯中最完美的作品。不过端坐在皇位上的赵匡胤相信这一切都是天意,赵普的策划指挥绝对不是他当皇帝的根本原因。

皇上的这种态度让赵普感到安心,既然皇上相信自己并不是依靠一场阴谋登上皇位的,那就说明皇上没有必要通过杀人灭口来掩盖阴谋。赵匡胤如此坦然地端坐在皇位上,赵普更加体会到此人值得依托,可以共谋大事。

雪夜访普画轴

赵普希望赵匡胤能开创像汉唐那样的辉煌帝国,而不是之前五个短命王朝的翻版。前面的五个王朝全部加起来仅延续了短短53年,这期间竟然换了十四个皇帝,还抵不上汉武帝一个人当皇帝的时间,与此同时还有十余个分裂的政权与中原王朝同时存在。

除了那些还在梦想通过发动兵变当皇帝的人之外,所有的人都厌倦了这样混乱的局面。在被杜太后召见之后,赵普意识到,帮助皇上巩固权力非常迫切和重要。只有彻底地加强皇帝的权力,让其他人都不可能觊觎帝位,这个新生的帝国才可能不重蹈五代的覆辙。这时李筠、李重进的叛乱已经平定,能够威胁皇上地位的还有四股势力:一是掌握兵权的禁军将领,包括皇上的那帮义社兄弟;二是统领大军、统治地方的各地节度使;三是南北方的其他政权,包括占领燕云十六州的辽国;四是杜太后指定的皇位继承人——皇弟赵光义。

赵普的策略是:收回兵权、加强中央集权、统一中国。只有解决了这三个问题,皇帝的权力才会无比强大,地位才会无比稳固。到那个时候,继承皇位的即使是一个年幼的君主,也没有人敢觊觎皇位。而只要皇上无意将皇位传给他的弟弟,杜太后的遗命就将是一个永远的秘密。

统一中国也是赵匡胤明确的目标。

之前我们提到,宋朝建立之初,赵匡胤似乎还没有适应新的生活方式,朝政之余很不耐烦待在皇宫里,动辄微服私访。碰到什么特别重大的事情,他也不太适应在朝廷上公开与朝臣们讨论,而是习惯一个人来到赵普家中与赵普密谋。

据说在杜太后去世前的那年冬天,也就是第一节中我们提到的天降大雪赵匡胤夜访赵普的那一天,其实皇上进门前还说约了皇弟赵光义,那时赵普还未意识到赵光义是作为皇位继承人出现的。不一会儿赵光义也来了,三人席地围坐,推杯换盏之际,赵普轻声问皇上:"这么大的雪,天色也已晚了,陛下为何还出宫啊?"

赵匡胤苦笑着说:"我睡不着觉,整天都很心烦,总觉得除了一张睡觉的床榻,其他都是他人的地盘。"

赵普轻声说:"看来陛下是嫌天下小了点? 南征北伐,统一天下,现在正是时候,陛下一定心有成算了吧?"

赵匡胤说:"我想先攻下太原,征服北汉。"

赵普低头不语,独饮了两盏,又低声说:"陛下的策略,臣下不是很明白啊。"

赵匡胤暗自吃惊，连忙问什么意思。

赵普回答说："太原离京城不算太远，可以一举拿下。不过这样一来，大宋的国境将直接与契丹接壤，契丹可随时进攻我国，这时再去削平南方就很不方便，不如先收复南方。"

赵匡胤琢磨了半天，觉得十分在理，笑着说："你和我想的一样，刚才我是想试试你。"

就这样，宋朝君臣确定了先南后北的统一策略，这就是著名的"雪夜访普"的故事。明朝的画家刘俊还画过一幅《雪夜访普图》，这幅画现藏于北京故宫博物院。

之后，遵循着先南后北的策略，其他割据政权就在太祖、太宗两朝君主手中被渐次削平。除了被辽朝占领的燕云十六州，宋朝基本统一了中国。

杜太后去世后不久，赵匡胤又主动向赵普请教治国的长久之计，赵普不失时机地献上削藩之策。那日早朝，赵匡胤前殿视朝结束之后，赵普被留身独对。赵匡胤语重心长地问赵普："唐朝灭亡之后数十年间，天底下称帝者差不多有十家十姓，兵革不息，苍生涂炭，这到底是为什么？朕希望天下和平，国家长久，你说说有哪些办法？"

赵普听闻此言，心中不胜感慨，没想到皇上有着与自己同样的政治抱负，日夜所思者天下和平、国家长久而已，看来自己所托非误。于是赵普庄重地回答道："陛下能讨论到这个问题，真是万民之福分。唐朝以来，战乱不止，国家动荡，没有其他原因，就是因为地方上的节度使权力太大，君主太弱而臣子太强。今天想要长治久安，用不着什么奇思妙想，只要削夺藩镇权力，控制其财政权，收回其兵权，天下自然太平。"

原来中唐以后，节度使领有数州之地，自相雄长，拥兵自重，其财赋上交中央者少，截留者多。节度使因而拥有相当的经济实力，能够养活大批军队。五代时期，藩镇力量虽然有所削弱，但气焰仍然嚣张。为了消除藩镇割据的根源,赵普建议将本来属于地方藩镇的军、政、财大权收归中央。

中唐以来,一个藩镇节度使一般统辖数个州郡,其驻地以外的州郡称为支郡。为了打破这种局面,赵普建议赵匡胤从中央派出文官担任支郡的长官,3年一任,直接向朝廷负责。为监督州郡长官,宋朝还在各州军添置了通判(州府的副长官)一职,州郡长官颁发的任何文件都必须与通判一起签署才能生效。这些措施削夺了藩镇的行政权力。

财政方面,赵普建议赵匡胤规定各州征收的赋税,除必要的开支以外,全部交由中央统一安排,地方不得留用。同时中央还派出官员监督各地征收商税、专卖税的机构,并将有关税收直接交归中央,以此制约藩镇的财权。

根据赵普的建议,赵匡胤还要求朝廷选拔出强悍士兵作为兵样,包括各藩镇在内的各州军长官依样挑选本地的精锐兵士,用以补充中央禁军的缺额。这使得藩镇军队中的精兵都被吸收到中央禁军,地方藩镇的军事力量再也没有可能与中央抗衡。同时赵匡胤还利用一切机会裁撤节度使。藩镇节度使因死亡、迁职、致仕等原因出缺,中央不再选任新的节度使,而是改派文官主持地方政务。这些措施削弱了藩镇的军事力量,最终使节度使成为名誉性的虚衔,彻底解除了藩镇的权力。

"何以能负周世宗"

统一中国、削弱藩镇在赵匡胤的积极推动下顺利地实现了。不过收回禁军将领兵权一事,赵匡胤并不容易接受。

赵匡胤出身武将,有浓厚的行伍习气,因常与将士狎游而大受欢迎。当上皇帝后，赵匡胤也对武将有猜忌之心，因此用心腹掌握禁军，还常常微服出巡，访察情况，并令军校史珪、周广等刺探情报，防范武将。但是赵匡胤也十分重义气，他认为义社兄弟石守信等人"昔常比肩，义同骨肉"，不会危及自己的统治，因此对于禁军体制的改革并没有进一步的设想。

赵普则不然。他出身小吏，精通吏道，又在节度使幕府供职长达10余年，对于禁军兵变的根源有比较深刻的认识。五代有句名言可谓人人尽知，这话是后晋时期成德节度使安重荣说的："天子，兵强马壮者为之，宁有种耶！"这样的"好戏"，赵普看了一遍又一遍。后晋石敬瑭的开国功臣刘知远、后汉刘知远的佐命功臣郭威，都是因为久握兵权，养成势力，终于夺取政权。所以赵普对于石守信等开国功臣不能不心怀猜忌。同时，作为一名文臣，他也不愿看到武将权力膨胀，因此总是希望从制度设计的层面来消除这一腹心之患。

而且实际情况更加重了赵普的忧虑。当时义社兄弟和禁军将校多骄横不法，赵普掌枢密院时，常有禁军将校为自己的私利干涉公务。此外，赵匡胤的御驾曾受暗箭袭击，事后调查这可能是将校对皇上严肃军纪不满所致。

有鉴于此，赵普多次向赵匡胤建议解除石守信等佐命功臣的军权，授予其他职务，但赵匡胤并没有听。赵普多次陈说后，赵匡胤终于不耐烦地问赵普："这些人不可能背叛我，你为什么这么担心啊？"

赵普回答说："是啊，这些将领与皇上兄弟情深，的确不会背叛皇上。不过根据我的长期观察，这些人对部下的管理是相当宽松的，在军队中恐怕并不能做到说一不二。一旦他们不能完全控制军队，他们的部下万一作起孽来，这些人恐怕也有身不由己的时候。"

"身不由己"几个字，赵匡胤听到以后觉得十分刺耳，不禁想起陈桥兵变时自己"身不由己"的情景。赵匡胤幡然醒悟，终于接受了赵普的建议，削夺了禁军将领的兵权。

随后在赵普的设计下，赵匡胤将兵权一分为三，三方面相互制约，禁军就不可能脱离皇帝的控制了。

陈桥兵变那年，赵匡胤的长子德昭仅10岁，因此22岁的皇弟赵光义成了赵匡胤最亲密和最值得信赖的人。次年六月杜太后去世，临终时留下"兄终弟及"的遗命。七月，赵匡胤立即任命光义为开封府尹同平章事。五代时期，亲王尹京就暗示着确定了皇位继承人的地位，周世宗继位前即为晋王兼开封府尹。

不过光义被任命为开封府尹时并没有被封王。本来皇上是想封皇弟为晋王，但赵普提醒说，皇子德昭尚未出阁封王，先给皇弟封王，恐怕对皇子不利。

963年出了一桩事情，令赵普十分敏感和紧张。当时天雄军（治魏州，今河北大名北）节度使符彦卿到京城开封朝见，太祖打算用他典掌禁军。

赵普听闻此事大为吃惊，原来符彦卿不但是前朝周世宗的岳父，同时也是皇弟赵光义的岳父。此人武勇有谋，善用兵，但贪财不法。这样的人物本当是皇帝防备的重点，然而赵匡胤刚刚解除义社兄弟石守信等人的兵权不久，却要用本来相当疏远的符彦卿典掌禁军。符彦卿在后周时的地位比赵匡胤还高，他典掌禁军，非授殿前都点检或侍卫亲军都指挥这样的高位不可。

赵普感觉此事一定是符彦卿的女婿赵光义操作的结果——赵光义一定是建议皇上将禁军交给"可靠"的人掌管，仁厚的皇上则信以为真。此事非同小可，一旦符彦卿与赵光义结成同盟，而符彦卿又得以典掌禁军，那么将来当皇帝的，往好里想是皇弟赵光义，往坏里想就是符彦卿。

赵普越想越觉得可怕，决定不惜一切代价把符彦卿拉下马。当时赵匡胤已经下令授予符彦卿新的职位，中书门下已经起草好敕书，就等按程序颁行公布。赵普当即扣下敕书，请求觐见皇上。赵匡胤很不

高兴,问赵普说:"是不是要说符彦卿的事啊?"

赵普忙说不是,扯了一大通其他的事情,然后才拿出任命符彦卿的敕书。赵匡胤生气地说:"我说你就是为了符彦卿的事来的吧,敕书怎么会在你这里啊?"

赵普赔着笑说:"我看这敕书起草得总有些不太合适,要不陛下再想想,免得事后后悔。"

皇帝听得极不耐烦,大声斥问赵普:"你为什么这么怀疑符彦卿啊?朕对他这么好,他怎么可能背叛我?"

赵普却淡淡说道:"陛下何以能负周世宗?"

一句话让赵匡胤默然无语,最后还是收回了成命。

皇弟政治势力的养成

符彦卿事件让赵普意识到,皇弟赵光义不但不是继承皇位的合适人选,而且极可能是一个野心极大的阴谋策划者。赵普从此更加防备和猜忌赵光义。

南方作战正在顺利进行,文官也正在从中央被源源不断地派向各州县,禁军兵权亦已集中到皇帝一人手中。赵普认为皇上现在只剩下一个难题了,那就是皇位继承人的问题。没想到,在皇位继承人的问题上,皇帝的想法与赵普相去甚远。

964年,赵德昭出阁(也就是离开后宫,自开府第),赵匡胤本打算将皇子与皇弟同时封王,指令已经下达,就等宰相主持的中书门下起草诏书颁布天下,但这偏偏受到了已经升任宰相半年之久的赵普的阻挠。

当时赵普的建议非常明确,除非先册立赵德昭为太子,否则皇子、皇弟绝不能同时封王。即使封王，皇弟的地位也必须在皇子之下。

然而这在赵匡胤看来是不可能的。虽然赵匡胤并不是十分乐意，但上有母后遗命，下是更事未多的幼子，前有五代幼主的教训，后有皇弟的咄咄逼人，面对诸多压力，他始终将皇弟视为皇位的第一顺位继承人。

但赵普的考虑完全不一样。他提醒皇帝，母后遗命秘而不宣，等同于无；皇子已经出阁，假以时日就能迅速成长；新朝改制，皇上得以专制兵权，五代弊病已然消除，即使幼主继位也将有制度之保障；而皇弟之咄咄逼人，则完全是皇上纵容的结果。

赵匡胤无法反驳赵普，但是他对母后和弟弟的感情，以及五代混乱政局的前车之鉴给他造成了极大的心理压力，这使他无法接受赵普的建议而迅速废除皇弟的皇位继承人地位。

于是皇子与皇弟的封王程序被同时耽搁了。由于未能封王，早期赵光义列班的位置始终在宰相赵普之下，这引起了赵光义对赵普和皇帝的极大不满。

从这时开始，皇弟赵光义开始积蓄自己的政治势力。宰相赵普极力阻挠赵光义势力的扩张，而赵匡胤却始终犹豫不决，放任皇弟的势力一天天地坐大。直到有一天，赵匡胤发现京城之内的一切活动都控制在开封府尹赵光义的手中。

赵普发现，赵光义开始利用开封府尹的身份近乎疯狂地搜罗各种人才，形成了一个庞大的政治集团，几乎可以控制京城内的所有活动。这些人中，有些是以勇武知名的，比如：

河南洛阳人安忠，左清道率府安延韬之子，形质魁岸，不知书，长期侍奉赵光义。

赵州人王超，身长七尺有余，被赵光义召置门下。

开封雍丘人戴兴，少以勇力闻里中，及长，身长七尺余，美髭髯，眉目如画，自投开封府拜见赵光义。赵光义甚为称奇，留置帐下。

徐州彭城人王汉忠，豪荡有膂力，形魁岸，善骑射，因殴杀里中少年，遂逃亡至京师，投奔赵光义。赵光义欣赏其才力，置于左右。

沧州无棣人张凝，少有武勇，倜傥自任，原在节度使张美帐下，赵光义闻其名，召置左右。

孟州河阳人李重贵，容貌雄伟，善骑射，年轻时奉事寿州节度使王审琦，颇见亲信，而赵光义知其勇敢，召隶帐下。

冀州信都人耿全斌，少丰伟，其父曾带其拜谒著名道士陈抟，陈抟称其有"藩侯相"。后游京师投奔赵光义，因善于骑射，隶于其帐下。

定州人王荣，少有膂力，原在瀛州刺史马仁瑀帐下，后被召置赵光义左右。

汾州西河人杨琼，少年侍从节度使冯继业，以材勇著称，被赵光义召置帐下。

真定人葛霸，仪表雄毅，善于击刺骑射，侍从赵光义左右。

开封东明人王延德，其父与宋太祖之父赵弘殷交好。至赵光义为开封府尹，署王延德为亲校，专主庖膳，尤被倚信。

许州许田人王宾，小心谨顺，早年侍从赵弘殷，及长，善骑射，后进入开封府为军校。

河南伊阙人李琪，以材力著称，早年侍从宋太祖左右。赵光义任开封府尹时，召其入府，累迁效忠都虞侯、开封府马步军副都指挥使、领富州刺史。

亳州蒙城人高琼，少年时勇鸷无赖，为盗，事败，投奔节度使王审琦。赵光义任开封府尹，知高琼材勇，召置帐下。

除了武勇精锐之士，赵光义同样极力搜罗文人谋士为自己出谋划策，其中包括：

河南洛阳人石熙载，后周显德年间进士登第，俊异有才干，居家严谨有礼法。赵光义以殿前都虞侯领泰宁军节度使，辟任其为掌书记。待赵光义任开封府尹，奏任石熙载为开封府推官。

真定获鹿人贾琰,后晋中书舍人贾纬之子,风神峻整,有吏干,历官澧州通判,后被赵光义奏为开封府推官,居赵光义幕府达5年。

魏震,不知何许人,幼习词业,本可据祖荫任武官,不屑就职,后经皇子教授姚恕介绍进入赵光义的幕府。

青州临朐人张平,早依单州刺史罗金山,任马步都虞侯。后进入开封府,成为赵光义亲吏。

亳州永城人陈从信,恭谨强力,心计精敏,在赵光义幕府中执掌财政之事,累官至右知客押衙。970年,三司上奏,仓储物资只能供给至次年二月,请分屯诸军尽征收民船,以为江淮漕运之用。宋太祖闻言大怒,责骂道:“国家无九年之蓄积称不足,你不能预先计划而使仓储物资充足,竟请屯兵征收民船以运送,这难道是可以匆忙完成的吗?今日授你这个官是干什么用的? 你自己想办法,如果物资有缺,朕斩了你以谢天下!”三司使楚昭辅大惧,只得来开封府请赵光义向皇上求情,以宽限时日。赵光义心想向皇帝乞求也没用,于是召来陈从信仔细筹划,调剂运力,竟解决了难题。

更让赵普感到忧心的是,皇弟赵光义还十分注重招揽三教九流之人物,特别是一些巫医之士,如:郑州荥泽人程德玄善医术,赵光义将其召为左右亲吏,颇得信用;宋州人睢阳人王怀隐原为京城建隆观道士,善医术,也被赵光义召入开封府内侍从左右。

同时赵光义还极力拉拢开封府属县官吏,其中包括宋初名相范质之子范旻、孔圣后裔孔维。最让赵普心感惊恐的是,皇上的心腹太监王继恩与赵光义过从甚密!

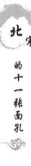

罢相与封王

　　赵普将这些情报不断地向赵匡胤汇报,并反复提醒赵匡胤要注意皇弟的动向,换来的却只有皇帝的不耐烦和嫌恶。

　　在赵匡胤看来,确定皇位继承人是他的家事,与宰相无关。虽然是不是要将皇位传给弟弟赵光义还需谨慎评估,但将皇弟排除在候选人之外他是绝对不能接受的。至于赵普所说的光义正在积蓄自己的政治势力,形成自己的政治集团,这在赵匡胤看来也是再正常不过的事情。他反问赵普,赵光义是皇弟、开封府尹,一个将来可能当皇帝的人,他的下面难道不应该有很多亲信和得力干将吗? 而赵匡胤之所以不看好自己的儿子赵德昭,始终没有将其视为更合适的皇位继承人,很重要的一个原因就是德昭的活动能力太差,尚无法形成自己的势力。赵匡胤实在不知道这样的人将来当了皇帝能够依靠谁。

　　赵普被皇上的态度所震惊。他这才意识到,赵匡胤毕竟是武夫出身,政治经验全部来源于混乱的五代,迷信小团体的力量,而不懂健全的法度和官僚系统的重要性。赵普悲哀地发现,想要皇上明白嫡长子继承制的重要性是一件如此艰难的事情,想让这个帝国脱离阴谋政治走上正轨同样举步维艰。

　　作为一个阴谋家,赵普对阴谋感到疲倦。而在赵匡胤看来,阴谋或许只是天命的证明。真不知这算悲剧还是喜剧,赵普感到有几分滑稽。

　　赵普甚至想到,比皇上更加喜欢读书的皇弟或许更明白怎样才能让这个帝国走向正轨。但是想到赵光义一旦继位,三弟赵廷美和皇子赵德昭的存在必然引发更残酷的骨肉相残、宫廷仇杀和政治混乱,赵普就无法容忍赵光义。

必须想尽一切办法打击赵光义集团。

966年，赵普派出的卧底、知梓州冯瓒的家奴告发冯瓒受贿等事。皇上急召冯瓒等人回京，命御史台加以审问，赵普趁机派人去潼关截获了冯瓒的行囊，查得金带及其他珍玩之物，封皮上写着刘嶅之名。刘嶅时以工部郎中出任开封府判官，是赵光义幕府中的重要人物，金带等珍玩的最终接收人显然是赵光义。

赵普想以此提醒皇帝，赵光义的势力已经盘根错节，但赵匡胤不为所动，甚至打算宽恕冯瓒等人。在赵普的坚持下，冯瓒才被流放到登州沙门岛，遇赦不还。而赵光义幕府中的宋琪，因与赵普是同乡，平日多有来往。赵光义怀疑他向赵普透露信息，便把他赶出了幕府。此事让赵匡胤左右为难，最后他只得将宋琪调出京师，出知陇州，对刘嶅则免官了事，不再深究。这算是对赵普与赵光义之间矛盾的调停。

然而赵普与赵光义的矛盾并没有因此缓解，两人反而变本加厉地明争暗斗，相互揭发，摩擦不断。赵光义不停地指使人告发赵普受贿、强市人宅第、私贩秦陇巨木，赵普则暗示光义继位必然危害皇子。

这场明争暗斗以赵普的失败而告终，因为赵匡胤对赵普过度染指皇位继承之事十分反感，再说他始终属意皇弟而不看好皇子。当他发现宰相与皇弟已经势如水火，不能共存，便开始物色新的宰相人选。

皇上对赵普的不满逐渐加剧。972年，皇上听说枢密使李崇矩将女儿嫁给赵普之子赵承宗，甚为不悦。李崇矩门客郑伸投机取巧，诬告李崇矩受贿请托，竟被赐同进士出身、任酸枣县主簿，而李崇矩被罢去枢密使之职，出任没有实权的镇国军节度使，次年又被降为左卫大将军。

同时，赵匡胤又扩大了参知政事（副宰相）的权力，规定宰相府颁发的文件须由参知政事（副宰相）共同签署才能生效，以牵制宰相的权力。不久，赵匡胤又要求替换赵普宰相府的重要属官十五人，除去了赵普的心腹。

就在这时，赵普的政敌、皇上的新宠翰林学士卢多逊开始疯狂攻击赵普。973年农历八月，皇帝以明升暗降的方式，罢赵普为检校太尉、河阳三城（治孟州，今河南孟州）节度使同平章事，将其赶出了京城。赵普这才确信自己大势已去，皇弟赵光义继位已不可扭转。

这一年赵普52岁，在赵匡胤手下独自担任宰相已经整整10年。考虑到有生之年或许还能看到皇弟继位，赵普决心给自己留一条后路，因此在罢相离京时，特意上奏疏自辩称："不知内情的人总以为是臣下在攻击皇弟，其实在臣下心目中，皇弟忠孝全德，臣下与皇弟怎么可能有矛盾呢？其实当年太后遗命，臣下我就是见证人。陛下是最了解臣下的人，因此臣下也就不需要进一步辩白了。"

赵普刚刚离开京城来到孟州上任，皇弟赵光义就被封为晋王，地位在宰相之上，获得了周世宗继位前的所有地位。在朝臣看来，皇弟是确定无疑的皇位继承人了。

悔恨与焦虑

人的感情有时候是很奇怪的。

赶走赵普之前，赵匡胤觉得赵普这个人不停地出现在自己眼前，整天絮絮叨叨、不胜其烦。他还试图干涉皇位继承之事，利用宰相的权力拒绝给光义封王，染指皇帝的核心权力，真让人忍无可忍。

然而当赵匡胤赶走了赵普，并报复性地立即封光义为晋王后，每次上朝，赵匡胤看到站在第一个位置的就是赵光义，又忽然厌烦起来，耳边总是响起赵普提醒自己皇弟不能继位的种种理由。

特别是随着皇位继承人地位的确立，光义的排场、架子越来越大，外出时的仪仗越来越豪华,常常轰动京城。百姓议论纷纷,把他看作是新皇帝。开封府中幕僚们的活动开始肆无忌惮,而朝臣们也急切地巴结着这位新封的晋王,有些文臣的谄媚之言简直不堪入耳,斯文扫地。

赵匡胤这才意识到,自从封赵光义为晋王后,自己已经不再是宫廷内外聚焦的对象,一个新的权力中心已然形成。

赵匡胤的心中渐生悔意,他很想提醒皇弟,朕给你的,你才能拿。皇帝想急切地告诉京城中的每一个人,他可以将皇位传给皇弟,也可以不传给皇弟,皇弟的一切荣华富贵都来源于他,只要他还做一天皇帝,他对赵光义就有生杀予夺的权力。

皇帝无意废储,但他认为自己必须给包括皇弟在内的很多人一点教训,以证明自己无上的权威。

然而皇帝情绪上的这些细微变化,被宦官王继恩纤毫毕现、添油加醋地传给了赵光义。当光义听说哥哥认为可以将皇位传给自己也可以不传给自己时,他心中的怒火开始燃烧。光义分明记得,母后曾经答应自己,会要求哥哥将皇位传给自己。哥哥这些年对自己的态度,让光义相信母后并未食言,这就意味着传位于自己是母后的遗命,哥哥并不能随意改变。

赵光义担心的是,母后的遗命并没有公示天下,哥哥这些年来也从未说过是母后决定将皇位传于自己。而且母后也曾劝诫自己,生死由命,富贵在天,暗示随着时间推移,自己可能不再是合适的皇位继承人。

这正是光义最担心的事情,哥哥年近50岁,仍然生龙活虎;再活10年,皇子德昭就已34岁,正是哥哥当皇帝的年龄;如果哥哥能再活20年,那就连他自己也找不到任何传位于弟的理由。

自己现在虽然是晋王兼开封府尹,人人都以为新皇帝非他莫属,殊不知自己毕竟不是皇太弟,只要哪天哥哥册立皇子为太子,那么自已地位再高都不再可能继承皇位。从王继恩传来的消息来看,哥哥现在已经开始考虑传位于子了,自己皇储的地位可谓朝不保夕!

赵光义越想越急。生死由命,富贵在天,难道就赵匡胤的命好,我赵光义就是烂命一条?赵光义本能地抗拒着。

程德玄与酒

赵普离开京城的第三年,宋朝大军平定江南,江南国主李煜被俘,赵普上表贺平江南。在孟州的赵普本来以为皇上既然属意皇弟,坚决遵循太后遗命,至少兄弟之间的权力交接可以平稳过渡。至于光义之后皇位继承的难题可能引发的政治混乱,赵普心想自己应该是看不到了,何必再去操心身后之事?再说自己在此事上已经尽心尽力,问心无愧了。

然而就在这一年,赵普从各种渠道听闻京城正在流传一个秘闻,声称皇上传位于皇弟乃是杜太后旨意。这个传闻有各种版本,有的说太后深爱光义故有此命,有的说光义之后皇位当还于德昭,还有的说光义之后当传位于三弟廷美。赵普多方打探,却无法查清消息的来源。杜太后遗命可能造成的政治混乱似乎要提前爆发,这是最令他感到恐惧和不安的。难道我大宋朝又是一个短命王朝?赵普想到这里,不禁悲从心起。

又过了一年,赵普侦知开封府的活动越来越活跃和异常。最令人担心的是,宦官王继恩、巫医程德玄以及来路不明的道士张守真与赵光义的幕僚频繁接触,行踪十分诡秘。而与此同时,皇上对皇弟的不满正在增加,但他并没有因此采取任何防备措施,反而不断地向光义展现皇帝的威严。面对皇上的暗示、警告,赵光义表现得更加谦卑慎微,赵普却更加担心情势会继续恶化。

这年春天,吴越国王来开封朝觐,皇上一反常态未派皇弟,而让从未在重大政治场合抛头露面的皇子赵德昭出城迎接,又让另一皇子赵德芳出席接风宴会。三月,皇上率群臣离京去西京洛阳合祭天地,又一反此前自己离京时命令赵光义留守的惯例,而让赵光义随从而行。皇上与皇弟的关系已相当紧张。接着又传出了皇上害怕光义在开封根基太深,有意迁都洛阳的流言。

这年六月、七月、九月,皇上又突然多次到访赵光义府第。赵普有一种不祥的预感。

赵普又听说,那个来路不明的终南山道士张守真声称自己是天上"尊神",号"黑煞将军",与"玄武""天蓬"并列为三大将。不久这个道士又装神弄鬼,声称天神降临,宣示说:"天上宫阙已完成,玉锁已打开,而晋王有仁心。"作为一名资深的阴谋家,赵普确信一个阴谋正在实施中。

就在这年十月二十日,赵普突然接到京城的消息,皇上已于凌晨驾崩,皇弟赵光义第一时间进入宫中。第二天赵光义正式即位,他就是宋朝的第二个皇帝宋太宗。

同年十二月,赵光义违反新皇继位次年改元的惯例,在大赦天下后突然改年号为"太平兴国"。同月,赵普与节度使向拱、张永德、高怀德、冯继业、张美、刘廷让到京城朝见新皇帝。

这段时间,赵普急切地通过各种渠道了解有关旧皇帝去世和新皇帝继位的各种情况,试图还原事实的真相。

通过对各种传言的排比筛查,赵普了解到事情经过大致如下:

开宝九年(976年)十月十九日晚,天空清朗,星斗明灿,皇上在太清阁散步赏景,颇觉心旷神怡。忽然阴霾四起,天气陡变,雪雹骤降。皇上心情顿时变坏,想要借酒解闷,于是急传宫人开端门,召皇弟光义入宫。赵光义到后,兄弟两人在寝宫内酌酒对饮。当时皇上命宦官、宫嫔都退下,宫人们只能在外面守候。

没有人确切地知道寝宫内究竟发生了什么。据有些宫人描述,当时他们通过烛影看到皇上酒兴极高,不断地饮酒并向皇弟劝酒,但皇弟拼命推托,甚至离开座席不愿喝酒。到皇上喝尽兴时已经是深夜三更,寝宫外已积雪数寸。皇上送皇弟出门时,已经东倒西歪,胡言乱语。他拿着一把玉斧戮雪,还对着赵光义不停地说"好"什么"好"什么。不过当时皇弟仍十分清醒,撇下皇上后便急匆匆地离去。随后皇上解衣就寝,鼾声如雷。这段情节后被称为"斧声烛影"。

四更时,皇上的鼾声忽然消失。守卫本以为皇上醒了,走近一看却发现皇上已经驾崩。于是宫人慌忙报知宋皇后,宋皇后命宦官王继恩立即召幼子赵德芳进宫。

然而王继恩没有遵照皇后的旨意召来赵德芳,而是直接赶赴晋王府召皇弟光义入宫。令人奇怪的是,王继恩来到开封府门前时,见到巫医程德玄就在门口,于是两人同入晋王府。赵光义还在犹豫要不要入宫,王继恩催促赵光义不能耽搁,否则就被别人抢先了。于是三人火速入宫,直接闯入宫门。

宋皇后以为王继恩召赵德芳回来了,没想到王继恩回答"晋王到了"。宋皇后见到皇弟不禁愕然失色,等镇定下来后便哭着对光义说:"我们母子的性命都交给官家了。"官家是宋时宗室大臣对皇帝的昵称。当时赵光义边落泪边回答嫂子说:"共保富贵,不要害怕。"

就这样,赵光义于次日拟出先皇遗诏,正式继位。

程德玄!酒!

赵普迅速地发现了当夜两个最大的疑点。

程德玄怎么可能夜半三更出现在晋王府门前呢,肯定是他知道要出大事了,而这件大事与他必然有着密切的关系。此人是一个巫医,而巫医往往能够决定一个人的生命,包括皇帝在内!

酒就更为可疑了。皇上怎么可能召皇弟赵光义来对饮呢?皇上好酒是出名的,什么大事都爱在酒席上决定。而赵光义却几乎不喝酒,酒席上常常以盐汤代酒。以前皇上经常逗赵光义喝酒,每次都弄得赵光义十分难堪。

显然这里面有一些蹊跷。赵普还联想到,皇上驾崩前数月曾多次幸临晋王府。此事也十分可疑。赵普推测,皇帝这几次幸临晋王府,光义恐怕都设下了酒宴,而且每次赵光义陪酒都让皇上十分舒心。因为唯有如此,皇上才可能在驾崩当夜因为心情不快而召光义陪酒。

而酒里的问题,可能从那时候就开始了。

有一种说法指出,程德玄在皇上驾崩当夜被忽然急召至晋王府,来到晋王府后又不得其门而入。赵普认为,可能是光义那夜也喝了那种有问题的酒,虽然喝得不多但仍很担心,因此急召程德玄而来。这样看来,程德玄应该就是这种有问题的酒的炮制者。这也解释了为什么宫人说当夜赵光义避席不愿喝酒。他不敢喝那种酒太多,因此拼命地推辞。而皇上当时胡言乱语"好"什么,宫人们后来猜测是"好做",赵普却推想是"好酒"也说不定!

对于经历过无数阴谋,在史书上也读到过无数阴谋的赵普来说,这并不是什么值得惊恐万状的事情。

在这样一个时代,谁的阴谋得逞谁就是英雄,凭赵光义的智商也一定能坐稳这个皇位。

他只是觉得先皇有些可怜。

怪只怪先皇太喜欢喝高时那种迷迷糊糊、欲仙欲死的感觉了。陈桥兵变夺皇位时他喝醉了,现在丢了皇位与性命时他也喝醉了,赵普觉得先皇真有些迷迷糊糊的。

又见兵变

实践是检验真理的唯一标准。突然的变故证明赵普之前对先皇的提醒是完全正确的。这对赵普非常重要，因为赵普作为一名谋士的尊严因此得到了修复。

不过现在更为重要的事情是，赵普应该如何面对这位新皇帝。

阴谋已经得逞，否认事实毫无意义。这一年赵普已是55岁的老臣，过了孔子所谓知天命的年龄。而与先皇一起成长起来的那一代政治核心人物，也必将随着先皇的去世而逐渐凋零。因此赵普不需要也不可能继续与新皇帝对抗。

但新皇帝显然比先皇阴险得多，新皇帝帐下的幕僚们赵普也曾多有得罪，现在的形势对赵普非常不利。当然作为先皇老臣、开国元勋，赵普在朝中的根基绝非浅薄，任何人想动他的手脚也应忌惮三分。

在这种情势下，明哲保身、静观其变、伺机而动似乎是赵普唯一的选择。

皇位交替的冲击来得非常迅速。新皇帝即位不久，便派高保寅知怀州。高保寅素来与赵普有隙，而怀州正是赵普所领河阳三城节度使管辖的支郡。高保寅一来到怀州，就声称他处处受到赵普的压制，上书要求怀州脱离河阳三城节度使的管辖。太宗立即下诏让怀州直属京师。赵普见状，自知情形不妙，便请求到京师朝见。

三月，赵普请求留在京师参加太祖的安葬仪式，做出隐退政坛的姿态，太宗立即顺水推舟，罢赵普使相之职，改授太子少保，将他留在京师。

太宗即位后，先皇旧臣议论纷纷，人心不服。为了稳定人心、巩固皇位，太宗极力拉拢并安抚皇亲国戚和宰执大臣，如以皇弟廷美为开封府尹兼中书令,封齐王,以示沿用太祖时皇弟尹开封之旧制。同时又以太祖之子德昭为永兴军节度使兼侍中,封武功郡王;以太祖之子德芳为山南西道节度使同平章事。太祖的三个女儿也晋封公主,太祖与廷美的子女都称皇子、皇女。宰执方面,旧相薛居正、沈义伦和枢密使曹彬均获加封,而与太宗关系密切的参知政事卢多逊、枢密副使楚昭辅则被扶正。

当然,太宗也在急切地提拔自己的亲信,原开封府幕僚无不迅速升官晋爵,多人在数年中就从仆驭升至节帅。而与"斧声烛影"关系密切的巫医程德玄被授官翰林使,令举朝皆惊。不过幕府人才毕竟有限,太宗又刻意提拔文人,因此科举取士人数急剧增加。太祖时一科最多取三十一人,太宗继位第二年就录取了五百人,以此培植和巩固自己的政治势力,消除先皇旧臣的政治影响。

新皇帝也加紧了削平南方和平定北汉的步伐,希望以统一的功业巩固自己的权位。继位第三年(978年),赵光义逼迫平海军节度使陈洪进献出漳、泉二州十四县之地,吴越国王钱俶献出吴越十三州一军八十六县之地。979年春天,太宗又亲率大军进攻北汉。五月,北汉国主刘继元投降,太原落入宋军手中。

北汉被灭后,太宗踌躇满志、欣喜若狂,不顾军队的疲乏和诸臣众将的反对,下令乘胜进攻契丹,企图一举收复燕云之地,创造超过太祖的功业,像周世宗那样以战功威震群臣。

太宗此次出征,以宰相沈义伦为东京留守兼判开封府事,宣徽北院使王仁赡为大内都部署,以防京城异动。而有皇位继承权的宗室以及在朝中举足轻重的大臣,如皇弟赵廷美、皇子赵德昭,宰相薛居正、卢多逊,以及罢为散官的太子太保赵普等,则全部随军出征。太宗的意图非常清楚,他就是要将他们置于自己的视野之内,以防任何不测。

不幸的是,宋军在高梁河被辽军击溃,皇帝的亲兵四处逃散,宫嫔侍从也全部被辽军俘获。混乱中太宗坐上驴车仓皇逃窜,差点被辽军追上,大腿还中了两箭。据说18年以后,宋太宗就是因为这次的箭疮复发而死。

战斗结束之后,宋军残余部队找不到皇上,有人竟以为皇上已被辽军俘虏。当时有少数太祖旧部指责太宗不爱士卒,贪图功业而不顾军力疲惫,盲目进兵导致大败。一时将士们纷纷开始怀念爱兵如子的太祖,谣言四起。有人甚至主张既然皇帝不知去向,应当速立太祖之子德昭为新皇帝。一时之间,有将士要见德昭,有将士开始策划兵变。不过不久之后传来情报,称皇上虽身负重伤,但已安全抵达涿州,命所有军队班师护驾,兵变策划这才烟消云散。

高梁河大败使太宗羞愤不堪,败军怀念太祖、拥立德昭更令他忍无可忍,心中暗骂士卒全是狼子野心的赤佬。朝臣数次提醒应当给平定北汉的将士论功行赏,但太宗恨军士试图策划兵变,都置之不理。

就在这时,性格懦弱、心地善良的赵德昭心想,将士们本来就怀念太祖而怨恨太宗,因此差点酿成大祸,如果皇上再不对他们论功行赏,岂不是会激起更大的怨愤。这无论对皇上还是对大宋都是极为不利的,因此他好心劝皇上应当尽快赏赐有功军士。

太宗一肚子火终于找到了发泄的对象,他冲着德昭破口怒吼:"等你做了皇帝再赏也不迟!"

德昭本无雄才大略,叔叔继位后就不再有继承皇位的念头,没想到自己的一片忠心竟换得皇上如此猜忌和仇恨,因此惊恐万状,不知何以自处,回到府第之后便自杀而亡。

太宗本来也知道德昭并无能力争夺皇位,这次本是失态动怒,实在没想到侄子竟如此脆弱。听闻德昭的死讯,太宗竟也大哭道:"我的傻孩子,你犯得着这样吗?"

不过德昭死后,太宗也突然意识到,从肉体上消灭那些威胁他皇位的人,对双方来说或许都是一种解脱。2年之后,太祖的另一个儿子德芳也突然去世,死因不明。有人说,他是因为吃了太多的肥猪肉而胀死的。

说起赵德芳，熟悉杨家将故事的人一定会想到那位正气凛然、仗义执言的八贤王。他总是诙谐、机智地周旋于皇帝、奸臣、杨家将之间，在最关键的时刻助杨家将一臂之力。

杨家将故事中有关八贤王的情节包括：八贤王在宋太宗率军进攻太原时献上反间计，然后派使者说降了杨业。7年后，杨业为奸臣所害，殉国疆场，佘太君到朝廷告御状，要求惩办罪魁，不料被奸臣反咬一口。幸亏八贤王在旁相助，罪魁祸首终于被绳之以法。真宗年间，杨延昭属下小校治事犯法，宋真宗在奸臣挑拨下要求严办杨延昭。八贤王及时赶到，请皇上从轻发落，终得真宗同意。最后杨延昭率军征辽，并捉获奸臣，在八贤王的协助下，将奸臣正法。杨延昭病殁于宋真宗大中祥符年间，八贤王也在这时旧疾复发，病重归天。

在小说、戏曲中，八贤王的名字就是赵德芳。不过历史上的赵德芳在杨业归宋后2年即已身亡，此后与杨延昭有关的情节不可能发生在赵德芳身上。有人认为八贤王的原型应该是赵德芳的哥哥赵德昭，但这似乎也没有什么依据。

与"八贤王"这个称号扯得上关系的则是宋太宗的八子赵元俨。据说此人"广颡丰颐，严毅不可犯，天下崇惮之，名闻外夷"，深得太宗喜爱。因他在兄弟中排行第八，故以"八大王"称之。太宗每次朝集宴会，多让他侍从左右。不过，"八大王"与小说、戏曲中的"八贤王"除了称号上比较接近外，其他地方相差甚远，至少杨业归宋时赵元俨还没出生呢。

京剧传统剧目《贺后骂殿》叙述了这样一个故事：贺后是宋太祖的皇后，因太祖死因不明，命长子赵德昭上殿质问，反遭太宗痛斥，德昭撞殿柱而亡。贺后又携次子德芳上殿，痛骂赵光义不仁。太宗只得向嫂嫂谢罪，赐其尚方宝剑，加封德芳为"八贤王"，贺后母子这才含泪而去。这大概就是赵德芳被称为"八贤王"的由来。看来人们出于对孤儿寡母的同情,便将赵德芳虚构为朝中正直力量的化身。以后又有《八大王开诏救忠臣》诸剧将赵德芳与杨家将抗辽事业联系起来,成为当时民族情感的一种寄托,在民间广泛流传。

总之杨家将故事中"八贤王"的出现增加了朝廷权力斗争的戏剧性,满足了人们崇敬忠臣、痛恨权奸的心理。然而在历史上却并不存在一个生平事迹可以与八贤王相对应的人物。八贤王是根据宋朝宗室的一些逸闻,经过大众的情感渲染,再通过剧作家和小说家的艺术加工而创造出的一个虚构人物。

政敌卢多逊

从高梁河战败时禁军拥立德昭,至太祖的两个孩子相继死于非命,宋太祖最亲密的战友赵普把一切都看在眼里,然而他始终默默无语。太祖没有接受赵普的劝谏,结果害死了两个亲生骨肉。大宋王朝虽然仍将世世代代祭祀宋太祖,但宋太祖的子孙不再有继承皇位的可能。这就意味着宋太祖的王朝已经覆灭,大宋王朝将属于他的弟弟赵光义。

现在赵普常常想起自己亲手记录的杜太后的那个遗命——"兄终弟及"。赵普在想一个十分有趣的问题:如果太宗知道了世界上还存在着如此荒唐的太后遗命,他会做何感想和反应呢? 有了这个遗诏,太宗继位的合法性就会得到确认,但它同时也会损害到太宗子孙直接继承皇位的合法性。

赵普一直担心,赵光义继承皇位后会引发更加残酷激烈的皇位争夺战。现在太祖的两个儿子已从肉体上被消灭,另一个对太宗构成威胁的人就是三弟赵廷美。不过赵廷美在军中素无根基,其政治操作水平和对权力的渴望也绝不能与太宗相提并论。除非太宗真的像太祖那样一心要将皇位传给皇弟，否则赵廷美应该没有机会登上皇位。

然而有一个人并不像赵普一样看问题，他认为赵廷美也能像赵光义那样继承皇位，并打算投靠赵廷美。这个人名叫卢多逊。赵普想不明白，这个进士出身的人为什么会如此愚蠢。

太祖乾德三年，也就是公元965年，这个叫卢多逊的进士时任知制诰（起草皇帝诏书的机要秘书）。那几年他时常翻阅史书，赵普还以为他多少能有一些见识。没想到，卢多逊发现当今的年号"乾德"与五代时后蜀后主王衍的年号用重了，如获至宝，立即向皇上报告。皇上命人一查，果然如此，便觉得脸上挂不住，就拿赵普当替罪羊，当着卢多逊的面对赵普说："你哪里比得上他啊！"说着还拿毛笔涂抹赵普的脸。

当年皇上改年号为乾德，称此年号自古未有，赵普随口应和称美，根本没当回事，没想到会冒出一个自以为是的家伙以此向皇上邀宠。

受此侮辱，赵普才开始派人调查此人。结果赵普听到了这样一个事，说太祖登基后喜欢读书，经常命人从史馆给他找书，卢多逊就打通馆吏，从而预先知道皇上所读书籍，然后连夜阅读此书。等到太祖问及书中之事，卢多逊每次都对答如流，因此深受太祖宠信。

此事让赵普想起了五代的一句名言："安朝廷，定祸乱，直须长枪大剑，若毛锥子安足用哉？"这是武人送给读书人的话，毛锥子就是指毛笔。当时就有人反驳说："没有毛锥子，谁给军队调集粮草？"现在看来，把这句话送给卢多逊之流是一点不差的。赵普深知卢多逊觊觎他的相位多时，但他觉得自己没有必要把这种"毛锥子"当作对手。

赵普没有把卢多逊放在眼里，但卢多逊却越来越忌恨赵普。随着赵普反对皇弟赵光义继承皇位而太祖不为所动的局势日渐明朗，卢多逊迅速实行了他的政治投机计划，将赵普与赵光义作对的种种言行添油加醋地汇报给赵光义，从而迅速成为赵光义集团中十分受宠的红人。

赵光义继位后，卢多逊立即被擢升为宰相，实现了取代赵普的夙愿,一时权倾朝野。这时赵普已回到京城,虽无实权,但卢多逊仍视之为眼中钉。

在卢多逊的压制下,赵普的妹夫侯仁宝知邕州(今广西南宁)九年不得代。侯仁宝害怕客死岭外,上疏请求讨伐交趾(今越南北部),企图借机回京师面陈,然后设法留在京师。不料卢多逊建议太宗令侯仁宝直接从邕州进攻交趾,结果侯仁宝于次年死于岭外。

半年之后,赵普之子赵承宗再娶开国元勋高怀德与皇妹燕国长公主之女,令卢多逊十分忌恨。赵承宗时任知潭州(今长沙),返回京师成婚不到一个月就被卢多逊赶回了潭州。在卢多逊的压制下,赵普势力日渐凋零,随从纷纷离他而去,身边只剩下忠心耿耿的王继英一人。

这一年赵普60岁。《论语》里讲,"六十而耳顺"。可是什么是"耳顺"呢,赵普一直没想明白,是听什么都觉得很舒服吗?还是听到什么风声就能顺畅无误地明白其中的奥妙呢?

赵普听说卢多逊又开始巴结皇弟赵廷美,便预测到了朝政的下一步走向以及卢多逊将要承受的严酷惩罚。这时赵普竟不禁可怜起卢多逊来。卢多逊的父亲得知儿子得罪了开国元勋赵普后,就叹息"如果我死得早,不用看着败家子败家,就算我的幸运了"。等卢多逊当上了宰相,老父亲竟然郁闷至极,常对人说:"我家世世辈辈都是老实巴交的儒生,今天家中突然出了个'暴发户',我看这不是什么有福之事。我现在很担心自己的人生避免不了以悲剧收场。"不久这位忧心忡忡的父亲就去世了。

政治是可以交易的

卢多逊犯了一个致命的错误,他认为赵廷美也能像赵光义那样继承皇位。

然而他这次政治投机的成功率只能是零。

赵光义不可能允许赵廷美继位。他必须为子孙的长久富贵扫除一切阻碍。

赵普也不可能允许赵廷美继位。他必须向太祖证明,自己当年反对赵光义继位的建议是绝对正确的。只有这样才能挽回大宋开国第一谋士的尊严和荣誉,也只有这样才能斩除日后政治乱局的祸根,为这个通过阴谋建立起来的王朝的长治久安留下一线希望。

没有永远的敌人,只有永远的利益。

为了各自的需要而与死敌亲密合作,对于这两个成功的阴谋家而言的确不是什么困难的事情。

太平兴国六年(981年),宰相班子中薛居正已去世,沈义伦告病休养,卢多逊一人独当国政。卢多逊终于获得了赵普曾经的地位,陶醉于投机政治的胜利中,一时得意忘形,不但威福自用、专权独断,而且开始与开封府尹赵廷美频繁接触。

卢多逊的所作所为令太宗咬牙切齿,就在这时突然有人状告皇弟赵廷美图谋不轨。不出赵普所料,在朝中宰执不可依赖的情势之下,太宗召见了开国老臣赵普商议对策。

赵普的回复直截了当:"臣愿备枢轴以察奸变。"意思是说,要不让我来当宰相,我来帮你解决这个问题。

赵普毕竟曾是太宗的死对头,太宗无法完全信任他,因此要求他讲出他还能当宰相的理由。

赵普随即上了一个密奏,陈述了他必须重回权力核心的两大理由:

第一,赵普是开国元勋,有资格当宰相,现在只是被某些当权的人压制了而已。这一条表面上看是赵普倚老卖老,其实重点在于说明他与现任宰相卢多逊势不两立。这就等于明白地告诉太宗,卢多逊是他们的共同敌人。

第二，杜太后临终前曾留下遗命要求太祖传位于太宗，而赵普是当时遗命的记录者，也是唯一的见证人。赵普告诉太宗，这个遗命装于金匣之内，如果太祖生前并未销毁，那么可能仍在宫中某处。这个金匣可以为太宗继位的合法性提供最确凿的依据，这也是赵普提出的他必须复相最重要的理由。

此外赵普还告诉太宗，不要以为太祖时他处处阻挠太宗继位，其实那些都是小人恶意中伤，倒是有一个文件可以证明赵普曾经支持过太宗。这个文件是太祖罢赵普相时，赵普为给自己留下后路而特意上的疏议。疏议中，赵普称赞赵光义忠孝全德，并说自己遭到了他人恶意中伤。

太宗看到赵普的密奏，如获至宝，立即当面向赵普道歉："人谁无过，朕不待五十，已尽知四十九年非矣。"

太宗随即开始排查太祖时的所有宫女、太监，果然找到了赵普所说的金匣子。金匣子里封存着两个文件，一个就是所谓的昭宪顾命，上面写着：

> 建隆二年六月甲午，上受太后遗命：兄终弟及，社稷之福。臣普记。

还有一个则是赵普给宋太祖的上疏，其中写道：

> 外人谓臣轻议皇弟开封尹。皇弟忠孝全德，岂有间然。矧昭宪皇太后大渐之际，臣实预闻顾命。知臣者君，愿赐昭鉴。

"20年过去了，自己对此竟然一无所知！母亲啊，看来您没有骗我！"太宗见到这行字时，想起往事种种，不禁涕泗横飞，纵声大哭。

哭完之后，太宗开始发愣。"兄终弟及，社稷之福"，如果现在将这个太后遗命公诸天下，自己岂不是非将皇位交给赵廷美不可？赵普这个老狐狸究竟在玩什么？

太宗立即召见赵普，请教他两个问题：第一，现在能不能将遗命公诸天下？第二，谁是皇位继承人的合适人选？

赵普笑了。他从一开始就认为，太后的遗命实在是太荒唐，公布出来只会增添烦恼，永远不见天日才是它最好的归宿。看来眼前这位皇帝是体会到这种烦恼了，于是赵普胸有成竹地回答道："先帝如果能听老臣一言，那今日就看不到陛下的圣明了。先帝已经错了一次，陛下可不能再错一次啊！"

此言一出，太宗对赵普真是刮目相看。赵普不愧是开国元勋、先帝老臣，所谓"一言兴邦"恐怕不过如此吧！

于是，太宗立即授赵普为司徒兼侍中，赵普成为比沈义伦、卢多逊地位更高的实权宰相。赵普再相，赵廷美立即感受到了压力，次日就要求班列赵普之下，太宗没有反对。同朝为相，赵普经常半开玩笑地劝卢多逊引退，但卢多逊哪里肯听。

第二年，金明池水心殿修成，太宗准备泛舟往游。这时有人揭发秦王赵廷美企图趁此机会图谋不轨，尽管未获查实，赵廷美还是被罢去开封府尹，改授西京留守。太宗任命太常博士王遹判河南府事，开封府判官阎矩判西京留守事，以监视赵廷美；又任命柴禹锡为枢密副使，杨守一为枢密都承旨，赵镕为东上阁门使，作为他们告发赵廷美"阴谋"的奖赏。而与赵廷美交通的枢密承旨陈从龙、皇城使刘知信、弓箭库使惠延真、禁军将校皇甫继明等人皆遭贬官。

不久，赵普获得卢多逊与赵廷美交通勾结的证据，卢多逊下狱服罪。宋太宗让百官议卢多逊、赵廷美之罪，那些官员秉承天子旨意，认为他俩"准法诛斩"。宋太宗表示网开一面，免其死罪：卢多逊被削夺官爵，全家流放崖州（今属海南）；赵廷美被勒归西京私第，其儿女不再称皇子、皇女。赵廷美秦王府的官吏和卢多逊的亲信都或贬或诛,遭到彻底打击。随后知开封府的李符又说赵廷美心怀怨望,不宜居住于京城附近,宋太宗便降赵廷美为涪陵县公,房州(今湖北房县)安置,并派亲信官员就近监视。

赵廷美与卢多逊的势力得到清除之后,赵普的历史使命已经完成,太宗遂于太平兴国八年(983年)十月免去赵普宰相职位,使其出任武胜军节度使(治邓州,今河南邓州)、检校太尉兼侍中。

3个月后,即雍熙元年(984年)正月,赵廷美在房州因忧虑惊恐成疾而死,年仅38岁。又过了一年,赵普的政敌卢多逊死于流放地,终年52岁。

不可触摸的真相

卢多逊死后7年,赵普于西京逝世,终年71岁。太宗闻讯,赠赵普尚书令,追封真定王,谥忠献,并为其亲书神道碑,可谓极尽哀荣。

在这7年中,皇上从未公布太后遗命的具体内容。皇上这样做似乎合情合理,但赵普心中的阴影却越来越浓重。

赵普生前只写过一本很薄的书。那是在太祖刚刚建立宋朝后不久,赵普写了一本记录陈桥兵变与太祖建立新朝整个过程的回忆录——《飞龙记》,是有关宋朝建国史实的第一手资料。

太祖去世后一年多,太宗曾命翰林学士李昉等编修《太祖实录》,记录太祖一生的史实。太平兴国五年(980年),也就是赵普告诉太宗"金匮之盟"的前一年,《太祖实录》五十卷修成呈送太宗。这部《太祖实录》的编修应该大量参考了赵普《飞龙记》等第一手资料。然而这部史书令太宗十分不满,他认为书中脱漏了大量的史实,比如太后遗命这样的重大事件就没有记载。

赵普去世后，太宗命令宋白、张泊重修《太祖实录》。这部史书修了很长的时间，直到他的儿子真宗时才编修完成。在重修过程中曾经出现种种怪事，比如濠州知州范杲曾被太宗召见入京，范杲以为太宗要提拔他，喜出望外，日夜兼程赶向京城。半路上遇到一名刚离开京城将要到地方上担任通判的官员，范杲迫不及待地向他打听自己将新任什么官。得知自己将担任重修《太祖实录》的工作后，范杲竟然惊愕得一下子说不出话来，马上就病倒了，抵达京城后10天左右就去世了。另一名参加重修的官员王禹偁由于据实直书被贬到了地方，为此他还写了一首诗，最后吟道："屈于身兮不屈其道，任百谪而何亏。"

两部《太祖实录》后来被分别称为旧录和新录。现在这两部史书都已亡佚，赵普写的《飞龙记》也不知什么时候从这个世界上消失了。但从别的史书中可以知道，旧录中记载，陈桥兵变时宋太宗赵光义根本不在现场，而是在京城与母亲杜太后等人在一起。而新录中记载，陈桥兵变时赵光义不仅在现场，而且与赵普一起策划了这次兵变，返回京师时还是赵光义拦马劝谏赵匡胤入城后不得劫掠的。

而在旧录中不可能出现的"金匮之盟"一事，新录中却详尽地记载了其来历，不过并没有交代具体内容。"金匮之盟"究竟怎么回事，只有赵普一人知道，不过他已经去世1000多年了。

1000多年后的历史学家根据当时不得要领的各种记载仔细研究后认为，"金匮之盟"有五大破绽：一是杜太后死时，太祖才35岁，其子德昭11岁，太后怎能预知太祖死时德昭仍是儿童？二是太祖既然谨遵母命，又何必将盟约深藏宫中？三是太宗即位后，赵普为何要再等6年才将太后遗命公之于世？四是重修的《太祖实录》记载立下盟约时太宗也在场，这更是自相矛盾的说法。五是"金匮之盟"为何先是密藏，后由赵普密奏，此事为何需要如此保密，是不是为了随心所欲地解释其事？历史学家认为，五大破绽充分说明"金匮之盟"是赵普为了重新获得权力而一手伪造的。

的确,这个太后遗命的内容太荒谬,荒谬到说出来的时候,绝对没有一个人会相信。如果可以永远地埋藏这个秘密,大宋王朝的历史或许可以变得光明正大一些。

你能相信一个阴谋家说出的事实真相吗?

能吗?

不能吗?

至于本文所说的"建隆二年六月甲午,上受太后遗命:兄终弟及,社稷之福。臣普记",史书无载,只是本文的推测,是小说家言。这算艺术的虚构,还是史家的想象力?

请读者明鉴。

- ⊙ 庸将负盛名？
- ⊙ 「良将第一」
- ⊙ 儒将风度

落落中原几将才

曹彬

庸将负盛名？

宋朝有很多著名的武将,如杨业、狄青、岳飞、韩世忠、余玠等。然而宋代享有最高声誉的武将却是曹彬,他被誉为"勋业最隆、功冠群雄"的"本朝第一良将"。

曹彬(931—999),字国华,真定灵寿(今属河北)人。传说曹彬周岁时,他父母按风俗将各种玩具放在他面前让他抓周。只见曹彬左手拿起干戈,右手拿起俎豆(古代用于祭祀的礼器),过一会儿又拿起一方官印,其他东西看也不看,在场众人都很惊异。

曹彬出身将门,他的父亲曹芸是成德军节度使知兵马使。后汉乾祐(948—950年)时曹彬为成德军牙将。由于周太祖郭威的贵妃张氏是曹彬的姨母,曹彬便在后周初年到柴荣帐下担任供奉官,随从柴荣镇守澶州。

入宋以后,曹彬以战功改授左神武将军兼枢密承旨。太祖、太宗两朝,曹彬先后参加平后蜀、攻太原、伐江南、征北汉、战契丹等大小战争,为宋朝统一立下汗马功劳,官至枢密使、检校太尉、忠武军节度使,加同平章事。

然而有宋史专家指出,从曹彬一生最重要的四次军事活动的表现来看,他在军事方面的才能其实非常平庸,在战场上也没有取得什么显赫的功绩,可谓"庸将负盛名"。

第一次重要的军事活动是乾德二年(964年)十一月至次年正月的平定后蜀之战。此战枢密承旨曹彬作为都监,随刘光义部入蜀。在曹彬的严密约束下,这支军队纪律严明,秋毫无犯。然而在平定后蜀后留驻成都的日子里,诸将竞相掳掠,民众大受侵扰。此战之后,曹彬被认为"清廉畏谨，不负陛下任使者，惟曹彬一人耳"，因此受朝廷特赏，升为宣徽南院使，跻身大将之列。但此战曹彬并非统帅，也没有提出什么奇计巧谋，且后蜀政治腐败，本已不堪一击，宋军并没有经历激烈的战斗。

第二次重要的军事活动是开宝七年（974年）正月至次年十一月的平定江南之役。此战由曹彬担任统帅。宋军包围南唐首都金陵（今南京）后，曹彬称病，诸将来问候，曹彬趁机要求诸将破城之后约束将士，禁止掳掠，不得妄杀一人。众将允诺，富庶的金陵城逃过一劫。班师之时，曹彬的船中只有图籍和衣衾而已，为人称颂不已。回到开封后，曹彬官升枢密使。平定江南是曹彬一生最得意之战。然而此战以强对弱，南唐国势日颓，曹彬率十万大军却打了一年多才将江南平定，金陵城被围困近10个月才被攻破。战争旷日持久，劳民伤财，主帅恐难辞其咎。

第三次重要的军事活动是太平兴国四年（979年）正月至五月的平定北汉之役。宋初，曹彬曾参与过几次对北汉的作战，取得过一些小胜。开宝二年（969年），曹彬随太祖进攻太原，战败而回。此次随太宗出征，虽然攻灭北汉，但曹彬在其中并没有指挥战斗。接着太宗乘胜北伐契丹，结果大败而回。

第四次重要的军事活动是雍熙三年（986年）正月至七月的北征攻辽战役。此战曹彬统率东路主力军约十万人马，出雄州向辽南京（幽州，今北京）进发，开局颇为顺利，很快便攻占了歧沟关（今属河北）和涿州（今属河北）等地。三月，曹彬与辽军相持在涿水以北，10余天后，终因粮草不济，只得放弃已攻占之地，退回雄州以便就粮。太宗得知消息后，认为曹彬指挥失策，令他与东路军副帅米信的军队汇合，养精蓄锐，等待战机。此时中、西路军捷报频传，东路军为了争回北征主力的面子，再度向涿州进发。因辽军以轻骑不断偷袭，曹彬命军队排成方阵行进，一边行军，一边在两边挖掘壕堑，以防敌骑侵袭。然而此举

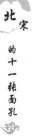
使将士们疲惫不堪,从雄州到涿州百余里路,竟走了20多天。大军到达涿州,发现辽国大军已埋伏于涿州东北,曹彬连忙下令撤退,而辽军精锐开始全力追击。五月,曹彬与辽军激战于歧沟关。宋军逐渐被辽军包围,只得以粮车环绕自卫,其实已形成被辽军关门打狗之势。曹彬、米信趁夜色率部突围,在渡拒马河时遭到辽军袭击,溺死者不可胜计。曹彬率军溃退至易州(今河北易县),驻营沙河。听说追兵又至,宋军如惊弓之鸟,争过沙河,死者过半,河水为之不流。残余宋军向高阳(今属河北)溃逃,又被辽军追上。辽军一阵砍杀后,宋军死者数万,丢弃的兵甲高如山丘。至此,宋军全线崩溃,主力伤亡惨重,损失十余万之众,雍熙北征以惨败告终。

这次战败极大地削弱了宋朝的北部边防力量,辽军乘胜南下,河朔震动。当时就有人认为,北征输得如此惨烈,主要是将帅疏于韬略、指挥无方所致。当代更有学者指出,此战充分暴露了曹彬作战无能,不堪为帅,实为庸将。

“良将第一”

如果曹彬真是一个庸将,那么他为什么会在宋代享有如此崇高的声誉呢?

《宋史》评论曹彬说:“君子谓仁恕清慎,能保功名,守法度,唯彬为宋良将第一。”原来曹彬并不是擎旗陷阵、夺关斩将、叱咤风云、威震敌胆的猛将,也不是运筹帷幄而决胜千里、进退三军于指顾之间、御敌于国门之外的名将,而只不过是文人君子眼中能“保功名,守法度”的良将。

宋朝皇帝的御将之道不是求其善战,而是求其忠诚,以巩固赵氏江山。能征善战、多有才干的将帅,反而常常受到猜忌、防范,被当作对最高统治者的威胁。因此,大宋王朝的祖传家法是崇文抑武,用将但求忠诚循谨,不求有勇有谋。

宋朝皇帝十分惧怕武将威胁自己的统治,因此宋朝的名将往往不得善终,如狄青遭猜忌后抑郁而终,岳飞遭构陷而被处决,余玠被中伤后暴卒。在这样的背景下,忠实驯良、谨小慎微的曹彬被统治者看中,被抬举为宋代第一良将,成为武臣的表率,也就毫不奇怪了。

自唐末以来,武将横行霸道,倾覆政权,成了皇帝的克星。而武将手下的兵痞也不好惹,他们经常为了钱财或女人发动兵变,杀死或赶走武将。为了讨好兵痞,武将只得放纵他们欺压百姓,由此形成了皇帝怕武将、武将怕小兵的怪圈。宋朝要长治久安,就必须打破这个怪圈。

太祖即位初期,手下亲兵还很嚣张,曾有人晚上夜巡时到宰相范质家讨酒喝,坐下就不肯走。宰相无奈,拿出白金千两,这人才呼啸而去。太祖听说此事后,只是悄悄把那亲兵赶走了事。

武夫滥刑在当时更是普遍现象。一年春天,朝廷征民夫疏浚都城的河流,一些民夫企图逃走,一个禁军小军官一怒之下杀了十几个民夫小队长,并将逃亡者的左耳割去。兵部尚书连夜上奏,请杀兵痞以谢天下。宋太祖虽然非常赞赏兵部尚书的意见,但也没下狠手,只是将那个禁军小军官发配了事。

正是在这种将悍兵骄的背景下,曹彬的"仁恕清慎,能保功名,守法度"成为皇帝特别欣赏的珍贵品质。

曹彬与赵匡胤相识于澶州。当时曹彬为柴荣执掌茶、酒之事务,身为柴荣帐下牙校的赵匡胤曾经私下向曹彬要官酒喝。曹彬表示:"此是官酒,不敢相赠。"但为人谨慎的曹彬为弥补赵匡胤的失望,便自己掏钱买酒招待赵匡胤,让赵匡胤尽兴而归。

后来赵匡胤执掌殿前司禁军,声势显赫,官场中人争相攀缘,而赵胤也竭力结交各方豪杰。曹彬虽然与赵匡胤是旧交，但对赵匡胤极力扩张势力的做法颇有看法，所以没有公事从不登门造访。平日赵匡胤举行酒宴聚会，曹彬也很少参加。

赵匡胤当了皇帝之后曾问曹彬："当初我想与你亲近，你为什么总是躲着我？"

曹彬叩头请罪，说："我为周皇室近亲，又身负重任，谨慎守职还恐怕有所疏忽，怎么还敢私下交结大臣呢？"

赵匡胤感叹说："不敢辜负周世宗者，独曹彬一人而已。"

曹彬性格温和，待部下也很宽容。有一次，部下有个小吏犯罪，曹彬判打其二十大板，可过了一年才命令执行。属官对这种做法百思不解，曹彬解释说："听说那人刚刚结婚，如果马上执行，他家公婆就会怪新媳妇给丈夫带来噩运，必然每天打骂新媳妇。那样他的婚姻就完了，但国法又不能废，所以暂缓一年执行。"

此后曹彬历任河中都监、潼关监军、西上阁门使、晋州兵马都监等职，都以处事谨慎、执事恭敬而得善誉。后周显德五年（958年），曹彬出使吴越国，吴越人赠送的礼物他一概不收。回来时，吴越王遣人乘轻舟追上他，要送他礼物。曹彬再三退还不成，说："吾始终拒绝，有好名之谦。"便接受了礼物。然而曹彬回来后把礼物全部上缴国库。周世宗得知后，硬要把那些礼物还给曹彬。曹彬不敢违拗，但一拿回家就把礼物全部分送给亲旧故友，自己不留一钱。

乾德二年（964年）冬，宋军大举伐后蜀，曹彬与刘光义一起率军从东路进攻四川，连克川东诸城。虽然都监曹彬申严军令约束士卒，但主将王全斌还是处置失当，激起川中兵变。宋军经过苦战，才得以平息兵乱。宋太祖得知征蜀诸将大多肆意豪夺川民子女玉帛，而曹彬的行囊中只有图书、换洗衣服，于是在给予王全斌、王仁赡等将校处罚的同时，称赞曹彬清介廉谨，并授予他宣徽南院使之职。

曹彬当即辞官，说："征西将士俱得罪，而臣独受赏赐，恐无以宣示天子赏功惩罪之意。"

宋太祖说："卿有大功，又不自夸，假使有小过失，王仁赡等人岂有不言耶？赏惩为国之常典，卿不必辞让。"

随后太祖又问起宋廷派往四川的官吏善否，曹彬不肯多嘴："军务之外，非臣所闻也。"太祖一定要他回答，曹彬也只是说随军转运使沈义伦廉洁谨顺，可任大事，并无他言。沈义伦后来官拜宰相，可见曹彬眼光不差。

宋太祖对灭蜀之战中宋将大杀降军一事十分不快，认为此举损害了自己以"王师"讨伐"不道"的光辉形象，有失民心。所以宋太祖在开宝七年（974年）发兵进攻南唐时，任命并无多少战功可言，但为人厚重宽恕的曹彬为统帅，并赐他尚方宝剑，允许他拥有副将以下"不用命者斩之"的特权。曹彬为了不辱使命，希望以最小的伤亡和破坏削平南方诸割据势力中实力最强的南唐政权。因此他在围攻孤城金陵时，并不急于发起决战，只是不断地歼灭南唐的有生力量，试图迫使李煜出降。当时曹彬多次放缓攻城，并派人捎信给南唐主李煜说："事到如今，孤城是守不住的，我只是怜惜一城生命，你还是投降为好。"

城破在即，曹彬却突然病倒了。众将着急，都来探望。曹彬不紧不慢地说："我这病靠吃药针灸是治不好的，但只要诸位诚心发誓入城后不乱杀一人，就可以痊愈。"众将依言焚香起誓。第二天，曹彬便说病好了。不久，宋军攻入城，军纪严明，百姓仍能安居乐业。

南下出师之前，宋太祖曾对曹彬承诺说："平江南回来，定以节度使赏你！"走出宫门，副将潘美以下都向曹彬表示祝贺，曹彬只是淡淡一笑，说："得了，此行靠皇帝天威，江南不难平，我能立什么大功？何况北汉未灭，节度使又是武将的最高官衔，怎么可能随便给人呢？"

凯旋回京后，曹彬照例汇报战况，对自己的功劳只字不提，只是简单地写道："奉圣旨去江南办公事回来。"

曹彬拜见皇帝时，太祖大大夸奖了他一番，然后说："如今割据一

方的霸主还有不少，节度使的品位已经到顶了，若给了你，你以后还怎么肯努力作战呢？待收拾了北汉，我一定把节度使赏你。"

曹彬神色自若地叩首拜谢，而潘美等人都望着曹彬会心一笑。太祖看到了，觉得蹊跷，叫来潘美，问道："你们鬼头鬼脑地笑什么？"

潘美不敢隐瞒，便说曹彬早就料到了皇帝不会授节度使。太祖尴尬地笑了，心里觉得过意不去，便暗地里叫人往曹家送去二十万钱。

曹彬回到家，忽见满屋的金钱，长叹一声说："升上高官也不过多得钱罢了，何必一定要做什么节度使呢？"

儒将风度

除了仁厚谨慎而深得皇帝信赖之外，曹彬好读书，对同僚朝士彬彬有礼，因此深得士大夫的欢迎和赞赏。这也是他获得盛名的重要原因。

北宋初，武将不知其数，但大多粗鄙骄悍、贪财好杀，有些人甚至只字不识、愚不可及。这里讲讲两位武将的趣事，一位叫党进，一位叫呼延赞。

武将党进很早就得到了节度使的官衔，爬到了侍卫亲军司步军都指挥使（全国步军统帅）的高位。太祖征太原时，还效力于北汉的杨业率轻骑偷袭宋军，党进率军赶走了杨业的游击队。党进将军在史书上留下的赫赫战功仅此一项，其余有关他的记载都是一些趣闻逸事。党进行伍出身，以力大闻名，后周时逐渐得到升迁，入宋后很快升到高层。当时的高级武官常将自己所带士兵以及武器装备的数目记在笏板上，这样上朝时皇帝如果询问便能对答如流。党进的侍从也帮他写好一串数字，但他目不识丁、口不能读。一天，皇帝偏偏向党进了解他所带部队的情况,党将军举起木棍,大声说:"陛下请看,都写在这儿呢!"朝臣都在下面暗笑,但皇帝认为他很忠厚,从此更喜欢他了。

一年秋天,朝廷分派武将到边境上防守。按惯例,武将临行前都要面见皇帝致辞辞行。考虑到党进不善言辞,皇帝特地派人吩咐:"你就不必拘礼了。"可党进生性倔强,大吵大闹,非要当众致辞不可。掌管礼仪的官员没有办法,只好在他的笏板上写了两句套话,又教他念会背熟了。

第二天,文武百官分列上朝,官员一个个出班奏事,遣词都文雅得体,朝堂之上一派庄严肃穆。轮到党进时,只见他抱着笏板跪在地上,却半天说不出一个字。掌管礼仪的官员正急得不行,党进忽然抬头直视着皇帝,朗声说道:"臣听说上古的人都很厚道,我只愿皇帝好好睡觉。"

顿时,堂上好一场哄堂大笑,平时像木头人似的仪仗士兵这时也笑得东倒西歪,但又不敢太过放肆,只好捂着嘴,把肚子憋得生疼。宋太祖也忍不住说道:"卿请起,朕自当发扬上古厚道的风气,好好睡觉。"

下朝后,左右的人问党进:"你为何突然说这两句怪话?"他憨厚地笑着说:"我见那些酸秀才常在朝上说什么'上古上古'的,所以我也掉掉书袋,好让官家知道我也读书!"

这一天,党进下朝归来,见街市上人们正围聚着听书,便勒马停住,叫来说书人,问道:"你嘴里嘟嘟哝哝地瞎念什么呢?"

说书人恭恭敬敬地说:"小人正在说韩信。"

党进顿时大怒:"你对我说韩信,见韩信就该说我了吧,好一个两面三刀的小人!"可怜那穷艺人,为1000年前的韩将军挨了一顿板子。

党进身材魁梧,但平时并不威严,在熟人间常笑嘻嘻的,可一旦披上战袍,便目光如电、毛发尽竖,显出一副拼命三郎的架势。朝廷派画师为功臣画像,党进也在其中。可看了画稿,党大将军并不满意,大怒道:"我看人家画老虎还用金箔贴眼呢,我就消不得一对金眼?"画师只好把他画成凶神一般,也不管像不像了。多年后,朝廷重新向各家征集开国功臣的画像,党家人回复道:"我家没有祖宗像,城南仓库前的土地神像画的就是党进。"

党进平时傻乎乎的,但处事也有机灵的时候。太祖时,他曾奉诏巡视东京街市。京城中的市井闲人喜欢畜养各种鸟类,提着鸟笼在街上溜达。党进看见了,二话不说就把鸟都放了,嘴里骂道:"买肉不供养父母,倒拿来喂鸟吗?"一天他在街市上看到一个小兵臂上举着一只鹰雏招摇过市,便气冲冲地走过去,一边教训人一边抬手就要打。这时党进身边的小吏说了一声:"这是晋王赵光义的鹰。"党进的手马上缩了回来,脸上立刻堆满了可爱的笑容,认真地说:"你可要买点鲜肉好好养啊!"一时市井中人传为笑谈。

宋初还有一位猛张飞式的将军叫呼延赞,地位虽不高,其怪癖却是世人皆知。

呼延赞出身行伍世家,从骑兵干起,因英勇善战而被选入侍卫皇帝的亲兵部队。太祖时,呼延赞作为前锋参加了攻灭后蜀的战斗,虽几处负伤仍奋战不已。太宗时,他作为敢死队一员参加了攻打太原的战役,先后四次冲上城墙又被打下来。呼延赞因作战拼命逐渐得到升迁,但最高只做到刺史、都军头。

呼延赞把唐初名将尉迟敬德作为榜样,自称"小尉迟"。太宗时,为建立盖世功名,他坚决要求去守边。太宗接见了他,并问:"久不作战,你还行吗?当场表演一下吧。"呼延赞大喜,连忙穿戴上场。只见他身披金甲,头裹绛红帕布,身骑一匹白花战马,手持铁鞭、枣槊,在皇宫院子里舞了四圈。舞得正欢,手一挥,他的四个儿子手持剑刀枪槊也舞了上来。只见一片刀光剑影,五人舞得如旋风一般,赢得众人阵阵喝彩。皇帝看得高兴,赏给他们衣服和几百两黄金。但皇帝知道呼延赞缺乏指挥才能,因此没有答应他的要求。

不过,呼延赞仍不死心。他反复上书,表示自己深受国恩,誓与契丹血战到底。一天,他叫来一个会刺字的小兵,叫小兵在自己身上刺"赤心杀贼"的字样。和别人不同,他要求墨色深黑,全身都刺满,连嘴唇也没落下。小兵惊呆了,可在他的喝令下只好从命。

呼延赞忍着剧痛刺完字,又叫来四个儿子和家里的仆人,命他们都在身上刺字,儿子另在耳后刺上"出门忘家为国,临阵忘死为主"的字样。

这边刚忙完,呼延赞又叫来娇妻美妾,大声喝道:"我受国重禄,全家得福,你们虽无法报国,但应当在脸上刺字以表示对皇帝的感恩。今天若有不从命者,立即斩首。"全家老小都跪下来痛哭哀求,呼延赞哪里肯听。想当初呼延赞儿子们还小时,他大冬天让儿子们冲凉水,说什么锻炼御寒能力;四子才满百日,呼延赞说什么试试他的命硬不硬,便把他从城楼上丢了下去,幸而未死。呼延夫人深知老头怪癖,心想,今天不依着他肯定不能过关,于是哭丧着脸说:"妇道人家脸上刺字,像被判刑的淫妇,总归不好。我愿刺字于臂。"呼延赞这才同意。他让家里女人在臂膀上都刺上字,兵器上也都刻上字,这才算完。

宫中内侍都知道呼延将军有趣。每当他入宫值班,内侍们常围着他找乐子。一天,他拔出佩刀,把胸部刺出了血,然后令从官蘸血写奏书,坚决要求守国杀敌。内侍戏弄他说:"为何不剖心明志呢?"呼延赞苦笑一下说:"我并不是怕死,只是辽贼未灭,不能白扔了性命。"

皇帝终于被他的一片赤诚感动,同意了他的请求。于是呼延赞一路招摇来到北方前线。京城的人们看过呼延将军的滑稽戏以后很快便把他忘了,而呼延将军在前线也没立下什么盖世功劳,没多久就因指挥无方而被调离前线,后又因没有行政能力而被调回京城,不久便默默无闻地死了。至今呼延赞彪炳于史册的仍是那段刺字报国的奇事。

然而曹彬与这些粗鄙的武将完全不同。曹彬平时与同僚和下属都能友好相处，对小吏也很礼遇，接人待物心平气和，不言人过，不记人嫌，以富贵骄人，唯以谦恭自处，还常助人于危难之中。曹彬也特别尊重士大夫，每次在路上遇见士大夫，一定避车让其先行。更为难得的是，曹彬读书好学，每次出征都带大批书籍回来。他勤奋求知，学识益广，能与朝士清谈终日，鸿儒硕士也常叹不如。

宋代的士大夫不可能对党进和呼延赞这样愚笨荒唐的武将有任何好感，而史书是由文人写的，他们当然更欣赏曹彬这种知书达理、仁厚清廉的儒将。高尚的人格和深厚的文化修养使曹彬在士大夫中获得了极高的声誉，欧阳修曾称赞说："曹武惠王彬，国朝名将，勋业之盛，无与为比。"罗大经则更夸张，说："汉惟一赵充国，唐惟一王忠嗣，本朝惟一曹彬，有三代将帅气象。"

美好的声誉也使曹彬的家族一直十分显赫。曹彬的女儿是真宗的嫔妃，孙女被选为仁宗的皇后（英宗时为皇太后，神宗即位又尊为太皇太后）。曹彬的长子曹璨官至河阳节度使同平章事。除曹璨外，曹氏家族还有多人也官至节度使、宰执，乃至被封王，其家族名望一直隆盛于整个北宋。显然，世代显赫也是曹彬在宋朝始终享有崇高声望的重要原因之一。

⊙ 大哥得了疯病

⊙ 野心勃勃的二哥

⊙ 百余年来第一位太子

⊙ 依赖型人格的养成

⊙ 『宁为太平犬，莫作离乱人』

⊙ 恼人的御驾亲征

⊙ 『完美』的阵图

⊙ 相公睡着了，鼾声如雷

⊙ 我只要现在的太平

⊙ 澶渊之盟

⊙ 王钦若与寇准

⊙ 再做一番大事业

⊙ 封禅大典

⊙ 我希望变成玉皇大帝

一国君臣如病狂

赵恒

大哥得了疯病

　　一个人面对某个问题自觉无法解决时就会产生自卑感。具体地讲，每个人都有各种不足，如体力、记忆力、工作能力等不如别人，由此产生的自我轻视的感觉就叫自卑感。自卑感通常表现为：一方面自惭形秽，愧不如人；另一方面，为了掩饰或弥补自己的不足，以显示自己比别人优越，又常常自命不凡，自以为高人一等，以此补偿自卑感。自卑感一方面能摧毁一个人，使人自甘堕落或患上精神病；另一方面也能使人奋发图强，力求振作以弥补自己的弱点。

　　宋朝第三位皇帝真宗赵恒就是个很自卑的人。

　　宋真宗自卑感形成的原因十分复杂，因此也很难判断他对自卑感的补偿机制究竟是奋发图强，还是具有精神病倾向的自甘堕落。

　　不过考察宋真宗家庭的疾病史，很容易发现他的长兄是一位可怜的精神病患者。

　　宋真宗的长兄赵元佐自幼聪明机警，长相酷似宋太宗，很得宋太宗和太宗皇后李氏的宠爱，被封为楚王。赵元佐有武艺，善骑射，曾经跟随宋太宗出征北汉、幽燕。

　　当时高梁河之战惨败，有军卒试图拥立太祖的儿子赵德昭，宋太宗因此大发雷霆，先后迫害了太祖的两个儿子，而赵元佐对于父亲残忍迫害两位堂兄的行为感到非常反感。

　　更让元佐无法忍受的是，父亲的下一个迫害的对象就是自己的叔叔——具有皇储身份的开封府尹赵廷美。这样的行为令举朝都感到毛骨悚然。太宗自己也知道京城中充满了各种说他阴险毒辣、卑鄙无耻的街谈巷议，因此迫不及待地修改了史书的记载以掩盖这一切。

然而面对元佐的时候，父亲竟然为他见不得人的行为找了充分的理由。父亲理直气壮地向元佐表示，他做这一切都是为了能将皇位顺利地传给元佐。

可怜的元佐因此受到了极大的精神压力。在他看来，父亲所有的政治阴谋都是为了让自己得到皇位，那么就相当于父亲将迫害叔父的罪名安到了自己的头上。

为了证明自己的清白，当父亲大肆迫害叔父赵廷美时，元佐尽全力营救，请免其罪。对于元佐的"愚蠢"举动，父亲自然是置之不理。结果赵廷美忧悸成疾，死了房州。可怜的元佐闻讯大受刺激，竟然悲愤成疾，成了可怜的精神病人。

从此以后，楚王府的侍从们只要有一点小小的过失，元佐都会不由分说地操刀就砍，弄得楚王府人人惊惧。太宗对此十分心痛，派御医来给长子医治。御医说，元佐得的是一种精神疾病。宋太宗可能认为元佐的疯病与自己不无关系，心中有愧，因而专门为此大赦天下。

雍熙二年（985年）重阳节，宋太宗召集几个儿子在皇宫园林中宴饮射猎，因担心元佐病未痊愈，就没有派人请他。元佐得知宫中举办了盛大的宴会，皇子都有份出席，唯独没有邀请自己，便去兄弟家里抱怨："你们侍奉圣上欢宴，只有我没参加，这是想抛弃我啊！"大吵大闹后，元佐把自己灌得烂醉，当夜竟放火烧了自己的宫室。

太宗大怒，命令御史台派人把元佐押送政事堂接受审问。审问时，元佐看见各种刑具摆在自己的面前，吓得不轻，就全都招供了。太宗派宦官首领王仁睿转告元佐："你作为亲王，富贵到极点了，怎么如此胡闹！国家有法律，我不敢讲私情。我和你的父子之情，到今天也就断绝了。"

元佐无言以对。大臣和弟弟们都为元佐求请，但太宗表示绝不宽容。可怜的元佐就这样被废为庶人，流放均州（今属湖北丹江口市）。而后宰相宋琪率百官一再上书，请求从宽处置，将元佐留在京城。太

宗终于同意,下令将元佐追回,又派专人监护,不许元佐与其他人来往。

野心勃勃的二哥

伯父宋太祖去世、父亲继位时,宋真宗才8岁。而在宋真宗11岁时,堂兄赵德昭自杀。第二年,堂兄赵德芳去世。14岁时,叔父赵廷美被贬为涪陵县公,房州安置。到了真宗16岁时,赵廷美去世。过了一年,长兄赵元佐发狂,被夺去王爵。

长兄赵元佐其实只比宋真宗年长一岁。不过即使元佐已被贬为庶人,宋真宗也没有想过自己将来会继承皇位,因为他还有一位二哥赵元僖,元僖的年纪仅仅比宋真宗大几个月。

宋真宗一生经历了三次改名,其最初名德昌。叔父被贬后的第二年,宋真宗兄弟五人同时改名、封王,德昌改名为元休,封韩王。赵元佐被贬后的第二年,二哥赵元僖被任命为开封府尹兼侍中,基本获得了皇储的地位,宋真宗则改名为赵元侃。被册立为太子后,宋真宗又改了一次名,这第三个名字就是赵恒。

父亲的形象在元佐与元僖兄弟心目中很不一样。在长兄元佐看来,父亲是一个阴险的皇位篡夺者,一个弑兄的罪犯,一个好色之徒。当时京城中流传着太宗策划政治阴谋的种种流言。有些流言实在过于离奇,稍有政治常识者都不会相信。但无论这些流言如何不可信,太宗在京城百姓中形象不佳是毫无疑问的。

有一则流言说,当年宋太祖削平后蜀后,后蜀国主孟昶与他的费贵妃一同被送入京。这位费贵妃不但貌美,而且善作诗,因此被孟昶赐名为花蕊夫人,花蕊夫人入京后被太祖纳入后宫,孟昶也因此被毒死。赵光义也垂涎花蕊夫人的美色，趁太祖病重时在床前挑逗花蕊夫人，被太祖觉察。次日凌晨，太祖就驾崩了。这分明是把隋炀帝弑杀君父的野史搬到了太宗的头上。

但这样的流言就足以让元佐羞愧不已，毕竟父亲好色是不争的事实。坊间流传的有关太宗好色的段子还有很多。例如民间传言赵光义曾强幸南唐国主李煜的皇后小周后，甚至还有人将这种大逆不道的流言绘制成淫秽之画，如《宋太宗强幸小周后》，明清时又有仿作《熙陵幸小周后图》。

父亲极端负面的形象让元佐产生了极大的精神压力和罪恶感。作为太宗的长子，元佐甚至认为他继承了父亲的罪恶，并由此产生了强烈的自卑感。

为了洗刷父亲强加给自己的罪恶，缓解由于强烈的自卑造成的内心紧张，元佐曾极力阻止父亲迫害堂兄和叔父。然而他失败了。在得知叔父赵廷美的死讯后，元佐一会儿将自己幻想成迫害者也就是自己父亲的形象，一会儿又将自己幻想成受迫害的叔父，脑海中不断地出现父亲迫害自己，自己迫害叔父，最后自己迫害自己的恐怖情节。元佐堕入了可怕的幻想不能自拔，整天胡言乱语，所有人都认为他疯了。

父亲的形象在元佐的眼中是如此的卑劣，但在赵元僖眼中却完全不是这样。在赵元僖看来，父亲是一个真正的成功者，一个充满智慧、强有力的皇帝。赵元僖认为拥有权力就是一个男子最伟大的成就，父亲为了获得权力所做的一切努力在他眼里都显得如此光辉夺目。简单地说，父亲就是赵元僖崇拜的偶像，因此赵元僖处处刻意地模仿父亲。

赵元僖在初步取得了皇储的地位后便立即开始施展他的政治才能，模仿父亲培育自己的政治势力，结交朝中大臣。在朝臣中，赵元僖最看重的是开国元勋赵普，并与赵普联手击败了胡旦政治集团。

不幸的是，野心勃勃的赵元僖还没有实现自己的理想，就不明不白地死掉了。太宗因此非常伤心,放声痛哭,并追认赵元僖为太子。

没有人知道赵元僖究竟是如何去世的。赵元僖去世后出现了种种传闻,这些传闻只有两个主题,一是赵元僖与太宗有矛盾,二是赵元僖的死与宠妾张氏有关。关于赵元僖与太宗的矛盾,一种说法是赵元僖与赵普联手扳倒胡旦政治集团时误伤了太宗的亲信——一个叫侯莫陈利用("侯莫成"为中国古代的三字复姓)的术士;另一种说法是赵元僖勾结朝中大臣宋沇等人,希望取得太子的地位,引起了太宗的不满。

而另一个与赵元僖的宠妾张氏有关的传闻,说是父亲为赵元僖选娶了功臣李谦溥的侄女为妻,赵元僖不喜欢,于是宠幸侍妾张氏,许诺要立她为正妻取代李氏。张氏于是起了毒死李氏的邪念,制作了一个有阴阳二腹的酒壶,一腹盛酒,一腹盛毒药,准备用它毒死李氏。结果张氏在下毒时出了岔子,使赵元僖误服了毒药。

自从真宗懂事以来,就听说过无数个有关政治阴谋的传言。不过都只是听听罢了,对于分辨这些传言的真伪,他丝毫没有兴趣。然而赵元僖去世后不久发生的事情表明,赵元僖的死的确与他宠爱的张氏有关——有人告发张氏依仗着赵元僖的宠爱,对仆人乱施酷刑,甚至伤及仆人的性命。告发此事的人还揭发了赵元僖的其他不法行为,于是太宗派了宦官王继恩去查证,结果赵元僖太子的名号也被取消,下葬的规格也降低了,张氏父母的墓被掘毁,开封府很多官员也受到免职等各种处分。

百余年来第一位太子

一个哥哥疯了,一个哥哥死了,皇位的继承权便到了襄王赵元侃手上。赵元僖去世后不到2年,赵元侃就继任为开封府尹,进封寿王。第二年,他就被正式封为皇太子,改名赵恒,判开封府。

册立太子一事非比寻常。自唐末以来,由于长期战乱,时局不稳,已经有100多年没有册封过皇太子了。所以赵恒被册立为太子在朝野中引起了轰动,百官和百姓们都认为这是天下太平的迹象。于是京城百姓纷纷传颂太子乃是太平君主,太子每次出行都会引来京城百姓围观,甚至导致秩序混乱。然而,这种现象却引起了太宗的疑虑。一次,太宗对寇准说:"人们都夸奖太子'真是国家的好君主',这把我放到哪里去了?"寇准百般劝慰,才让太宗转忧为喜。赵恒听说此事后,着实吃了一惊。在此之前,赵恒从来都没有想到自己有一天能够继承皇位。他一直尊崇自己的两位哥哥。赵元佐未贬时,赵恒觉得长兄非常仁厚,将来一定是一名贤明的君主。赵元僖去世前,赵恒也觉得二哥具有出色的政治才能。在复杂的政治环境中,或许的确需要二哥这样的人才能稳定朝廷的局势。

赵恒与两位哥哥年纪相差不多,但兄弟中光彩夺目的却总是两位哥哥。赵恒本分地扮演着王子的角色,老实又不客气地享受着亲王的威福。做一个逍遥亲王就是他一生的理想。

但是赵恒万万没想到,有一天他会成为百余年来破天荒的第一位太子殿下,更没想到京城的百姓对他充满了热切的期待。

赵恒虽有一些兴奋,但感受到更多的却是压力。父亲在他心目中的形象是长兄与二哥心目中父亲形象的叠影。赵恒也清楚,父亲的有些手段的确有亏人伦道德,甚至是令人不齿的。但赵恒不会像长兄一样与父亲对抗,因为他清楚他们兄弟正是父亲这些令人不齿的手段的最大受益者。如果连自己的儿子都要对抗他,这对父亲来说太不公平。在赵恒看来,父亲的种种作为虽然不像二哥理解的那样光辉,但父亲毕竟用自己的文治武功稳定了宋朝的大局并巩固了自己的权力。父亲在政治上的才华与功业,甚至超过了自己的伯父太祖皇帝,

并用超常的能力向世人证明，他才是这个王朝最合适的继承人。

在赵元僖去世之前，父亲一直是赵恒的骄傲，也是赵恒自信心的来源。但是当他成为太子之后，父亲的形象给赵恒造成了极大的精神压力。

"我能像父亲那样成为合格甚至是出色的皇帝吗？

"我的两位哥哥都做不到，我凭什么可以做到呢？

"父亲为了能将皇位传给自己的子孙，费了那么多周折，付出了如此惨痛的代价，如果我不能像父亲那样用超常的能力向世人证明自己是这个王朝最适合的继承人，是百姓心目中理想的'太平君主'，那么我又怎么对得起父亲的良苦用心和百姓的热切期待呢？"

从这时起，赵恒的内心充满了对证明自己的渴望，但同时又深深地感到力不从心。他觉得要当好一个皇帝实在是太难了。

每个人都有不同程度的自卑感，如果一直保持着勇气，便能缓解内心的紧张。不过如果这种试图克服自卑的努力遭到挫折，内心的紧张就会加剧。赵恒被册立为太子之后，内心的紧张感和自卑感在一天一天地增加。

为了证明自己的能力，或者说是为了检验一下自己的政治才能，赵恒打破了以往亲王做府尹不住府衙的惯例，把家搬进了府衙。不久他便发现开封府的豪民很刁滑，经常与吏人勾结做违法的事，常常有豪民本人犯了罪，通过贿赂吏人，由自己的仆人代己受刑。赵恒下令认真盘查，终于查出实情。为此，他采取了一个措施——轮换各区的吏人，避免他们因与豪民彼此熟悉而互相勾结。

此事让赵恒颇有几分得意。不过在得意之余，赵恒又觉得治理天下实在是一件很难的事情。他只有一个人，而豪民刁吏却有这么多，如果他们个个都做不法之事，自己又如何应付得了呢？治理一个开封府尚且如此困难，统治天下岂不是要难于上青天了？

依赖型人格的养成

幼年时期子女离开父母可能就难以生存。在儿童的印象中,保护他、养育他、满足他一切需要的父母是万能的,他必须依赖父母,并总是怕失去这个保护神。这时如果父母过分溺爱子女,鼓励子女依赖父母,不让他们有长大和自立的机会,那么久而久之子女就会产生对父母的依赖心理,成年以后依然不能自立,缺乏自信心,总是依靠他人来做决定,形成依赖型人格。

不过宋真宗依赖的对象并不是他的父亲,而是一直以来保护他并为他做出各种决定的宰执大臣们。

宋真宗之所以对宰执大臣们产生依赖,是因为当他的皇位一度岌岌可危时,身为宰执大臣的吕端拼死保住了他的皇位。如果没有吕端,宋真宗可能早就成了几位宫廷阴谋家的牺牲品了。

在吕端之前,寇准也在保护着赵恒。寇准在宋太宗继位的第二年(太平兴国二年,即977年)考中进士时才19岁。他是一位敢于直言劝谏的大臣。有一次,太宗不想听他谈事情,离座准备退朝,他竟扯着太宗把事情谈完才罢休,把太宗弄得很狼狈。

赵恒对寇准的印象非常深刻,因为他在30岁时就被太宗提拔为枢密副使(副宰相级)。后来寇准因为一个疯子在他马前高呼"万岁"而被贬出京,但不久就被太宗召回京城,升为参知政事(副宰相)。

寇准被召回京城后,太宗向他征询有关皇位继承人的问题。当时寇准是这样回答的:"您要选择继承人,千万不要光听后妃们的意见,也不要光听宦官们的意见。此事一定要您自己做主,选天下臣民都满意的人做继承人。"看来寇准当时就注意到了后宫对继承人问题另有盘算,而太宗正是听了寇准的这番话,才决定排除干扰将赵恒册立为太子的。

令赵恒感到非常难过的是,就在太宗去世前不久,寇准被免去了参知政事,出知邓州。原来寇准娶了太祖皇后宋氏的妹妹,这样宋皇后就成了寇准的大姨子。刚好不久前宋皇后去世,而太宗并没有按照皇后的礼法安葬宋皇后,寇准因此对太宗有些怨言。太宗知道后,把寇准赶出了京城。

数月之后,赵恒还在盼望太宗能再次将寇准召回,但太宗的病情却突然转重。至道三年(997年)暮春时节,太宗驾崩,享年59岁。正当赵恒为父亲的离世悲痛不已时,宫廷中形形色色的阴谋家已经开始行动了。赵恒后来才知道,要不是宰相吕端鼎力相助,这次当皇帝的可能就不是他了。

> 长忆观潮,满郭人争江上望。来疑沧海尽成空,万面鼓声中。弄潮儿向涛头立,手把红旗旗不湿。别来几向梦中看,梦觉尚心寒。

这是当时一位叫潘阆的文人写的词,叫作《酒泉子》。如果知道这位潘阆的来历后再来读他这首脍炙人口的词作,可能更会觉得意味深长。这潘阆可不是安分的主,他早年与宰相卢多逊、大太监王继恩等交情很深,曾经与卢多逊一起谋立真宗的叔父赵廷美取代太宗。赵廷美被贬之后,潘阆长期隐姓埋名躲避追捕。后来王继恩给他说情,才得到宽恕。

不料此人贼心不改,听说太宗去世,立即给王继恩出了个坏主意:"您若扶立赵恒,因他已是太子,显不出您的功荣。您若扶立赵元佐,那您就是把一个被遗弃的人扶上了皇位,这样功劳就大了。"他们的阴谋被挫败后,潘阆再次逃亡,这首《酒泉子》或许就是他流亡到杭州观钱江潮时写的。因为"别来几向梦中看，梦觉尚心寒"，有一次宋真宗宣告天下大赦，潘阆竟乖乖地到官府自首去了。他的余生是在软禁中度过的。

除了王继恩，拿可怜的赵元佐打如意算盘的人还有李皇后。赵恒与赵元佐都不是李皇后亲生的，她自己的儿子早就夭折了。不过这位李皇后还有位哥哥叫作李继隆，时任殿前都指挥使、静难军节度使，不久前刚刚从西部前线返京，掌握着京师禁军的指挥权。如果得了疯病的赵元佐当了皇帝，在李继隆这样军中有实权的人物的支持下，李皇后恐怕可以轻而易举地以元佐病重不能理朝为名宣布垂帘听政。这样的阴谋要能得逞，李继隆再玩一次改朝换代的游戏也不是不可能。

还有两个人也蠢蠢欲动，一个是参知政事李昌龄，另一个是翰林学士胡旦。他们是同一年考中的进士，因此相互勾结，在朝中形成了一个政治小团体，整天琢磨着如何把持朝政。他们曾经被赵普和赵元僖联手扳倒。这一次，他们为了取代宰相吕端的位子重新掌权，也参与了王继恩与李皇后的阴谋。

就在太宗去世的那日，李皇后派王继恩去找宰相吕端。

吕端也不是等闲之辈，他几经宦海沉浮，政治嗅觉极其灵敏。太宗即位之后，赵廷美被任命为开封府尹，吕端则被任命为开封府判官。这几乎是命里注定难逃劫数的差事，不久秦王府官吏被人指控违法贩运竹木，吕端因此被降官数级，贬为商州司户参军。

此后吕端逐渐恢复了原官阶，因任地方官和出使高丽有劳绩，又升为右谏议大夫。这时赵元僖出任开封府尹，太宗选中吕端，又让他当了开封府判官。本来这是太宗对吕端的特殊信任，如果赵元僖平平安安当了皇帝，吕端日后必然会飞黄腾达。不料赵元僖也出了问题，吕端又被贬官。

不久，朝廷设考课院审查官吏，太宗也亲自接见了一些官员。这些官员不少是因事被贬的替罪羊，他们一见太宗就痛哭流涕地向太宗表忠心、诉冤情。吕端也在这些官员中,不过几经浮沉,他对仕途似乎已经看得很淡了,便对太宗说:"我以前辅佐秦王(赵廷美),有罪被贬,后来辅佐许王(赵元僖),又犯了罪。现在我别无所求,只想到地方上做个散官,这样就很满足了。"不料太宗很欣赏吕端的这种为官态度。此后吕端不断得到提拔,不久便升任为宰相了。凑巧的是,不久其他两位宰相先后被罢免。太宗去世时,吕端是朝中唯一的宰相。

太宗去世那天,赵恒还未收到噩耗,李皇后便派王继恩去找宰相吕端。吕端非常敏感,觉得王继恩背后有阴谋,于是果断地采取紧急措施。他先偷偷地在笏板上写了"大渐"两个字,派身边亲信催促赵恒进宫,然后谎称自己急需查阅太宗的某份诏书,让王继恩到诏书阁去取。等王继恩进了诏书阁,吕端就把他锁在里面。

吕端随后进宫去见李皇后。李皇后对吕端说:"皇帝已经辞世,立长子为新皇帝是顺理成章的,你看怎么样?"吕端反驳说:"先皇帝立太子就是为了今天,现在先帝刚辞世,岂可马上就违背他的旨意另搞一套?"李皇后并没有什么能力,身边也没了王继恩,不知该如何对付吕端。这时赵恒已经进宫,吕端立即为赵恒举行了登基仪式。

举行仪式时,赵恒坐在帘后,就在即将行参拜大礼时,吕端因眼神不好,再三端详也看不清楚帘后之人的面貌,而他又实在不放心,便请求将帘卷起,然后竟登上台阶凑上前去,终于看清楚了皇座上坐的确实是赵恒,这才率百官行跪拜大礼。

就是从那一刻开始,赵恒深深地意识到,要想安安稳稳地当好皇帝,就必须找一个像吕端、寇准那样可以绝对信赖的宰相。

那一刻,他的人生找到了依靠。

"宁为太平犬，莫作离乱人"

当上皇帝之后，赵恒做了一件他早就盘算好的事情——贬黜胡旦、李昌龄、王继恩。由于李皇后现在成了李太后，他无权处理。不过他立了李太后不喜欢的郭氏为皇后，追封自己出身低贱的生母李氏为贤妃。到了第二年，他又追封自己的生母为皇太后。

后来，赵恒又追封父亲亏待过的叔父赵廷美为秦王，分别追赠堂兄赵德昭、赵德芳为太傅、太保。这样做似乎也算是赵恒对长兄赵元佐的一个交代。同样是为了补偿可怜的元佐，赵恒还任命他为左金吾卫上将军，封楚王，营造出兄弟和睦的气氛。

对于扶持自己登基的吕端，赵恒自然格外尊崇，事事征询他的意见。每次见到吕端，赵恒都不由自主地"肃然拱揖"，而且他从来不直接称呼吕端的名字，而是以官名代称。看到吕端体胖，行动不便，赵恒还专门命人对宫里又高又陡的台阶进行改造，以便吕端上下。对于吕端提出的各种治理国家的建议，赵恒全都欣然采纳。

不久，吕端因为年老体衰辞去了宰相的职务，于是赵恒任命了一位名叫张齐贤的前朝贤臣当宰相。张齐贤是个非常能吃的大胖子，年轻时曾经拿着自己的十条策论在洛阳求见太祖皇帝。太祖皇帝说其中有四条不错，这位老兄还不干，坚持说十条都是治国良方，弄得太祖皇帝又好气又好笑。后来太祖对太宗说："我在西京遇到了一位叫张齐贤的士人，他是个当宰相的材料，留给你将来当皇帝时用吧。"于是太宗继位后，便在科举考试中录用了这位大胖子。

朝中流传着这位张宰相的一句名言，叫作"盗非醒醍儿所为"。原来张齐贤家世贫寒，自幼发愤读书，十几岁便到处求学，四处流浪。一天他在乡村野店投宿,突然闯入十多个打家劫舍的强盗。他们一进门便大呼小叫地讨酒讨肉,旅客和村民都慌忙逃走,哪知张齐贤上前作了个揖,不慌不忙地说:"小生贫贱,从未吃过一顿饱饭,想求诸位大王让我大吃一顿,行不行?"强盗们都笑了起来,说:"既然秀才不嫌弃,有何不可?只是我们都很粗鲁,秀才不要见笑。"张齐贤一屁股坐下,满不在乎地说:"所谓强盗,都是世间英雄,肮脏下贱的小人可做不了。我也是慷慨之士,诸位何必见外呢!"说着,他便手拿一个海碗,倒满浊酒,一饮而尽。连喝三大碗之后,又撕开一个大猪腿,如狼似虎地啃起来。众好汉都看呆了,啧啧赞叹:"秀才真有宰相气派,要不然怎能如此不拘小节?将来治理天下,可别忘了我们都是不得已才当强盗的。今日得识先生,真乃三生有幸。"说着纷纷拿出金银财宝送给他,张齐贤也不推辞,背了一大包回家。赵恒心想,张齐贤既然是伯父留给父亲的宰相人选,任命他做宰相自然是不会错的。至于另一位宰相,则是一直跟在赵恒身边的李沆,属于能让赵恒放心的"自己人"。

一切都非常顺利,说不定自己正是百姓日夜期待的"太平君主"呢,赵恒想。

不过难题很快就来了。

赵恒清楚,大宋百姓已经厌倦了战争,当时流传着一句民谚,叫作"宁为太平犬,莫作离乱人"。数百年战乱已经将百姓折磨得生不如死,因此他们都迫切地希望真宗能成为一名"太平君主",不要再起战端。

为了不辜负百姓的期待,赵恒即位之后多次通过边境官吏向辽朝表达了和平共处的意向,但辽朝的反应十分冷淡。赵恒哪里知道,辽朝竟将自己对和平的期待视为软弱可欺。就在赵恒当皇帝第三年的秋天,辽朝悍然发动了对宋朝的进攻。于是他立即检阅二十万禁军,准备反击辽军。一场恶战就要爆发,和平需要用战争来捍卫。

辽军首先攻打的是保州(今河北保定市)附近的长城口,迎击辽军的是宋军先锋田绍斌、石普和当地驻军杨嗣。石普和杨嗣指挥宋军在夜间袭击辽军，却受到挫折。田绍斌率军接应，三部分宋军合力苦战，转败为胜。辽军败退后宋军总结战果，共计杀死辽兵两千余人，缴获军马五百余匹。

而后辽军转攻保州西北的威虏军（后改名广信军，治遂城，今河北徐水西北）。威虏军城小兵少，幸亏这时保州缘边巡检使杨延朗正好在城内，于是他毅然担负起指挥本城宋军抗击辽军的责任。杨延朗又名杨延昭，是杨业的儿子。在《杨家将》评书中，他是大名鼎鼎的杨六郎，宋军的统帅。然而历史上真正的杨延昭一生从未做过宋军统帅。虽然杨延朗既非先锋也非统帅，甚至不能列入宋军主要将领之列，但他也不是等闲之辈。威虏军被辽军包围数日，辽朝萧太后亲自到城下督战，形势严峻，杨延朗却指挥若定，毫不慌张。当时天气寒冷，杨延朗把全城的劳力动员起来，乘夜间敌军攻势减弱，担水上城，往城上泼水。次日，城墙上结了厚厚的一层冰，辽兵无法攀登城墙，攻城计划失败。杨延朗又下令给全城成年男子分发武器，使威虏军的防卫力量得到增强。辽军久攻不下，终于撤退。

辽军虽从威虏军城下撤军，但并没有撤回辽境。相反，辽军撤开宋军重兵把守的城镇，直接插向宋朝境土的纵深。辽军主力分兵两路，一路迅速抵达祁州（今河北无极）、赵州一带，并派小股部队骚扰邢州（今河北邢台）、洺州（今河北永年），另一路则向东攻占乐寿县（今河北献县）。

这样一来，宋朝河北边境地区与朝廷的联系几乎被切断，朝廷曾有近一个月得不到前方主帅傅潜的消息。这使宋朝上下产生了一种惊恐不安的情绪。

就在这时，有人请求赵恒御驾亲征。

恼人的御驾亲征

御驾亲征？这实在是一个很刺激的想法。

赵恒一直觉得他这个皇帝当得有点底气不足。不过当年周世宗刚刚当皇帝时也是底气不足的，底下的老臣都不服他。后来周世宗御驾亲征，获得高平大捷，威震朝廷，从此树立了皇帝的绝对权威。伯父太祖皇帝身经百战，自不待言。而父亲即位后，面对朝野中的各种杂音，毅然决定亲征北汉。尽管后来遭遇高梁河之败，但削平北汉仍是盖世武功，足以确立皇帝在朝廷和军队中的绝对权威。

赵恒自幼就崇拜先辈们御驾亲征时的威武场景，因此特别喜欢玩打仗的游戏，常常让宫内的小孩做自己的部下，自己当元帅，指挥部下摆阵冲杀，引得长辈们赞叹不已。不过赵恒从未有过真正领军打仗的经历，也没有担任过任何军职，因此他对自己到底有没有能力指挥一场战争其实是非常怀疑的。

不过既然有人建议他御驾亲征，这说明在不少人看来，当今皇上也是可以御驾亲征的！想到这一点，赵恒有些欣喜。

心理学家霍妮在分析依赖型人格时，指出这种类型的人有几个特点：首先，深感自己软弱无助，有一种"渺小可怜"的感觉，每当要自己拿主意时，便感到一筹莫展，像一只迷失了港湾的小船，又像失去了教母的灰姑娘。其次，理所当然地认为别人比自己优秀，比自己有吸引力，比自己能干。再次就是潜意识中倾向于以别人的看法来评价自己。

赵恒就是这样的人。长年来的无所作为和对宰相的极端依赖，使得赵恒逐渐形成了强烈的自卑感和依赖型人格。这种人格的处世方式使他变得意志薄弱,越来越懒惰、脆弱,缺乏自主性和创造性。因此虽然赵恒非常羡慕那些能够御驾亲征的先辈君主,但先辈们御驾亲征的故事在赵恒心目中就是遥不可及的神话,他从未做过御驾亲征的心理准备。强烈的自卑感又让他希望自己能表现得优于他人、强于他人、胜于他人,用某种优越感来补偿自己的这种自卑感。因此当有人建议赵恒御驾亲征时,赵恒马上就心动了,并开始幻想自己在阵前指挥千军万马,威震朝廷,获得天下百姓拥戴的美好场景。

请求皇帝亲征的是枢密都承旨王继英。王继英原本是赵普最忠心耿耿的亲随。赵普去世后,他改投赵恒门下,很早就成了赵恒的亲信。赵恒被册立为太子后,王继英的地位不断上升。他的请求立即打动了赵恒,于是赵恒派他到前方考察,为亲征做准备。

但有依赖型人格的赵恒甩不掉他的无助感,他需要别人为自己做大多数重要决定。如果没有从别人那儿得到保证,他自己是无法做出重大决策的。如果有人为他所做的重大决策做出保证,那么一旦这个决策失败了,这个人就可以为失败承担责任。因此这时需要有一个人向赵恒保证,只要皇帝御驾亲征,辽军就将在顷刻之间灰飞烟灭,否则赵恒是无法下定决心的。

不过这个人很快就出现了——一个叫柳开的官员也上书请求赵恒亲征,并声称只要皇帝亲征,宋军就必定会取胜。这个柳开著述颇丰,豪爽好斗,官当得不大,名气却大得很。当初宋太宗见此人独特,便让他改做武官,多次派他去镇守边关。宋代有很多关于他的传闻,有讲他文思敏捷的,有讲他乐于助人的,也有讲他强娶民女的,甚至有讲他生性残忍,喜欢吃人肉的。赵恒显然非常重视这位名士的意见,很快便正式宣布了亲征的决定。

安排完京城内的一切事务之后,赵恒于咸平二年(1000年)十二月五日率大军从京城出发,十日之后抵达大名府。在抵达大名府的这一天,赵恒不仅自己穿上盔甲,还让身边的大臣们也穿上盔甲。看着前后左右浩浩荡荡、威风凛凛行进的宋军,赵恒感到十分陶醉。

不过战争并不像赵恒想象的那样有趣好玩。刚到大名府时,赵恒还接到了一些捷报,如杨延朗在威虏军智退辽军,河东驻军更是主动从西线出击进入辽境。可接下来传来的都是告急文书,赵恒拿不出主意,便下令征求随从大臣的意见。结果大臣们大多要求惩处前方主帅傅潜,这让赵恒感到万分急躁。

傅潜本是宋太宗的"潜邸旧人",也算是久经战阵的老将。他当时驻兵定州,手下有精锐马军和步军八万余众。自从辽军入境,他就抱定"避其锐气、击其怠惰"的战略原则,避免与辽军主力正面较量。当辽军舍弃保州、威虏军二地,向南穿插经过定州附近时,傅潜只派了一支三千人的部队袭击辽军。辽军意在深入,并不认真交战。这三千人部队的主将要求增兵追击辽军,遭到了傅潜的拒绝。此后各地纷纷向傅潜告急,他都置之不理。将士们听到辽军烧杀抢掠的消息,纷纷要求出击,傅潜却下令紧闭营门,并恶言斥责要求出兵的部将。朝廷派使者催促他出兵,他也毫不理会。定州行营都部署气得当面骂他:"你这胆小如鼠的家伙,简直像个小媳妇!"直到都钤辖张昭远来劝他,他才笑着说:"敌人气焰如此嚣张,假如现在同他们较量,难保不挫伤我方锐气。"在众人不停催促下,傅潜才派范廷召率骑兵八千人、步兵两千人到高阳关迎击辽军,并许诺随后将再派军队增援。

范廷召在瀛州西南与辽军主力相遇,他自知兵力不敌,就向高阳关都部署康保裔求援,并约定次日凌晨夹击辽军。第二天康保裔应约出兵,不想范廷召却没有率部参战。结果康保裔被辽军包围,双方苦战,宋军因兵力不足而惨败,康保裔本人被辽军俘虏。康保裔后来投降于辽朝,宋朝还以为他为国捐躯,为他举办了追悼仪式,摆了个大乌龙。

赵恒来到大名府后不久,就派石保吉、上官正率部分军队北上,并令傅潜南下与他们形成合击之势。但赵恒等了10天,却没有捷报传来,弄得他心烦意乱。这时对傅潜不利的信息不断传来,如杨延朗、杨嗣、石普等屡次请求增兵以便出击,均遭傅潜拒绝;有人打了胜仗,傅潜又拒绝请功。赵恒忍无可忍,派高琼到定州接替傅潜的职务。傅潜一到大名府就被逮捕入狱,并被判处死刑。后来赵恒免其死罪,改为免官、没收财产、流放。

正当赵恒更换主帅,打算与辽军决战时,辽军不知出于何种原因开始战略撤退。范廷召追击撤退的辽军,在莫州(今河北任丘北)以东大败辽军,夺回大批物资。而赵恒同时派去追击辽军的王荣部不但没有追上辽军,还造成了部下人马的大量伤亡。

这时赵恒又听说四川发生兵变,感到非常焦虑,希望早日结束战事回京。刚好范廷召的捷报传来,大臣们纷纷祝贺。赵恒也不追究范廷召之前失约导致康保裔部覆灭的责任,大赏范廷召部,还作了两首《喜捷诗》亲自题在行宫墙上,然后下令回京。赵恒的第一次御驾亲征就这样草草收场了。

"完美"的阵图

回京之后,赵恒深知宋辽战争远未结束,于是开始全力准备对辽作战。宋军在宋辽边境广开河渠,又大行屯田,积粮备战,同时朝廷又选拔了诸多精兵强将派往宋辽边境。

此后几年内,辽军多次对宋军进行试探性进攻,赵恒每次都积极应对,辽军占不到便宜,只好主动撤退。

咸平六年(1003年),辽军突然进攻定州,宋前线主帅王超与辽军苦战不胜,遂命撤军。不料赵恒的亲信、王超的副将王继忠报答皇恩心切,与辽军拼命作战,未能及时撤退,最后被辽军俘虏,投降于辽朝。赵恒以为自己的得力亲信战死,非常难过,为王继忠举办了隆重的追悼仪式。

这次战役的失败使宋朝加紧了河北边境的防御。当年六月,赵恒下令集结重兵防守边境,并对来犯的辽军采取敌攻我守、敌退我击的策略。

当时赵恒还征集众人意见,制订了一个"完美"的阵图:前方要害在定州,于是镇州路、定州路、高阳关路三路大军全部集中于定州,在唐河两岸布成大阵。倘若敌军入侵,则避其锋锐,坚守不出。经过一宿之后,敌军疲惫,则击鼓挑战。先锋、次先锋去引诱敌军,大阵静待敌来,只许就地与敌作战。这样敌军的骑兵就无法施展威力。大阵以外有三支军队专门对付敌军先锋:第一支由魏能、白守素、张锐三将率领,共六千骑兵,驻威房军;第二支由杨延朗、张延禧、李怀岊三将率领,共五千骑兵,驻保州;第三支由田敏、张凝、石延福率领,共五千骑兵,驻北平寨(今河北顺平县北)。敌军初到,不要马上交战,等到敌军懈怠再诱敌至驻地附近交战,以逸待劳。如果敌军不与这三支军队交战,直接攻击定州大阵,则集结这三支军队攻击敌军后背,两面夹击,并伺机截击敌军运输部队。此外,孙全照等率八千人驻宁边军(今河北蠡县),李重贵等率五千人驻邢州,石普率一万人驻莫州,石保吉率一万余人驻大名府,以备敌军从东路进军,同时也可以策应西部军队。

这阵图看起来完全是一位前线指挥官的临阵部署,听起来十分完美。但此时离宋辽大战其实还有整整一年,而且主动进攻的一方是辽军,天晓得辽军的进攻战术是怎么样的。赵恒将这一阵图郑重其事地发给重要大臣与将领,要求他们依此部署军队。赵恒还不无得意地谈到他在选配将领时的良苦用心:魏能性格倔强,就让性格随和的张锐做他的助手;白守素熟悉威房军的地形,所以让他与魏、张二人合作。

赵恒在费尽心思制作这一阵图时,一定在不断地想象打败辽军时激动人心的场景。不过他的父亲宋太宗曾经用阵图指挥雍熙之战,结果大败。而这次赵恒部署的军队人数总计不过十五万人,他哪里会料到,辽军将倾巢而出。辽朝出动的军队人数多达三十万人,这岂是处于防守态势的十五万宋军可以抵御的?因此战争刚刚开始,赵恒的阵图就失去了用处。

相公睡着了,鼾声如雷

在辽军再次发起大规模进攻之前,赵恒一直在悔恨上次亲征准备不足,未能与辽军决战,失掉了建立盖世武功的机会。他不断想象着宋军用自己的阵图将辽军打得磕头求饶,迫不及待地希望能够再次御驾亲征。

景德元年(1004年)九月,赵恒对辅政大臣说:"朕一再得到边境奏报,辽军即将向我方进发。敌情不容忽视,朕应当亲征,与辽军在河北一决胜负。你们讨论一下何时出发为宜。"

宰相毕士安说:"陛下已经委任了统兵的将帅,本可以把事情全委托给他们。如果您一定要亲征,我认为也不必到最前沿,只要到澶州就可以了。但澶州地方小,容不得众多军队长时间驻守,所以我认为晚些去为好。"

宰相寇准说:"军队都在前方,陛下到澶州很有必要,我认为应当早去。"

枢密使王继英则说:"我军主力多在河北,陛下亲征可以壮军威,对各军也可起到监督作用。如需做重大决策,陛下身在前方也较方便。但陛下不能太冒险,也要讲究时机。我认为陛下不宜立即前往澶州,因为澶州无法久驻。"

赵恒虽然渴望立即出现在前线指挥千军万马,但自卑感和依赖型人格导致他处处委曲求全,不敢坚持自己的意见,哪怕他是一个皇帝。面对大臣们的不同意见,赵恒感到无所适从,于是亲征的时间被推迟了。在选定雍王赵元份为东京留守后,赵恒开始等待亲征的恰当时机。

就在这时,辽国以收复关南之地为名,对宋发动了大规模战争。针对宋军的坚守策略,辽军采取了避实就虚、深入敌境的策略。大破顺安、遂城之后,辽军没有进攻北平寨、保州、定州等宋军防守重镇,而是从定州东方突破唐河防线,分三路进攻瀛、祁二州。

前线紧急,参知政事王钦若和签书枢密院事陈尧叟害怕自己也要跟着皇帝亲上前线,于是秘密上奏,故意夸大辽军的声势,试图劝说赵恒放弃东京。从江西来的王钦若主张避战江南,从四川来的陈尧叟则主张避战成都。这一次,赵恒的依赖型人格表现得淋漓尽致,一听有人主张避战,早先御驾亲征的雄心壮志顿时化为乌有,还觉得王、陈两人的意见甚有道理。

正当赵恒与王钦若、陈尧叟讨论避战之计时,寇准刚好求见,于是赵恒便询问寇准到底该怎么办。

当时寇准手中正捧着一堆公文。原来这几天军情紧急,一日数发。寇准为了促成皇上早日亲征,有意扣下这些前线战报,等公文堆积到一定量以后才来求见皇上。寇准一听竟有人劝皇上避战,那还了得:“这是谁出的主意?”

赵恒说:“先别管谁出的主意,你先说是否能行?”

寇准明确地说:“要我说,就先斩下这些人的脑袋祭旗,然后发兵北伐!”

赵恒一听,觉得寇准正气凛然,于是低头不语。王钦若等人则吓得脸色发白。这时寇准呈上前线战报,赵恒一看,吓得手足无措,只求寇准帮他拿个准主意。寇准说:“不知陛下是想尽快了结此事呢,还是想慢慢来?”

赵恒说:"情况如此紧急,怎能拖延!"

寇准于是催促赵恒:"陛下想要了结此事,只要5天时间即可。如今我军尚强,皇帝如果亲征,敌军必仓皇而逃。即使一时不走,敌人孤军深入,我以奇兵袭扰其后,待其师乏力疲惫,必能获胜。如果陛下抛弃都城,全国人心都将崩溃,这样天下还能保得住吗?"

赵恒连忙点头说:"待我回宫再想想。"

寇准怕赵恒再改变主意,大叫起来:"陛下不能入宫,进去了怕就出不来了。"

赵恒就这样匆忙地从汴京出发,前往河北前线御驾亲征。在寇准的建议下,赵恒还令王钦若负责前方重镇大名府的防守工作。

这时辽军攻大名府不克,便继续南下,分别于二十日与二十五日攻陷德清军与通利军,直逼澶州城下。

赵恒则于二十二日到达韦城(今河南滑县东南)。此时辽军已从三面包围澶州城,然而宋方王超大军并没有前往澶州。大臣中又有逃往金陵避战的议论,宰相寇准则坚决反对。臣下意见不一对赵恒来说是最痛苦的事情。他左右为难、进退维谷,不知该如何决断。

这时老将高琼对赵恒说:"陛下如果去金陵,并不困难,走水路几天即可到达……"此话一出,旁边的寇准气得想要拼命,不料高琼话未说完:"不过陛下如果要去金陵,有一事要认真考虑。我们禁军将士都是北方人,家在北方,妻儿老小也在北方,他们能不能心甘情愿地随陛下去南方,恐怕是个大问题。如果他们不愿去,闹出乱子来,恐怕不是好玩的。眼下军队士气高涨,与辽军交战取胜希望很大。"赵恒一听便打消了掉头回撤的念头,继续向澶州前进。

此时辽宋两军正对峙于黄河边。辽军先锋大将萧挞凛在开战前出阵视察地形,被宋军用床子弩射伤致死,辽军士气大挫。

澶州是一座夹黄河而建的城池,南北两城以浮桥连接。二十六日,赵恒终于抵达澶州南城。寇准提醒赵恒,如果皇帝不愿渡过黄河

亲临澶州北城,将极大地削弱宋军的士气,不利于与辽决战。于是赵恒前往澶州北城,登上城楼,打起黄龙旗,张起黄伞。城下宋军官兵远远望见,全军轰动,士气百倍,高呼万岁。宋军发出的声音传到了二十里外的辽军大营,辽军顿时气馁。

出尽风头之后,赵恒就在这窄小的澶州城行宫内过夜。赵恒心里想着二十里外即是数十万辽军,不免有些心惊肉跳,睡不着觉,于是不时叫人看看坚持要他御驾亲征的宰相寇准在干什么。第一个内侍回来报告说:"相公在边听小曲边喝酒呢。"第二个内侍回来说:"相公在和人赌博呢。"第三个内侍回来说:"相公睡着了,鼾声如雷。"赵恒这才放心地睡下。

我只要现在的太平

按当时的形势,如果不是赵恒先前盲目乐观,制订毫无用处的阵图,那么这时宋军尚有可能集中所有优势兵力,与士气受挫的辽军决战,获得一场辉煌的胜利。

可惜赵恒之前按照纸上谈兵的设想,派出了杨延昭、田敏等精锐部队向辽境进攻,现在一时无法调回。他下令迅速向澶州靠拢的王超主力部队也久无消息。与此同时,祁州、通利军、德清军等城池也相继失守。邢州经历了一场地震,城墙损坏,也难以坚守。

澶州城小,大量军队不能在此长期驻守。与辽军对峙于此,时间一长就可能产生问题。加上时值寒冬,河面结冰,宋军之前挖的河渠也起不到阻挡辽军骑兵的作用。如果这时辽军避开澶州的宋军直接渡黄河进攻京师,或者前往京东(今山东一带)等富庶地区劫掠,后果将不堪设想。

事前曾幻想着能够御驾亲征痛击辽军的赵恒,此刻已非常畏惧决战。依赖型人格使这时的赵恒产生了强烈的无助感。他无法做出决定,内心盘算的是如果出现问题应该如何推卸责任。他想:是寇准坚持让我上前线的,不要来问我现在到底应该怎么办,要问你们就问寇准去! 当初要是听王钦若或陈尧叟的,现在就不用这么狼狈了。都是寇老儿害的,要是出了什么问题寇准要负全部的责任!

赵恒的神情因为拿不定主意而有些呆滞,臣僚们还以为他非常沉着,其实他的内心正受尽折磨。他害怕一旦战败,所有的人都离他而去,剩下他一个人出尽洋相、受尽嘲弄。

幸好这时候的辽军并没有想象中那么凶狠。辽太宗耶律德光一度企图消灭中原王朝取而代之,一统天下。为此他曾三度南征,灭掉了后晋,俘虏了晋出帝。但他过于得意忘形,没有处理好内部矛盾,最终错过了统治中原的机会。辽太宗去世后,辽朝内讧,实力削弱,统治中原的目标变得遥不可及。同时中原王朝开始屡屡反击,周世宗时更是夺回了关南之地(包括易州、瀛州、莫州、雄州、霸州等)。因此辽朝南侵的目标也由统治中原变为夺回关南之地。宋太宗时,辽朝再次夺走了易州,但其他地区还在宋朝版图之内。

这次辽军南侵的目标自然还是夺取关南之地。不过王继忠在投降辽朝之后,曾向辽圣宗与萧太后建议南北和好。王继忠说:"本朝与南朝经常打仗,每年都要征兵并调集车马军需,百姓遭受痛苦,国家似乎也没有得到很大好处。不如派一个使者到南朝,和南朝恢复友好关系,这样对双方都有好处。"对王继忠的提议,辽圣宗和萧太后没有表态。不过这次辽圣宗与萧太后亲征前下令王继忠随军出征,显然是做了议和与战争的两手准备。

就在辽军转战定州等地,赵恒还未从京城北上亲征之时,王继忠便奉命给赵恒写了第一封信,提议议和。赵恒深知辽朝南侵的目标是让宋朝割让关南之地,因此十分防备。不过,如果不需割地的话,赵恒

内心其实是十分向往议和的，因为这样的话他就将成为一名真正意义上的"太平君主"。于是他给王继忠回了信，表示愿意议和。

不久赵恒收到王继忠的第二封信，信中声称辽军已经攻取瀛州，关南之地已是辽朝的囊中之物，宋朝恐怕难以守住，不如早派使者议和为好。

当时赵恒还未抵达澶州，前线情况不通，传闻纷纷。赵恒还以为瀛州真的失守了，非常失望，因此决定派曹利用作为使者去辽营了解详细情况，并要曹利用告诉王继忠，辽朝不应有过分要求，否则宋军将进行决战。

现在赵恒已抵达澶州，宋辽两军处于僵持状态，赵恒感到进退维谷、不知所措。曹利用几经周折，抵达辽营，谒见了辽朝君主。辽朝果然提出领土要求，曹利用坚定回绝。虽然双方没有达成协议，但这时辽军在军事上受挫，而宋朝大军已经聚集，因此辽朝无意再战，便派出使者与曹利用一起到澶州会见赵恒。

在澶州，辽使依然提出了关南之地的领土要求，赵恒于是召集大臣商议对策。当时寇准的意见在赵恒看来十分激进——不但不割地，不赔钱，还要借机逼辽称臣，拿回燕云故地。寇准制定了详细的计策，并对赵恒说："这样能保百年太平，不然几十年后，辽人还会卷土重来。"寇准的谋划在赵恒看来太过冒险，再说他早已厌烦了在澶州这个鬼地方担惊受怕的日子，于是不耐烦地说："几十年后，一定有人可以阻挡辽军，我只要现在的太平。"

澶渊之盟

寇准还要争论不休，但其他大臣比赵恒更着急返回京城，于是他们对赵恒说,寇准主战是为了抓兵权,其中恐怕有诈。这一招很灵,寇准一听果然不敢再作声。

于是赵恒召见曹利用,向他交代:"领土是祖宗传下来的基业,决不割让。朕宁可拼死一战,也不会答应领土要求的。但为表示宋辽的和平友好,给辽朝一些钱财倒是可以考虑的。"曹利用当即表示粉身碎骨也要捍卫领土,不过不知道最多能给辽朝多少银绢。

赵恒想了想说:"实在迫不得已,百万两总该够了吧。"曹利用听了便心中有数,准备离开,又被寇准叫住。寇准对曹利用说:"虽然皇上允许百万,但你要敢超过三十万,我就想办法要你的脑袋!"

曹利用吃惊地望着寇准,而后只能苦笑着告退了。

曹利用再次谒见了辽国君主。几番舌枪唇战,他终于令辽朝放弃了领土要求。双方议定,宋朝每年给辽朝绢二十万匹、银十万两,辽圣宗耶律隆绪则称赵恒为兄长。

曹利用回来向赵恒复命时,赵恒正在进膳,曹利用便向内侍伸了三个指头。赵恒还以为给了三百万两,虽然觉得给多了有些心疼,但还是咬咬牙接受了。后来得知曹利用只给了三十万两,他竟有点乐不可支,觉得这次御驾亲征一点都不丢脸,可以体面地回朝向祖宗交代了。

两国便在此基础上进一步谈判,最终达成了历史上的澶渊之盟。宋朝一方的誓书内容是:

> 维景德元年,岁次甲辰,十二月庚辰朔,七日丙戌,大宋皇帝谨致誓书于契丹皇帝阙下:共遵诚信,虔守欢盟,以风土之宜,助军旅之费,每岁以绢二十万匹,银一十万两,更不差使臣专往北朝,只令三司差人搬送至雄州交割。沿边州军,各守疆界……自此保安黎献,谨守封陲。质于天地神祇,告于宗庙社稷,子孙共守,传之无穷。有渝此誓,不克享国。昭昭天鉴,当共殛之。远具

披陈，专俟报复。不宣！

澶渊之盟基本解决了宋辽两国的领土争端。自此以后，宋辽两国和平相处、互通友好，双方边境的农业得以发展，榷场贸易互市不绝，有力地促进了宋辽之间的经济文化交流。这种和平的局面一直延续到了宋徽宗后期。

澶渊之盟的誓书说"自此保安黎献，谨守封陲……有渝此誓，不克享国"，不料一语成谶。北宋末年，宋徽宗试图联金灭辽，不料北宋最后自己也被金朝给灭了。北宋最终的结局正是宋徽宗"有渝此誓，不克享国"，真是呜呼哀哉！

赵恒此次御驾亲征勉强算是保全了颜面。在他自己看来，这算是一个了不得的成就。其实御驾亲征对于辽国君主而言不过是稀松平常之事。此次亲征赵恒一直躲在澶州城中，与亲自在前线督战的辽圣宗和萧太后形成了鲜明的对比。

王钦若与寇准

依赖型人格最明显的特征，就是对于他人情感和物质资源的饥渴和贪婪。存在着依赖型人格障碍的人，以"吞噬"他人的情感、判断和决定为生。所以，他们的情感、自尊、自信是完全受制于人的，他人的情感和判断决定着这些人的喜怒哀乐。他们常常乞求别人为自己做决定，但是又不愿意为自己的决定承担后果。所以，他们对于自己所依赖的人，抱着一种既感恩又不满的矛盾态度。由于依赖型人格者的心理资源有限，所以他们只会一味地为自己着想，表现得特别自私，很难表达对别人的感激和爱。

所以,仅仅是王钦若的几句话,就足以让赵恒对寇准由感恩变为怨恨。

王钦若,临江军新喻(今江西新余)人,宋朝第一个来自长江以南地区的宰相。他是淳化年间(990—994年)的进士,而且是第一等。在向赵恒提出清理财政亏空等建议之后,王钦若被提升为知制诰、翰林学士(为皇帝起草诏书等文件的机要秘书)。在受命安抚四川之后,王钦若又被任命为参知政事。

担任参知政事期间,王钦若遇到了不小的麻烦——有人揭发他在咸平四年(1001年)受命主持科举考试时收受贿赂。此事非同小可,如果被查实,是要判死刑的。不过不知出于什么原因,宋真宗直接干预了司法审判,推翻了原来对王钦若不利的判决,王钦若全身而退。

在《澶渊之盟》等戏曲中,寇准的形象大抵高大正面,而王钦若则是由丑角扮演的,又瘦又矮,鼻子涂白,一味地主张求和,滑稽可笑。这种扮相似乎也不乏依据,史书记载王钦若"状貌矮小,项有附疣",也就是说王钦若个头矮小,脖子上还长了个肉瘤。

不过戏里的人物毕竟经过了艺术加工,实际上,王钦若并没有随赵恒亲征。赵恒御驾澶州前,批准了寇准的建议,让王钦若以参知政事(副宰相)的身份判天雄军,而天雄军的治所在澶州北面的大名府。

王钦若接到这一任命,恨得咬牙切齿,认为这是寇准存心将他置于死地。但王钦若绝非等闲之辈,他深知越是艰难的时刻越需要坚强的朴素道理,于是毅然决然地担负起保卫大名府的使命。老天似乎并不会亏待坚强的人,果然,王钦若在大名府遇到了一位得力的助手——西上阁门使孙全照。此人有勇有谋,成功挫败了辽军进攻大名府的计划。

宋辽议和成功后,赵恒一回到京城就立即将王钦若召回朝中。但王钦若不愿在寇准手下任职,不久就主动辞去了参知政事。赵恒知道王钦若有情绪,特地创设了资政殿学士这样一个新的职位给王钦若,随后又让他去主持大型图书工程《册府元龟》的编撰工作。在编书过程中，赵恒常常亲自审稿。凡是赵恒赞扬的，王钦若就设法让赵恒知道这部分是自己编的；凡是赵恒认为写得不好的，他就设法让赵恒认为这些内容是杨亿等人写的。尽管王钦若做得非常隐晦，但杨亿等人还是察觉了，因此对王钦若十分不满。

寇准发现王钦若当上了什么"资政殿学士"，觉得有些莫名其妙，于是在排名时将其排在翰林学士之下。王钦若乘机向赵恒告状说寇准压制他。赵恒听后很不高兴，便将王钦若升为资政殿大学士。

从澶州回京时，朝中大臣预备了仪仗和乐队迎接皇上，似乎宋朝打了大胜仗似的，赵恒便陶醉在凯旋的乐曲和臣民的欢呼声中，洋洋得意。虽然从此宋朝每年要给辽朝不少银绢，但每年赵恒生日时，辽朝也照例送来丰厚的土货珍产。这真是和平的果实啊，赵恒的心里美滋滋的。宋辽停战，朝廷财政状况大为好转，诸多内政难题也顺利解决，赵恒感觉自己离百姓期盼的"太平君主"已经相当近了。因此，虽然赵恒对寇准压制王钦若有些不高兴，但他对寇准在澶州亲征时所立下的功劳还是十分感激的。

可惜寇准有个毛病，就是管不牢自己的嘴巴。有一次他不无夸耀地对赵恒说："陛下如果不是听从了我的意见亲征，哪里会这么快过上太平日子。"赵恒倒也不是个太敏感的人，心里着实感激寇准当时的果断决策，所以在一段时间里对寇准言听计从，每次退朝还目送寇准离去。

王钦若渐渐地发现，自己虽然倍受赵恒的宠信，但对赵恒的影响力远远不及寇准。每次看着赵恒用那种崇拜的眼光目送寇准退朝，王钦若都会妒火中烧。一日退朝之后，王钦若得到单独与赵恒谈话的机会，便对赵恒说："陛下敬畏寇准，是认为他对国家有非凡功勋吗？"

赵恒说："对呀。"

王钦若故作惊讶不解状，说："想不到陛下竟如此看待澶渊之盟。

陛下亲征而最终议和，不认为是耻辱，反认为寇准为国立功，我实在想不通。"

赵恒十分吃惊，问王钦若何出此言。

王钦若答："城下之盟，即使春秋时的小国国君都认为是耻辱。陛下身为天子，却在辽军兵临城下之时与之签订和约，每年送银送绢。这不算是城下之盟吗？"

王钦若讲的春秋时的小国是宋国。公元前594年，楚国军队包围宋国都城已达9个月，楚军要求宋国派人出城同楚国签订盟约。宋国在夜晚派出大夫华元来到楚军元帅子反的帐营。华元对子反说："我的国君让我转告您，不错，宋国都城内已无粮无柴，出现了'析骨而炊，易子而食'的悲惨景象，但签订城下之盟就同国家灭亡没有什么区别。我们宁可战死，也决不从命。如果楚军后撤三十里，我们才可以同楚国签订盟约。"子反为华元和宋君的精神所感动，下令楚军后撤三十里，于是楚宋议和。

王钦若不愧博学多才，典故运用得十分妥帖，一言击中澶渊之盟的要害。当然，自己曾劝赵恒避战江南的事情，王钦若似乎早已忘得一干二净。其实宋廷内外都知道澶渊之盟签得并不光彩，只是大家厌恶战争，一纸和约化干戈为玉帛，光不光彩倒也不是最重要的事情，因此也没人去捅破这层窗户纸。只有赵恒到这时才醒悟过来，原来第二次御驾亲征他又丢脸了。

王钦若见赵恒果然开始悔恨，便趁热打铁，讲出更恶毒的话来："陛下知道寇准这人喜欢赌博吧，听说他在澶州时还在与人赌钱呢。不过陛下知道寇准在澶州赌的最大的一把是什么吗？赌钱的人快输光时，最后往往把身上所有的东西都拿出来下注，这叫孤注一掷。寇准怂恿陛下亲征，就是以陛下作为最后的筹码孤注一掷，他这一把赌的可够大的啊。"

数月后，赵恒以滥用职权博取个人名誉为理由，罢免了寇准的宰

相职务,接替寇准的是王旦。

再做一番大事业

　　自从王钦若指出澶渊之盟是耻辱的城下之盟之后,赵恒的情绪开始崩溃。他有一种被所有人愚弄和抛弃的感觉,从而陷入了更为严重的自卑情绪之中。御驾亲征、得胜而归、太平君主,这是补偿赵恒自卑感的几根救命稻草。但现在所有的救命稻草都断掉了,赵恒掩藏在内心深处的所有自卑感喷涌而出。所有的人都怀疑他的父亲是通过阴谋获取皇位的,因此所有的人同样可以质疑他获取皇位的合法性,这是赵恒自卑感的来源之一。父亲的皇位虽然来得不明不白,但他却以出色的文治武功证明了自己是一位合格的君主。然而自从成为皇帝之后,父亲高大的形象只会让赵恒感到自惭形秽,因为要做到像父亲那样出色对赵恒来说太难了。这是赵恒自卑感的另一来源。而赵恒一开始并没有继承皇位的可能,在他眼里,仁厚的长兄和精明的二哥远比他更适合成为国君,他年幼时的人生目标不过是成为逍遥亲王,做皇帝完全是赶鸭子上架。"我又没想当皇帝",这就是赵恒内心深处的潜意识和他彻底推脱责任的遁词。

　　继承皇位后,为了成为一名符合各方面期待的皇帝,赵恒一直都在努力。但王钦若的那番话,让赵恒觉得所有的努力都白费了。具有自卑感的人一旦气馁了,往往就不会再用脚踏实地的努力来改变自己的处境,而喜欢用一种假造的优越感来麻醉自己。

　　现在的赵恒就需要找到一种优越感来麻醉自己。不过一个有依赖型人格障碍的人即使想要麻醉自己也需要依赖他人,王钦若因此有了可乘之机。

奥地利心理学家阿德勒发现,为了补偿内心的自卑感,任何人都有超过别人的强烈愿望。不过这个道理王钦若早在1000多年前就烂熟于心了,他太清楚赵恒之前为什么在并不情愿的情况下坚持御驾亲征。

上次劝皇上避战江南的建议遭到拒绝,王钦若感到很没面子,现在他报一箭之仇的机会来了。他对赵恒说:"要想洗刷澶渊之盟的耻辱,最好的办法是陛下再来一次亲征,把燕云十六州都收回来。这样陛下的武功就超过了先帝,契丹人拜服在陛下的脚下更是会让陛下名垂青史。"

赵恒现在一听到亲征就觉得恶心,他郑重地指出:"河北百姓刚刚得到喘息,朕不忍心再把他们推向战争的火坑。你想想还有什么别的办法。"

王钦若脸上露出了胜利的微笑,他诡秘地对赵恒说:"陛下不愿打仗,也必须做一番大事业,这样才可以镇服四海,让所有人都发自内心地崇敬陛下。"

赵恒疑惑地问:"能干什么大事业呢?"

王钦若答:"能震撼人心的大事业不易寻,但有一件事,做了便可以收到立竿见影的效果,那就是封禅。"

看到赵恒眼中发光,王钦若暗自得意,接着说:"不过,封禅是要有理由的,一般是皇帝建立了大功勋,或是遇到了千载难逢的天瑞。"

赵恒心想:王钦若你不是要我的吧,天瑞这种事也能信?你去弄点天瑞给我看看!

不过王钦若又说:"其实历代所谓的天瑞都是人为制造的,只要君主深信不疑,郑重地公诸天下,那不与上天降瑞是一回事嘛。经书上记载的河出图、洛出书这种事,陛下认为可信吗?我看那也不过是圣人神道设教罢了。"

赵恒心想:这不是明摆着要我作假吗?不过这也不失为一个办法。

赵恒左思右想,还是觉得这事不太靠谱。他担心自己会再次受人玩弄、遭人耻笑,于是准备找个可靠的人问问。

一天晚上,赵恒来到秘阁(皇家图书馆),值班的是老儒杜镐,赵恒问杜镐:"爱卿饱读诗书,博阅群籍,你说说古书上讲的河出图、洛出书到底是怎么回事。"

杜镐也不知道皇上为什么会忽然问这么奇怪的问题,随口答道:"那不过是圣人神道设教罢了。"神道设教讲得通俗一点,就是圣人通过装神弄鬼来教育天下百姓。赵恒一听乐了,这不和王钦若讲的一模一样吗?看来王钦若没骗我,这家伙还算地道!

现在的赵恒一心一意想要搞封禅了。由于担心宰相王旦反对封禅,赵恒特意将王旦叫到宫里设宴招待,两人聊得很高兴。王旦临走时,赵恒命人拿出一个酒坛,对王旦说:"这酒特别好喝,你把这一坛带回去,和家里人慢慢品尝。"王旦回到家打开一看,惊呆了,这哪里是酒,分明是一坛子稀有的大珍珠啊。王旦心想:反对皇上封禅这事恐怕真的不太方便啰。

这世界上本来只有下级贿赂上级,但赵恒打破了这个规律。他可以用天子之尊去贿赂臣子!

封禅大典

神道设教的好戏马上开始了。

景德五年(1008年)正月,皇城司报告说,承天门南端屋顶上挂着两丈多长的黄帛,上有一物如书卷,封处隐隐有字。赵恒说,这就是他早先在梦中遇到的神人所言天书《大中祥符》。帛上有文曰:"赵受命,兴于宋,付于恒。居其器,守于正。世七百,九九定。"赵恒于是改年号为"大中祥符"。

四月,又有天书降于大内之功德阁。六月,又有天书降于泰山一个亭子上。与此同时,在王钦若的示范下,全国各地州郡长官纷纷上奏有芝草、嘉禾、瑞木出现。百官、蕃夷、僧道、父老,或上表,或赴阙,或献祥瑞,请求封禅。

赵恒看到时机已成熟,便宣布将举行封禅大典。封禅的过程可谓"精彩纷呈",整个过程中赵恒的兴致都很高,不过这些在我们现在看来可能会稍显无趣:

十月初一,赵恒下令全国禁屠杀一个月。随后赵恒亲自拜祭太庙,并开始禁食荤腥,只吃蔬菜,还规定举行封禅典礼前禁止音乐。

十月初四,赵恒率领群臣从京城向泰山进发。队伍中走在前面的是奏侍使,他们负责用玉辂载天书前行。仅天书仪仗队的人数就达到一千六百人,可见这支封禅队伍的庞大。10天以后即十月十四日,封禅队伍到达郓州(今山东东平),赵恒下诏命令从官、卫士禁荤腥,只吃蔬菜。

十月二十一日,赵恒君臣在泰山脚下穆清殿举行斋戒仪式,王钦若向赵恒献紫色灵芝草三万八千多株。赵恒下令向所有登山参礼的人提供衣服,官员在祭祀以前需沐浴更衣。

十月二十二日,这天晚上风大到可以吹裂帷幕,直到次日天亮也没有停息。知制诰朱巽等官员奉命先上山做准备工作,但因回马岭至天门之间的路陡峭险峻,加之天气恶劣,朱巽等人无法上山,只好将自己绑在两块三尺左右的横板上,由两名卫兵推着横板上山。

十月二十三日凌晨,赵恒头戴通天冠,身穿绛纱袍,乘坐金辂,由法驾带领着向泰山进发。到达泰山山门后,赵恒改乘步辇登山。卤簿、仪卫、天书仪仗和法驾仪至此停留不上山,供奉马也留在泰山中路御帐附近。黄麾仗卫士和赵恒君臣的亲从士卒两步一人,彩绣相间,蜿蜒而至太平顶。有树长在路中间的,不予砍伐,只是用丝绸包裹。

每走到狭隘陡峭的地方,赵恒都要下辇步行。有司建议安排侍卫扶持,被赵恒拒绝了。随从官员都非常疲惫,但是赵恒状态却依然很好。这天晚上,大风停息,天气温和,赵恒召近臣一起观看玉女泉以及唐高宗、唐玄宗所立的石碑,然后在御幄过夜。与此同时,参加圆台初献仪式的各级官员来到圆台演习封禅大典,参加山下封祀坛亚献、终献仪式的官员则在宁王元偓、舒王元偁的带领下来到山下封祀坛。

十月二十四日,登封祭天仪式正式举行。仪式包括三个步骤:祭奠神座,封玉册、玉牒,播燎(焚烧祭品献给上天)告神。仪式在山上圆台和山下封祀坛同步举行。山顶圆台上设昊天上帝位,上帝位左边安置天书,宋太祖、太宗并配。赵恒服衮冕,摒弃一切侍卫,在笼烛前导人员的引导下升台奠献。随后,摄中书侍郎周起诵读玉册、玉牒文。完成后,赵恒饮福酒,摄中书令王旦跪称曰:"天赐皇帝太一神策,周而复始,永绥兆人。"赵恒再向神位三次进献。祭奠神座结束后,赵恒亲自将装有玉册和玉牒的金匮、玉匮缄封,再装入石碱(石盒子)。与此同时,山下封祀坛分别由宁王元偓、舒王元偁举行祭拜五方帝诸神的仪式。赵恒封禅过程中还专门建了九宫坛,用以祭祀太一九宫神位。九宫坛在泰山下行宫即奉高宫之东。

为了保证山上、山下的播燎仪式同步举行,播燎仪式之前有司先在山上点燃火炬,然后由沿途执黄麾仗的卫士向山下传送朱字漆牌。山下封祀官员收到朱字漆牌后,公卿各就各位。随后,赵恒来到山顶的望燎位,山上的侍卫大呼"万岁",山下封祀坛就与山上圆台同时举行播燎仪式。

播燎仪式结束后,赵恒登台检视完毕,封禅大典中的祭天仪式至此就结束了。赵恒回到御幄,宰臣率从官称贺,山上、山下传呼"万岁",声动山谷。当天,赵恒就下山回到奉高宫,百官奉迎于谷口。随后,赵恒再次在穆清殿斋戒。

十月二十五日,赵恒从奉高宫出发,至社首山举行禅地仪式。社首山上有八角的方丘制坛——社首坛,这就是举行禅祭皇地祇典礼的场所。社首坛上设皇地祇的神座,执仗者奉天书升坛,左右以祖宗配享,赵恒率群臣举行禅祭仪式。禅祭皇地祇的仪式与告祭昊天上帝基本相同。仪式结束后,赵恒将四方所献珍禽异兽悉数放生,然后下山回奉高宫,并下诏将奉高宫改名为"会真宫"。

十月二十六日,真宗服衮冕,在朝勤坛的寿昌殿接受朝贺,然后宣布大赦天下,并给文武百官加官晋爵,又大摆宴席赏赐近臣及泰山父老。

十月二十七日,赵恒离开泰山,取道兖州回京。

十月二十九日,赵恒君臣到达兖州,升兖州为大都督府。

十一月初一,赵恒拜诣文宣王庙,孔氏家属陪列。有司制定的皇帝拜孔仪式是肃揖(即长揖,站立而拱手之礼),赵恒却特地行了再拜礼(两次跪拜之礼)。而后赵恒又临幸了叔梁纥(孔子的父亲)堂、孔陵,在孔子的墓前又行了再拜礼。赵恒还给孔子加了一个谥号——玄圣文宣王,并下令修葺祠宇,赐孔家钱三十万、帛三百匹。赵恒又令近臣分别祭奠叔梁纥、颜氏(孔子的母亲)以及孔子的七十二位弟子,又加封孔子的四十六世孙孔圣佑为奉礼郎,孔氏近属授官及赐出身者六人;追封叔梁纥为齐国公,颜氏为鲁国太夫人,伯鱼母亓官氏为郓国太夫人。此外,赵恒还追封姜太公为昭烈武成王,青州立庙;周文公曰文宪王,曲阜县立庙。

十一月二十日,车驾回到京城,扶持使丁谓奉天书归大内。赵恒赐百官休假3日,又前去告祭太庙,并赐宴犒劳群臣。丁谓请求在昭应宫中画上祥瑞的图案,陈彭年请求编修《封禅记》,赵恒都给以应允。

我希望变成玉皇大帝

据说哲学家尼采发疯之后,在写给斯特林堡的一封信中曾经署名为"被钉于十字架上的人"。发狂的人经常不加掩饰地表现出他们的优越感,希望自己能成为整个世界最引人注意的中心,成为四面八方顶礼膜拜的对象,成为掌握超自然力量的主宰,能预言未来,能和整个世界联络并听到别人所有的对话。

可怜的赵恒很快达到了这样的"境界"。封禅2年之后,他似乎意犹未尽,于是跑到汾阴(今山西万荣西南)去祀后土(祭拜土地神)。

然而这也不再让赵恒感到过瘾。又过了2年,在1012年的一个秋日,赵恒再次梦见了封禅前曾经梦见过的神仙。这次神仙向赵恒传达了玉皇大帝的命令:玉皇大帝命令赵恒的祖先赵玄朗与赵恒相见,并授予赵恒天书。玉皇大帝还要求赵恒像唐朝崇奉玄元皇帝(老子)那样崇奉赵氏的圣祖。

第二天,这位神仙又来传达圣祖赵玄朗的话,要求赵恒设一个坐西朝东的座位,另外再斜设六个座位,以便与赵恒相见。

几天后的一个凌晨,天还未亮时,道场上的人就闻到了奇异的香味。不一会儿,东南方向出现了黄光。黄光越来越亮,道场上的灯烛光比之黯然失色。随后就出现了神仙仪仗队,他们手中拿的器物都闪闪发光。圣祖赵玄朗来了!圣祖的装束竟与庙里的元始天尊一样,左右还各有六位神仙,其中四人穿着与人间全然不同的服装,另两人头戴通天冠,身穿红纱袍。

赵恒见状,赶忙跪拜。

这时,黄雾四起,圣祖与六位神仙已各自就座。再次行礼之后,圣

118

祖令人为赵恒设座，还用碧玉汤招待赵恒。碧玉汤洁白如奶，非常香甜。

圣祖说："我是九个人皇中的其中一个，是你们赵家的始祖。第二次下凡时，就是轩辕黄帝。世间说我是少典的儿子，那是误传。我的母亲受闪电的感应而怀孕，在寿邱生下了我。五代后唐时我第三次下凡，到今天已有百年。你要好好抚育百姓，不要忘了以前立下的宏伟志愿。"说完，圣祖就与其他神仙腾云驾雾而去。

上述激动人心的场面，除了赵恒本人之外，还有别人在场吗？史书上并没有交代这个问题，只是说宰相等执政大臣以及赵恒的亲信太监刘承珪、蓝继宗等人都是在天大亮以后才从赵恒那里得到这一消息的。赵恒还亲自为他们指出圣祖出现的位置并讲述了当时的情景。

赵恒确认他所看到的圣祖神仙就是道士王中正曾经预言过的司命真君，因此给圣祖上尊号为"圣祖上灵高道九天司命保生天尊大帝"。

大概因为自己的圣祖是道教中的一位神仙，赵恒此后便开始狂热地修建道观、供养道士，并到亳州（今属安徽）奉祀老子。

追求优越感是每个人的共性。懂得这个道理，我们便能对赵恒的所作所为表示理解。他所犯的唯一错误是他的努力都指向了生活中毫无用处的一面。

圣祖赵玄朗似乎并没有特别地保佑赵恒。奉祀老子之后仅仅2年，宋朝就发生了全国性的大蝗灾。由于当时全国上下都在信奉鬼神之术，因此宋朝君臣对付蝗虫的办法主要是向神仙祷告。

祷告很快就取得了"明显的效果"。各地的官员和赵恒派出的宦官都说，经过祷告，大片大片的蝗虫开始自行死亡。

赵恒听到这样的消息，欢欣鼓舞，很是兴奋。在朝臣的建议下，赵恒准备举行隆重的庆祝仪式，却被宰相王旦阻止了。过了几天，赵恒对王旦说："朕派出的人报告说，蝗虫不吃庄稼，只吃豆叶。他们给朕带回的谷穗都又长又粗。朕怀疑他们报告的真实性，又找别人打听，所了解的情况都是一样的。京郊的蝗虫比别处多，朕听说城西有一户人家只种了几亩谷子，看到蝗虫来了，彼此抱头痛哭，以为这下全家的生计都完了。没想到蝗虫飞走后，他家的谷却并没有什么损失，高兴得不得了。"

王旦大概拿赵恒没办法，开始迎合皇上："今年蝗灾这么严重，若没有神灵的保佑，恐怕庄稼早就被吃光了。"

于是赵恒又有了一些信心，一面下令继续以各种形式在各宫观寺院向神仙祈祷，另一方面又下令各地组织人力扑打蝗虫，焚烧虫卵。

不过各地官员灭蝗的积极性远远不及向神祈祷，不久赵恒就收到各地蝗虫将庄稼全吃光的报告。有一天，赵恒在吃午饭的时候，一大群蝗虫从北往南飞，恰好经过京城，天色忽然变暗，赵恒忙问出了什么事，有人报告说是蝗虫遮住了太阳。赵恒到外面一看，蝗虫果然黑压压满天都是。等赵恒回到饭桌时，他再也说不出话来。

此后赵恒的记忆力出现了严重的衰退，似乎还有语言障碍。从现代医学的观点看，他或许得了脑血栓之类的疾病。

后来，赵恒又做了6年皇帝便去世了。赵恒去世后，出身寒微但非常精干的刘皇后听从参知政事王曾、权知开封府吕夷简等人的建议，将赵恒统治时上天所降的"天书"统统陪葬于赵恒的陵墓。

不知道天上的圣祖看到赵恒把天书又带回了天堂，会做何感想。

开封有个包青天

包拯

狸猫换太子

清代咸丰、同治年间,天津有一位叫石玉昆的民间艺人,他以自弹自唱西城子弟书(评话中的西调)闻名。道光年间,石玉昆来到北京城,专讲《龙图公案》,将旧时流传的"五鼠闹东京"的故事改编成侠义英雄白玉堂等人协助包拯为民申冤办案的传奇,内容丰富,精彩动人,一时风靡北京城。

不久后,有人将石玉昆的说唱评书《龙图公案》进行了改编,编成了一部一百二十回的章回体小说《忠烈侠义传》,又名《三侠五义》。此书在北京、上海等地出版,在当时引领了一股公案侠义小说的潮流。

在《三侠五义》中,包拯经手过最骇人听闻的大案,就是宫廷奇案"狸猫换太子"。

话说包拯在陈州放粮后返回朝廷,途中夜宿天齐庙,遇见居住在破窑中的瞎婆婆前来哭诉冤情。这位婆婆见到包拯第一句便是"包卿,苦煞哀家了",吓得包拯黑脸变成了黄脸。

原来这位瞎婆婆自称是当今天子赵祯之母。10多年前,先皇帝真宗的两位贵妃李氏、刘氏分别怀孕。中秋佳节,两位贵妃陪真宗饮酒赏月,真宗将两枚金丸赠予李、刘二妃,一个刻着"玉宸宫李妃",一个刻着"金华宫刘妃",并约定"二妃如有生太子者,立为正宫"。

刘妃唯恐李妃生下太子,暗中与太监郭槐商量,打算谋害李妃。不久李妃生下一位男孩,这便是仁宗皇帝赵祯。不料郭槐勾结产婆尤氏,在李妃分娩时,用剥了皮的狸猫将太子换走。刘妃暗中命令心腹宫女寇珠将身裹龙袱的太子装入藤篮,带到销金亭用裙绦勒死,然后丢到金水桥下。

寇珠来到销金亭却不忍下手,这时刚好遇到宫中太监陈琳提着妆盒前往御园采办果品。二人商议,由陈琳将太子暂寄南清宫八千岁与狄娘娘处抚养(八千岁就是前文分析过的小说人物八贤王)。之后陈琳巧妙摆脱刘妃盘问,终于将太子送入了南清宫。

而真宗皇帝得知李妃产下妖孽,便将其贬入冷宫。幸亏冷宫主管秦凤知有冤情,暗中命婢女余忠好生服侍李妃。不久刘妃生下了一个男孩,于是这个男孩被立为太子。但在6年后,太子不幸夭折。真宗膝下无子,见八贤王有一子长得像自己,便立其为太子。太子仁慈,见到冷宫李妃便凄惨流泪,这引起了刘妃的怀疑。刘妃回宫严刑拷打寇珠,寇珠不招,自尽而亡。刘妃不得实情,终究放心不下,与郭槐密谋置李妃于死地。

而这时李妃已从秦凤口中获知太子正是自己的亲骨肉,如梦方醒,欢喜不尽,因此每夜烧香,祈保太子平安。然而李妃的奇怪举动被郭槐属下侦知,于是郭槐向真宗启奏:“李妃心里怨恨,每夜降香诅咒,心怀不善,情实难宥。”天子大怒,即赐李妃白绫七尺令其自裁。

谁知早已有人将消息透露给了冷宫。秦凤一闻此言,胆裂魂飞,立即告知李妃。李娘娘闻听,登时昏迷不醒。正在忙乱中,只听婢女余忠说道:“事不宜迟!快将娘娘衣服脱下,与奴婢穿了。奴婢情愿以身替死。”于是余忠顶替李妃而死,秦凤则将李妃送往自己在陈州的家中。后来,李妃因思念太子哭瞎了眼睛。

之后秦凤被害身亡,秦家人并不知李妃来历,不愿继续供养,李妃无奈搬离秦家。所幸秦凤家中有一杂役名唤范胜,忠厚好善,将李妃安排在一个破窑里居住。范胜亡故后,其子范宗华遵依父训继续侍奉李妃。

包拯听了这位瞎婆婆口中说出的这桩惊天大案,吓得惊疑不止,忙问有何证据。婆婆取出金丸,包拯一看,上面赫然刻着“玉宸宫李妃”。

为避人耳目,包拯与李妃扮成母子,回到开封。时逢南清宫狄娘

娘生辰祝寿,包拯安排李妃与狄娘娘相见。李妃伺机向狄娘娘吐露真情,并取出金丸为证。狄娘娘仍保存着当年李妃之子所裹的龙袱,于是将金丸与龙袱呈给仁宗,并让陈琳作证。真相大白后,仁宗母子相认,二人泪如雨下,好不伤感。

仁宗安排包拯审问郭槐。郭槐不招,于是包拯将审堂布置成阎罗地府,自扮阎罗天子审问郭槐,套他招供画押。刘后见郭槐上当,惊惧而亡。

朴学大师修订《七侠五义》

正当石玉昆的《龙图公案》在北京风靡一时时,浙江德清有一位叫俞樾的士人在道光三十年(1850年)考中了进士。俞樾是一位国学大师,长于经学和诗词、小说、戏曲的研究,所作笔记搜罗甚广,是中国学术史和文学史的珍贵资料。俞樾一生著述不倦,仅《春在堂全书》一书就有将近五百卷。俞樾官至河南学政,被罢官后侨居苏州,主讲于紫阳书院。

俞樾不但学问做得好,对野史小说也很有兴趣,更向往古人的侠义精神。寓居苏州时,他的好友潘祖荫从北京给他带来一部《三侠五义》。俞樾对这部新出现的公案侠义小说爱不释手,认为"其事迹新奇,笔意酣恣,描写既细入豪芒,点染又曲中筋节。正如柳麻子说《武松打店》,初到店内无人,蓦地一吼,店中空缸空瓮皆嗡嗡有声。闲中着色,精神百倍。如此笔墨,方许作平话小说。如此平话小说,方算得天地间另是一种笔墨"。

激赏之余,俞樾亲自对《三侠五义》做了修订。俞樾认为小说中侠义之士众多,仅称"三侠"实在是淹没了众多好汉,便将《三侠五义》改成了《七侠五义》。

同时，俞樾是个考据家，不但将正史读得滚瓜烂熟，还能从正史中挑出毛病来。俞樾曾经夸耀自己就像一位"得道不死之士"，阅历唐、宋、元、明四朝，历朝名公巨卿一半是他的朋友，历代典故烂熟于心，各种宫廷秘闻如同亲见。然而沧桑变换，史册流传，史书中记载的事情倒有很多与历史事件不尽相符。所以俞樾声称，一部二十四史，没有一种书的记载是完全可靠的。

二十四史尚不足信，稗官小说、闾巷传闻就更加荒诞无稽了。特别是《三侠五义》这部小说，开篇第一回便是"狸猫换太子"，精彩固然是精彩，可情节实在是太过离谱。于是俞樾就面临了一个两难的问题，他既欣赏小说中精彩的故事和虚构的文学形象，又担心一般读者将小说当历史，谬种流传，误人子弟。

为了两全其美，俞樾决心在小说的最前面先将相关的历史事实向广大读者做一个明确的交代。交代清楚之后，俞樾告诉大家，小说里的故事大家尽管去读，不过这与历史事实是毫不相关的。为此俞樾还写了小诗感叹：

> 史策流传已不真，稗官小说更翻新。
>
> 柳麻子与季麻子，嚼烂古今多少人。

修订完毕的《绣像七侠五义》署上俞樾的大名，于光绪十五年（1889年）由上海广百宋斋铅印出版，"沪上石印，风行广播"，《七侠五义》由此在南方流传开来。对于做过翰林而又以朴学大师之名闻名于海内外的俞樾来说，这在当时是个了不起的举动。日本的韩裔学者金文京曾赞此举"在中国文学史上，堪称空前绝后之举，应人书特书之"。

仁宗皇帝的身世

经过俞樾的修订，《七侠五义》第一回的名称由原来的"设阴谋临产换太子，奋侠义替死救皇娘"变成了"据正史翻龙图公案，借包公领侠义全书"。俞樾借此交代了两件事情，一是仁宗皇帝的真实身世，二是包拯在历史上的主要事迹。

仁宗皇帝的身世主要关系到小说中刘妃与李妃二人。历史上的刘妃生于宋太宗开宝二年（969年），她的父亲刘通是行伍出身，在出征北汉时去世。自小失去父亲的刘氏随家人流落到了四川，少年时就做了艺妓，善于用鼓演奏，歌唱得也很好。刘氏很早就嫁给了邻居龚美。龚美本是一名银匠，后来带着刘氏进京做生意，不料生意蚀本。走投无路之际，龚美竟狠心准备将老婆卖了。

当时赵恒既不是皇上，也不是太子，只不过是一名亲王。他的王府中有一名小吏叫作张耆。因为赵恒曾经跟张耆讲他觉得四川女子聪慧有才，希望找一个来做侍妾，所以张耆就一直留心此事。之后经中介人介绍，张耆见到了被丈夫出卖的刘氏，觉得有戏，便带着龚美进王府见赵恒。

赵恒当即买下了刘氏。此外，赵恒还命龚美改姓刘，与刘氏以兄妹相称，并安排其到开封府当差。此后刘氏深得真宗宠爱，很快两人便如胶似漆，不可分离。此事后来让赵恒的乳母十分恼怒。不久，乳母向宋太宗告状，说赵恒与侍妾刘氏终日厮混，导致身体消瘦。宋太宗听闻大怒，勒令将刘氏赶出王府。

赵恒舍不得刘氏，便把刘氏寄养在张耆家，并给他一百两白银让其自行安排。张耆心想此事非同小可。为了避嫌，张耆每天睡在王府,而让家人精心侍候刘氏。等到赵恒做了皇帝,刘氏立即被接回宫中。

刘氏本是一位出色的艺伎,生性机敏,记忆力惊人,进宫后也读了不少书。真宗与大臣们议论政事时,刘氏如果在场,会把当时各人的发言一一记下。以后真宗再次想到此事,刘氏便能提供及时、恰当的意见。同时刘氏衣着朴素而得体,在宫中反而显得风采夺人,因此能够得到真宗长盛不衰的宠爱。

郭皇后去世后,真宗便一心想立刘氏为皇后。无奈刘氏出身低微,朝中大臣多有反对,因此真宗犹豫不决,以致皇后的位置空缺了整整5年。直到宰相王旦在一场大病之后意外地同意了立刘氏做皇后,真宗才将刘氏立为皇后。这一年刘氏已经44岁了。

但在真实的历史中,李氏的地位其实比刘氏还要低。李氏的父亲本是下级武官,后来家道破落,李氏的弟弟李用和不得不以凿纸钱为业。李氏则被送入宫中,成了刘氏的侍女。

据说有一次真宗要洗手,李氏为他端来洗盆。好色的真宗看到李氏肌肤细润如玉,便同她交谈起来。聊得投机,真宗便让李氏做了自己的司寝(侍候皇帝与后妃们入寝的宫女)。

从真宗色眯眯的眼神中,李氏意识到自己或许可以借机摆脱做侍女的命运。有一次她对真宗说,自己梦见有个光脚道士给她送了个儿子。真宗毫不含糊地说:"朕让你好梦成真。"于是便与李氏同床。李氏因此怀孕,于大中祥符三年(1010年)产下一位男孩。这个男孩就是宋仁宗赵祯。李氏之前不过是个侍女,生下皇子后才被封为县君,后来晋封为才人、婉仪,宸妃则是她临死前得到的封号。

真宗先后有过六个儿子,但除李氏所生的赵祯外,其余五个最多只活到9岁便夭折了。刘氏见自己的侍女为皇上生下了一个男孩,倒也没有用一个剥皮的狸猫去换太子,只是不允许李氏自己抚养。刘氏将赵祯当作自己的儿子,与杨淑妃共同抚养,并且禁止宫内人向赵祯说明实情。所以赵祯自幼称刘氏为大娘娘，称杨淑妃为小娘娘，而不知自己的生母是谁。

宋真宗去世后，赵祯继位。赵祯当时不过13岁，因此由刘太后垂帘听政，年号"天圣"。"天圣"就是"两个圣人"的意思。

可怜的李氏于1032年(宋仁宗天圣十年)去世，此时，她的儿子赵祯当上皇帝已经整整10年了，但母子始终不能相认。当时刘太后曾打算用宫女的规格安葬李氏，宰相吕夷简极力劝谏，声称为了保全刘氏一门，必须将李氏按皇后的规格治丧，并用水银保存遗体。刘氏果然聪慧，接受了吕夷简的建议。

直到刘太后去世，宋仁宗赵祯才得知自己的身世，于是尊李宸妃为皇太后。当时有人传言李氏是被人害死的，仁宗又悲伤又愤怒，好几天没上朝，一面下令包围刘太后的前夫龚美家，一面亲往生母殡葬处视察。结果赵祯发现生母"玉色如生，冠服如皇太后，以水银养之"，这才消除了对刘太后的怨恨。

假皇子冷青案

在《七侠五义》的第一回中，俞樾还根据《宋史·包拯传》向读者介绍了包拯的生平。包拯于真宗咸平二年(999年)出生在庐州，仁宗天圣五年(1027年)考中进士。之后，包拯本来授官建昌知县，但因父母年高，于是辞官侍养。后来父母双亡，包拯又守父母之丧，因此他考中进士后有10年时间一直在家，是一位远近闻名的大孝子。景祐四年(1037年)包拯重登仕途之时，刘太后已经去世数年，因此包拯一生从未涉及关于刘太后的宫廷大案。

京剧《铡美案》有一段著名的唱词，叫作"包龙图打坐在开封府"。

电视连续剧《包青天》的主题歌也流传甚广：

> 开封有个包青天，铁面无私辨忠奸。
>
> 江湖豪杰来相助，王朝和马汉在身边。
>
> 钻天鼠身轻如燕，彻地鼠是条好汉。
>
> 穿山鼠铁臂神拳，翻江鼠身手不凡，锦毛鼠一身是胆。
>
> 这五鼠义结金兰，七侠和五义，流传在民间。

听起来包拯似乎也在开封府尹的位置上经手过各种离奇大案。

不过俞樾告诉读者，包拯为官的履历是"知天长县，徙知端州，迁殿中丞，拜监察御史，历三司户部判官。出为京东转运使，徙陕西、河北，入为三司户部副使，除天章阁待制、知谏院。除龙图阁直学士、河北都转运使，徙知瀛州。以丧子乞便郡，知扬州徙庐州，又知池州，徙江宁府，召权开封府，迁右司郎中，又迁右谏议大夫、权御史中丞。以枢密直学士权三司使，拜枢密副使，迁礼部侍郎"。其中包拯因做过天章阁待制，故而当时人常称其为"包待制"，又因曾为龙图阁直学士，故后世称之曰"包龙图"。而包拯做开封府尹的时间，不过一年零四个月而已。

在民间故事和公案小说中，包拯审案无数，好像是福尔摩斯式的人物。不过俞樾又告诉读者，历史上包拯的主要工作并不是探案，他一生审过的有名案件只有两个。

其中一个案件发生在包拯刚刚走上仕途，担任天长县（今属安徽）知县时。有人来告状，说他家中的耕牛被人割去了舌头。包拯就说，牛割掉了舌头是不能存活的，我看还是把牛杀了卖肉，还能换几个钱减少损失呢。于是那人便回家杀牛卖肉。不久就有人告状，说某人私宰耕牛，包拯据此判定告状者即是割人牛舌者。此案记载在《宋史·包拯传》中，俞樾认定《龙图公案》就是从此孵化延伸出来的。

129

还有一个案件则是冷青假皇子案——包拯的确审理过一桩宫廷大案。此事发生在皇祐二年（1050年），当时包拯已升任天章阁待制、知谏院。当年四月，京城中有个叫冷青的青年人自称皇子，声称其母曾在宫廷中得幸，怀孕之后被放出宫廷，后来在民间产下了他。

京城士民听闻此事，纷纷围拢聚观，一时谣言四起。开封府尹钱明逸得知此事，派出衙役逮捕冷青。冷青一入开封府衙，便大声叱喝"钱明逸你安得不起"，完全是皇子的口气。钱明逸虽然被他吓了一跳，不由自主地从座椅上站了起来，不过一番审问之后，还是断定冷青绝非皇子。因冷青语无伦次，钱明逸便将其作为妖人，送往汝州（今河南汝州）编管。

当时有很多人认为钱明逸这样判案是不对的。其中翰林学士赵槩认为，冷青自称皇子，如果不实，便是政治诈骗，理应斩首，岂有流放编管之理。何况冷青究竟是什么来历还没查清，谣言恐怕不能因此平息。宋仁宗一听有理，便下令让赵槩与包拯一起彻查冷青案。

几番审理，案情逐渐清晰起来。原来冷青之母王氏的确曾在宫中当过宫婢。后来宫中放归宫女，王氏便离开皇宫，嫁给了一名叫冷绪的医生，不久便生下冷青。冷青长大后，在庐山一带漂泊，到处流浪。由于自己的母亲曾经是宫女，冷青经常招摇撞骗，说自己的母亲曾得到皇帝宠幸，自己是当今皇帝的儿子。当时庐山有一个叫全大道的和尚认为冷青奇货可居，便将他带到京城，还说要拜见皇帝。由于冷青之母的确曾是宫女，冷青又一口咬定自己是皇子，包拯等人必须找到进一步的证据才能揭穿冷青的骗局。

不久包拯调查发现，冷青还有一个姐姐。而庐山和尚全大道原名高继安，是一个被开除的军人，曾被发配到鼎州（今湖南常德）。后来高继安打通关节免除了发配之罪，便装扮成和尚，信口雌黄，招摇过市，专门结交当朝达官贵人。高继安遇到冷青后，两个骗子一拍即合，上演了这出轰动一时的假皇子案。最后两个骗子都被处以极刑，仁宗皇帝也由此证明了自己的清白。

嫂娘的故事

包拯去世后,朝廷赐给他"孝肃"的谥号。"孝肃"就是说包拯是一个大孝子,同时也是一个十分严肃的人。

包拯是孝子,前文已经有所交代:包拯考中进士之后,有近10年没去做官,精心侍奉双亲。丧服期满后包拯仍不愿离开家乡,又过了2年才在乡人的劝说下步入仕途。这时包拯已经近40岁了。

不过在戏曲和民间传说中流传甚广的故事却是,包公自幼双亲过世,由嫂嫂吴妙贞抚养成人,因此包公称嫂嫂为嫂娘。嫂娘有个儿子叫包勉,为官奸猾,贪赃凌弱,罪恶累累。包公秉公执法,大义灭亲,铡了嫂娘的亲骨肉。事后,包公回家向嫂娘赔罪。嫂娘痛失亲子,责怪包公不顾亲情,忘恩负义,举剑欲砍包公:

> 你休要花言巧语讲,恩将仇报负心肠。
> 想当年嫂嫂将你来抱养,衣食照料似亲娘。
> 龙虎之年开科场,高榜得中伴君王。
> 到如今做高官你国法执掌,你不该铡死包勉丧尽天良。
> 我越思越想气往上撞,你是个人面兽心肠。

包公晓以大义,一片忠心终于打动嫂娘:

> 劝嫂娘息雷霆弟有话讲,且落座细听我表叙衷肠。
> 自幼儿蒙嫂娘训教抚养,金石言永不忘铭记心旁。

前辈的忠良臣人人敬仰，哪个有徇私情卖法贪赃。

到如今我坐开封国法执掌，杀赃官除恶霸伸雪冤枉。

未正人先正己人己一样，责己宽责人严怎算得国家栋梁。

小包勉犯王法岂能轻放，弟若徇私上欺君下压民，败坏纪纲我难对嫂娘。

不过事实上，包拯双亲去世时他已经30多岁了，根本不需要一个嫂娘来抚养。而且包拯是独子，本来就不可能有一个嫂嫂。但历史学家研究发现，嫂娘的故事也非空穴来风，不过可能是子冠父戴——戏曲中包公嫂娘的形象，可能与包拯的长媳崔氏有关。

这位崔氏是一位节妇。崔氏嫁到包府第二年，丈夫包繶暴病去世，年仅21岁的崔氏生下遗腹子包文辅。包拯见儿媳妇年轻，有意让其改嫁，不料崔氏誓死不从。不幸的是，包文辅5岁时夭亡，从此崔氏一心侍奉公婆。

包拯除长子包繶之外，还有次子包绶。包绶是包拯60岁时与一位侍妾所生的。奇怪的是，这位侍妾一怀孕，包拯便将其遣送回家。崔氏得知公公的侍妾怀孕了，便暗中妥善照顾。

包拯去世时，包绶年仅5岁。崔氏的母亲吕氏再次劝说女儿改嫁，崔氏仍然不从，守节终生，并担负起对小叔包绶的养育责任。此事后来惊动朝廷，崔氏被追封为永嘉郡君，并由苏轼亲撰旌表。

令人大惑不解的是，包拯得知侍妾怀孕后却将其遣送回家，而且声称他只有一个儿子，包绶似乎一直未得到包拯的承认——有人猜测，莫非包绶并非包拯的亲生骨肉？

"关节不到,有阎罗包老"

在小说中,包公主要是作为一名清廉刚正的法官出现的,这反映了民间对严格执法、主持公道、为民做主、雪冤洗枉的清官的向往。虽然"包龙图打坐在开封府"的故事都是虚构的,但包公清廉刚正的形象与历史事实还是相当符合的。史书记载包拯在知端州任上3年,卸任时竟"不持一砚归"(端州以出产砚台闻名)。这种高风亮节在当时官场上实属罕见,包拯由此获得了"包青天"的美名。

历史上的包拯除了清廉刚正和刚毅直谏之外,在政治上倒是乏善可陈。包拯在朝廷为官,唯一值得史册记载的便是不断弹劾大臣,倒还真有些铁面无私的味道。由于包拯敢于弹劾权贵,于是得到了"包弹"的绰号。时人凡见官吏"有玷缺者,必曰'有包弹矣'","'包弹'之语遂布天下"。

包拯第一次集中弹劾朝臣是在知谏院时期(1050—1051年)。谏院与御史台合称台谏,其职责是监察朝臣、劝谏皇帝。

首先被弹劾的是王逵。王逵先后任湖南、江西、湖北、河北、淮南诸路转运使。转运使主管一路的财税事务,王逵拼命为朝廷搜刮,朝廷对他相当满意。从庆历六年(1046年)开始,包拯就上疏弹劾王逵是"苛政暴敛"的酷吏,王逵因此受到降职处分。后来朝廷举行明堂大礼,恩赐百官,王逵再任转运使。任命下达当天,包拯等谏官连续七次上疏,控诉王逵"惨虐不法"。然而朝廷有赖王逵这样的酷吏敛财,因此并没有理睬包拯这群谏官。

之后,包拯又去弹劾皇亲郭承祐。郭承祐娶了太宗第七子舒王元偁的女儿。仁宗为太子时,郭承祐曾担任过东宫官,因此他在仁宗即位后不断升迁。郭承祐在任上胡作非为,遭到包拯的连续弹劾,终于由判应天府降职为许州兵马总管。不过郭承祐建武军节度使的头衔并没有被拿掉,包拯很不满意,认为郭承祐"虽罢知州之权,然依前为节度使,在承祐所损无几",先后又四次要求罢除郭承祐节度使的官衔,朝廷却再也没理他。

接着包拯又弹劾了国戚张尧佐。张尧佐是仁宗皇帝宠爱的张贵妃的伯父,由小县官骤迁至权知开封府,不久又升任三司使,成为管理国家财政的最高长官。包拯称其"凡庸之人,徒缘宠私,骤阶显列","上违天意,下咈人情",仁宗被迫免除其三司使的职务。不过一年多后,张尧佐又以宣徽南院使的身份出判河阳,包拯等谏官再次上疏弹劾,指控其"怙恩宠之厚,幸求凯望,不知纪极"。但仁宗认为张尧佐已经离开朝廷到地方上做官了,不许谏官再上疏弹劾。

之后包拯又弹劾了宰相宋庠。宋庠在庆历新政失败之后接替范仲淹任参知政事,后来迁枢密使,拜平章事。宋庠其实没犯什么错误,但当时宋朝的各种社会矛盾都很尖锐,改革之声从未间断,他一心想保住官位,在宰相的位子上毫无建树,包拯因此大为不满。包拯认为"执政大臣与国同体,不能尽心竭节,灼然树立,是谓之过,宜乎当黜",而不像一些小官员"必有犯状挂于刑书,乃为过也",于是上疏指责宋庠不作为,"自再秉衡轴,首尾七年,殊无建明"。仁宗皇帝因此罢了宋庠的平章事,让他到地方上做官去了。

嘉祐三年(1058年),包拯迁右谏议大夫,权御史中丞兼理检使。包拯再次当上台谏官,便又要开始弹劾大臣了。

这一次被包拯弹劾的是两位三司使。其中一位是被人称为"天下奇才"的张方平,没想到这位"天下奇才"因为以权谋私栽在了包拯手上。原来当时京师有个酒坊老板叫刘保衡,积欠官府大批财物,折合现款达一百多万贯。由于国家财政紧张,三司便派人威逼追讨。刘保衡一时偿还不起,只好廉价变卖家产抵债,张方平趁机购买了他的房舍。岂知刘保衡有个姑姑节外生枝,对刘保衡变卖家产起了疑心,向御史台告了一状,说刘保衡非刘氏亲生,有意败坏刘氏家业,是个忤逆子。案子交到包拯手中,张方平买房一事暴露,包拯立即弹劾张方平"身举大计,而乘势贱买所监临富民邸舍,无廉耻,不可处大位"。朝廷在财政上依赖张方平这样的理财奇才,因此包拯的上疏让仁宗皇帝十分为难。但仁宗皇帝终究拗不过包拯,张方平还是被贬去知陈州。

接着仁宗打算任命知成都府的宋祁为三司使。宋祁就是包拯之前弹劾过的宋庠的弟弟。包拯得知后又立即弹劾宋祁,理由有两条:一是宋祁在成都大吃大喝,二是他的哥哥正担任国家的最高军事长官枢密使,弟弟再来当最高财政长官很是不妥,应当回避。这样一来,宋祁也没当成三司使,改知郑州。

宋朝开国皇帝宋太祖有句名言:"五代方镇残虐,民受其祸。朕今选儒臣干事者百余,分治大藩,纵皆贪浊,亦未及武臣一人也。"这是一种标准的"腐败有益论"。在这种观念的影响下,宋朝皇帝对文官的贪污腐败向来都是睁一只眼闭一只眼,只要不搬到台面上来,基本上持默许纵容的态度。特别是宋真宗,不但说"书中自有黄金屋",还厚着脸皮亲自向宰相王旦行贿。因此在当时的官场上,贪浊是一种风气,偏偏包拯不认这个账,倒成了"怪胎"。

一下子被端掉了两个三司使,仁宗皇帝也没了主意,于是对包拯说:"你看别人都不行,那就你来干吧。"这个诏命一下,朝廷里就议论开了。北宋名臣欧阳修就认为,包拯刚刚弹劾了两个三司使,自己就取而代之,这岂不是说他是为了自己往上爬才整人家的,于是上疏弹劾包拯,要求包拯这回无论如何也要避嫌。

包拯一看欧阳修弹劾他,坚持辞职,但仁宗皇帝不同意。包拯又认真地想了想,觉得自己其实正是三司使的合适人选,于是就去上任了。可惜第二年包拯便去世了,没能在政治上有更大的作为。

包拯既然是官场上的"怪胎",也就怪不得民间将他说得神神怪怪

的。当时民间就流传着"关节不到,有阎罗包老",将包拯比喻成阎王。中国古代原本没有阎王的概念。佛教从古代印度传入中国后,"阎王"才开始在中国流行开来。中文里的"阎王"是从梵语中音译过来的,其本意是"捆绑"。包拯在朝中不断弹劾大臣,留下了"威严刚毅"的名声,因此宋朝百姓渐渐将包拯视为专治朝中有罪之人的活"阎王"。

包公怒铡陈世美

包拯成了民间信仰中阎王的化身,这并不算离谱。在包公的传说故事中,最离谱、最让人哭笑不得的是包公怒铡陈世美。据考证,陈世美的原型应该是个清朝人,而且还是位体察民情的好官。

陈世美在历史上确有其人。他原名陈年谷,湖广均州(今湖北丹江口)人,是顺治十二年(1655年)的进士,曾得到康熙的赏识,官至户部郎中、侍郎。康熙年间,陈世美在贵州为官,他的同乡同学都来投靠,希望能够通过他谋取官职,陈年谷热情地接待了这些同乡同学,并劝他们刻苦读书以求仕进。后因来投者日多,陈年谷难于应付,于是嘱咐管家一律谢绝。

家住均州城郊秦家坡的胡梦蝶,昔日与陈年谷一同进京赴考时,曾以钱财相助。这次前来投靠,不料遭到陈年谷管家的回绝,胡梦蝶顿生报复之心,遂将社会上一些忘恩负义、抛妻灭子之事捏在一起加在陈年谷身上,编成戏剧《秦香莲》,在陕西、河南等地演出。相传清末时,一个河南剧团到均州演出此戏,陈年谷的一个后人看了以后气得吐血,组织家族成员当场砸了这个剧团的衣箱,并殴打演员致死伤数人,演出被迫停止。

可是这个清代负心郎的故事本来与包公八竿子打不着，后来为何成了包公戏《铡美案》呢？传说某年有一个戏班子演《秦香莲》，看戏的人格外多，但他们嫌戏文太短了，演了才不到半天，便不肯散去。掌班的没办法，只好在正戏前头加了个《陈州放粮》的包公戏。

戏演到中午，陈世美的家将韩琪受命追杀秦香莲却又私自放走了秦香莲，随后韩琪自刎，秦香莲拉着儿女倒在血泊中。《秦香莲》的剧本原本到此为止，但看戏的人都不肯走，大家齐声吼道："杀了陈世美！"砖头瓦块齐向戏台上打来。

戏团掌班人急得像热锅上的蚂蚁一样团团乱转。他不敢在前台露头，赶紧溜到了后台。这时，演《陈州放粮》的"包公"还未卸装。他问："台下怎么啦？出了什么事？"掌班人一见是"包公"，忽然灵机一动，计上心来，推着他说："快，快到前台接着往下唱。"

"包公"说："你急糊涂啦！我在宋朝，陈世美在清朝，相隔几百年，咋能同台唱戏？"

"哎呀，事情到这般地步，管他同朝不同朝呢！"掌班人说，"陈世美那么大的驸马官，谁敢杀他？只有你'包黑子'铁面无私可以把他铡了，给老百姓出出气，就算煞戏了。"

黑脸包公只得重新整衣，带着王朝、马汉、张龙、赵虎一班人马上场了。当台上的包公唱道：

> 包龙图打坐在开封府，
> 尊一声驸马爷细听端的：
> 曾记得端午日朝贺天子，
> 我与你在朝房曾把话提。
> 说起了招赘事你神色不定，
> 我料你在原郡定有前妻。
> 到如今她母子前来寻你，

为什么不相认反把她欺？

我劝你认香莲是正理，

祸到了临头悔不及。

……

她母子三人泪不干。

香莲口中把我怨，

她道我官官相护有牵连。

本当铡了陈世美，

国太一旁横阻拦。

有心不铡陈世美，

香莲母子怎周全！

这场官司我怎样断？

倒叫包拯两为难。

拼着官儿我不做，

天大的祸事我承担。

将陈世美搭在铜铡案，

铡了这负义的人再见龙颜。

台下观众一听包公铡了陈世美，欢声雷动。从那以后，小戏《秦香莲》就变成大戏《铡美案》了。

先天下之忧而忧

范仲淹

范仲淹与滕子京

范仲淹可是一位圣贤级的人物,不信听听宋代的一些名人是如何评价他的:

欧阳修说范公"少有大节,于富贵、贫贱、毁誉、欢戚,不一动其心,而慨然有志于天下,常自诵曰:士当先天下之忧而忧,后天下之乐而乐也"。

苏轼是范仲淹的粉丝,他说范公的功德"不待文而显,其文亦不待叙而传"。苏轼从8岁时就开始崇拜范仲淹,55岁时依然崇拜。一生交游无数的他偏偏没能结识范仲淹,"以为平生之恨"。

王安石是这样评价范仲淹的:"呜呼我公,一世之师! 由初迄终,名节无疵……硕人今亡,邦国之忧。"

司马光则赞美范仲淹"雄文奇谋,大忠伟节,充塞宇宙,照耀日月","前不愧于古人,后可师于来哲,固有良史直书,海内公说,亘亿万世,不可磨灭"。

中国人大多背诵过范仲淹的千古名篇《岳阳楼记》。《岳阳楼记》开篇就说:"庆历四年春,滕子京谪守巴陵郡。越明年,政通人和,百废具兴。乃重修岳阳楼,增其旧制,刻唐贤今人诗赋其上。属予作文以记之。"

这段话是说,庆历四年(1044年),范仲淹的朋友滕子京被贬官到了岳州(巴陵郡是岳州的旧称)。滕子京来到岳州之后,将当地治理得井井有条,仅一年时间岳州就变得"政通人和,百废具兴"了。理政之余,滕子京又重修了岳阳楼,将古今的诗赋镌刻在岳阳楼上,然后写信请求范仲淹为重修岳阳楼一事写一篇文章来纪念。

1015年，范仲淹考中了进士，并在京城结识了同榜的滕子京（名宗谅），从此两人结下了深厚的友谊。

滕子京是一位既有理想又有才能的官员，性格豪纵，不拘小节，范仲淹对他既欣赏又有几分担心。而范仲淹是个非常有忧患意识的人，"先天下之忧而忧"既是他的豪言壮语，也是他一生的真实写照。1021年，范仲淹到泰州（今江苏泰州市）任西溪镇盐仓监官，掌管盐税。这时范仲淹开始忧虑了。

他看到泰州及楚州（今淮安）、通州（今南通）、海州（今连云港）各州唐时所建的捍海堤年久失修，早已颓坏。每年秋季海潮泛滥时，良田庐舍被淹，人畜丧亡，盐灶也多被冲毁，灾情十分严重。退潮以后，过去的良田都变成了不宜耕种的盐碱地，老百姓无以为生，只好携家外逃。范仲淹不过是个负责收盐税的官员，这件事本来不在他的职权范围之内，但他积极上书给江淮制置发运副使张纶，建议尽快修复海堤。张纶十分重视，奏请朝廷任命范仲淹为灾区中心兴化县的县令，主持整个修复工程。

1024年，范仲淹率领通、楚、泰、海四州兵工、民夫四万余人开始施工。这时滕子京正任泰州从事，为了帮助范仲淹，他也来到了施工现场督工，出了不少力。

经过将近4年的努力，长达150里（唐宋时期，1里约等于531米）的捍海堤终于修好。两千六百户外逃居民纷纷返回家园恢复生产，原来葭苇苍茫的荒地又长满了绿油油的庄稼。当地人民为了纪念张纶与范仲淹的功绩，为张纶修建了祠堂，将捍海堤取名为范公堤。

不过，在捍海堤尚未完工时，范仲淹的母亲就去世了，范仲淹因此来到应天府丁忧服丧。不久，范仲淹结识了知应天府的晏殊，便被晏殊请去主持应天府学。应天府学是范仲淹年少时苦读过的地方，他对这里有很深的感情，因此欣然应允。

不久范仲淹的忧虑症又犯了，他竟在丁忧期间越级上书朝廷，要

求进行行政改革。不过还好这次他得到了宰相王曾的赏识。1028年，晏殊调回京城任御史中丞。这时宰相王曾向晏殊提议推荐范仲淹到朝廷当官。于是在晏殊的推荐下，范仲淹当了秘阁校理，也就是皇家图书馆负责整理图书的官员，由此获得了直接接触皇帝、议论朝政的机会。而范仲淹也趁此机会把好友滕子京调到了京城做官。

范仲淹与吕夷简

范仲淹第一次在朝廷当官时正值天圣年间。

之前有提到，"天圣"就是两个圣人，一个圣人是指垂帘听政的刘太后，另一个圣人便是仁宗皇帝——刘太后的傀儡。

天圣六年（1028年），仁宗打算于冬至节率领群臣在会庆殿为刘太后上寿。范仲淹一听皇帝要跟大臣们一起向刘太后行跪拜之礼，忧虑的毛病又犯了。他也不管自己有没有资格，上书刘太后，称皇帝"有南面之位，无北面之仪"，要尽孝道应该到宫中率领亲王皇族行家人之礼，否则就是"开后世弱人主以强母后之渐"。

这份奏疏一上呈，晏殊就来批评范仲淹，说他芝麻大点的官却喜欢越职言事，狂妄且好出风头，闯出祸来连自己这个推荐人也受牵累。范仲淹一听，满腹委屈，竟给晏殊写了封长信自辩。他满嘴的大道理，弄得晏殊毫无办法。

不过可能是因为范仲淹的官太小，刘太后根本没有理睬他，冬至节上寿仪式照常举行。这时仁宗皇帝已将近20岁，早该亲政了，宰相王曾等大臣经常劝说太后撤帘还政，太后很不高兴。这一年夏天，京城开封突然电闪雷鸣，一团火光竟射入真宗皇帝时建造的玉清照应宫，大火烧了整整一夜，三千六百余间房屋成了一片瓦砾。刘太后趁机指责王曾管理不严,将他贬到青州(今山东潍坊)去做知州。

范仲淹等人觉得刘太后实在有点不像话,不停地上书要求刘太后还政,但太后对他们视若无睹。范仲淹看不下去,干脆要求外调,于是去河中府(今山西永济蒲州镇)做了个通判。滕子京也跟着范仲淹上书言事,结果于天圣九年(1031年)贬至闽北邵武县。

2年之后,刘太后去世了,曾经上书劝太后还政的官员都得到了升迁,范仲淹和滕子京都被召回京城当了谏官。

这时仁宗皇帝因为不喜欢刘太后给他安排的郭皇后,转而宠爱尚美人。尚美人恃宠挑衅郭皇后,郭皇后暴跳如雷,伸手要打尚美人,仁宗皇帝前来劝架,不料郭皇后一巴掌打在仁宗脖子上。仁宗盛怒之下想要废掉郭皇后,得到了宰相吕夷简等人的支持。

消息一出,范仲淹忧心忡忡。他认为郭皇后并无大过,轻易废后不仅有违伦理,而且会动摇政局,有损皇帝名誉。于是范仲淹联合孔子四十五世孙孔道辅等人上书劝谏。不料吕夷简早有准备,在范仲淹等人找到皇帝上书之前就将他们贬出京城,范仲淹被安排去当睦州(今浙江建德)知州。

这是他与吕夷简第一次交手。

后来范仲淹又改知苏州。他在苏州又是治水又是兴学,很有成绩。1035年,范仲淹又被调回朝廷,当了天章阁待制、判国子监。吕夷简为了牵制范仲淹,又将他调作开封府尹。不料范仲淹不过一个月就将号称"繁剧"的开封府治理得肃然有序,京城中甚至传出了"朝廷无忧有范君,京师无事有希文"的歌谣。"希文"就是范仲淹的字。

范仲淹有的是精力来对付吕夷简。他看到吕夷简利用手中的人事权力培植私党,打压政敌,心中甚为忧虑,于是把京官晋升的情况绘制成一幅《百官图》献给皇帝,图中一一说明哪些人是按规章升迁的,哪些人是宰相利用私人关系提拔的。不久范仲淹又上了好几个奏疏抨击吕夷简,其中《推委臣下论》更是劝谏仁宗皇帝不能把人事权下放给宰相,不然会造成君权旁落,甚至改朝换代也不一定。

吕夷简得知范仲淹竟敢与自己这个当朝宰相如此作对,心想那还了得,于是指控范仲淹"越职言事,荐引朋党,离间君臣"。范仲淹再次被贬出京师,知饶州(今江西鄱阳)。

范仲淹三次被贬,官当得够呛。但他与宰相吕夷简不屈不挠地斗争,得到了朝中受吕夷简打击的官员们的同情和钦佩,因此名望越来越高。

"将军白发征夫泪"

知饶州之后,范仲淹又先后知润州(今江苏镇江)、越州(今浙江绍兴)。到了景祐五年(1038年),党项族首领李元昊叛宋称帝,宋朝西北边境局势突然紧张起来。不久宋夏爆发战争,范仲淹随即被调到西北前线。

唐朝时,聚居在夏州(今陕西横山西)的党项族曾出兵帮助唐朝镇压了黄巢起义,于是唐朝封其首领为定难军节度使,晋爵夏国公,赐姓李氏。夏州成了中原王朝的一个藩镇。

宋朝建立后,党项族李氏以定难军节度使、西平王的身份继续与宋保持臣属关系,并一再出兵帮宋进攻北汉。后来党项族内部分化,宋太宗时李继捧一支归附了宋朝,举族迁到了宋朝的京城。但李继捧的族弟李继迁不愿内迁,于是在今天的内蒙古地区号召部族,抗宋自立。

李继迁的军事分裂计划被宋军挫败,于是李继迁归顺了辽朝,被辽封为夏国王。宋朝采用"以夷制夷"的策略,重新授李继捧为定难军节度使,赐姓名赵保忠,派他镇守夏州以对付李继迁。

不料李继迁暗中通好李继捧,攻占了银、绥二州,然后一边让李继捧为他向宋朝请封讨赏,一边拉李继捧归附辽朝,最后干脆火并了李继捧。

这时真宗皇帝刚刚继位,无暇应付李继迁,便授李继迁为夏州刺史、定难军节度使。

宋朝与辽朝签订澶渊之盟之后,李继迁的儿子李德明也与宋朝签订了和平协定,真宗皇帝封李德明为西平王。此后,李德明便把精力主要用于夺取吐蕃控制的西凉(今新疆、甘肃一带)和回鹘控制的甘州(今甘肃张掖)。

夺取甘州与西凉之后,李德明便制订了建国的计划。不过计划还没实现,李德明便去世了。李德明死后,其子元昊又攻占了整个河西走廊,同时不断侵扰宋朝边境。1038年,元昊正式称帝,国号大夏,史称西夏。

宝元三年(1040年)初,元昊进逼延州(今陕西延安),宋将刘平、石元孙等率军从庆州(今属甘肃庆阳)来援。元昊于三川口诈降,大败刘平、石元孙的军队,继而猛攻延州7日。知延州的范雍束手无策,只好躲在城中向神佛祷告。不料祷告奏效,天降大雪。元昊怕被风雪切断后路,匆忙撤兵而去,延州孤堡才未陷落。

三川口之败使宋廷朝野上下都感到震惊。就在这时,范仲淹得到朝廷调令出知陕西路永兴军,来到了西北前线。接着仁宗皇帝全面调整了西北战线的统帅,任命夏竦为陕西经略安抚使,韩琦为陕西经略安抚副使兼知泾州(今甘肃泾川北),范仲淹为陕西经略安抚副使兼知延州。

范仲淹赴任时,看到战后的延州满目疮痍,心情沉重。时年52岁、头发已经花白的范仲淹于是填了一曲《渔家傲》:

塞下秋来风景异,衡阳雁去无留意。四面边声连角起。千嶂

里,长烟落日孤城闭。

浊酒一杯家万里,燕然未勒归无计。羌管悠悠霜满地。人不寐,将军白发征夫泪。

"西贼闻之惊破胆"

韩琦与范仲淹来到前线,在对夏战略上产生了严重的分歧。韩琦认为,宋军拥有二十万重兵,兵力优势十分明显,不可能采取守势。何况宋军的物资消耗十分严重,战争一旦拖延必将严重影响国家财政,因此必须速战速决。

对于韩琦的战略,范仲淹十分忧心,立即上书朝廷,提出了与韩琦针锋相对的战略。

范仲淹认为:宋军人数虽多,但缺乏强将精兵,战斗力差;西夏军人数较少,但兵精马劲,战斗力强。西夏境内山川险恶,沙漠广袤,其都城又远在黄河以北的兴庆府(今宁夏银川)。宋军若兴兵深入,粮草辎重的运输将绵延百里,很容易遭到敌骑截击。一旦粮饷接济不上,宋军就有全军覆没的危险,因此不宜采取深入敌境大举进攻的方针。

夏国经济薄弱,粮食不足,绢帛、瓷器、茶叶等都需从宋朝输入,这是它的致命弱点。只要宋军实行坚壁清野的政策,努力修固边城,进行经济封锁,同时精练士卒,在西夏军大举进攻时扼险坚守,就可使西夏军无隙可乘,锋芒受挫。西夏军如果无功而返,西夏的经济就会陷入困境,军队的斗志也会逐渐消失,到那时便可迫其讲和。

范仲淹根据以上分析,向朝廷提出了一整套以防守为主的御夏战略。同时,在部将种世衡的建议下,范仲淹下令在延州东北二百里的古宽州故址上筑了一座青涧城。随后范仲淹推广青涧城经验,在延州附近广泛修筑城寨,招还延州一带的流亡边民,修边寨,兴营田,募商贾,通贸易,使当地人民各安其业,发展生产,重整家园。

这些寨堡互为声援,使延州固若泰山。元昊几度觊觎,却不敢下手,暗叹:"今小范老子(老子指知州,小范指范仲淹)腹中自有数万兵甲,不比大范老子(指范雍)可欺也。"

庆历元年(1041年),面对韩琦和范仲淹两种完全不同的战略,仁宗还没有做出最后的决定。然而元昊已发动第二次进攻,举十万大军进攻渭州(今甘肃陇西东南)。韩琦命任福、桑怿率部迎击,元昊诈败以诱敌深入。宋军追至好水川才知中计,但为时已晚。此战宋军几乎全军覆没,任福、桑怿力战而死。

战后宋廷追究败军之责,撤去了夏竦的职务,韩琦、范仲淹也被调职。就在这时,范仲淹的老友滕子京也被调到了前线,出知泾州。

好水川之败使范仲淹防守与议和的策略逐渐得到认可,但朝中反对议和之声仍很激烈。庆历二年(1042年),元昊再次兴兵进攻镇戎军。知渭州的王沿派葛怀敏迎敌,又中了元昊的诱敌深入之计。葛怀敏部在定川砦被西夏军包围,水源也被西夏军切断,他们试图冒险突围,却遭到西夏军的围歼,全军覆没。元昊乘胜回逼渭州城,王沿无兵可守,只得布疑兵阵,使空城计。幸好空城计奏效,元昊放弃攻打渭州,纵军大肆抢掠七百里而归。

西夏军在攻打渭州的同时,也在进攻距渭州仅一百二十里的泾州城。知州滕子京与老友范仲淹再次通力合作。滕子京沉着应战,动员数千百姓共同守城。范仲淹率一万五千人驰援泾州,滕子京全力做好后勤保障工作,西夏军终于被击退。

战争结束后,滕子京大设酒宴犒劳羌族首领和士兵,笼络边疆部族民心,又按当时边疆的风俗在佛寺里为阵亡的士卒祭神祈祷,并抚恤死者亲属。

好水川和定川砦的惨败迫使宋仁宗放弃了进攻的战略,转而采取

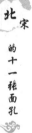

范仲淹的防御策略。这时韩琦已经信服范仲淹,于是朝廷仍派他与范仲淹一起负责西北防务。范仲淹将自己在延州的经验推广到西北各路,在宋夏边境的冲要之地修城筑砦,建立起牢固的军事据点,并训练当地亦兵亦民的乡兵、蕃兵和弓箭手以对付西夏军队的侵扰。

范、韩两人同心协力,互相声援,人心归服,名重一时。当时边塞上流传着这样的歌谣:

> 军中有一韩,西贼闻之心骨寒。
> 军中有一范,西贼闻之惊破胆。

与此同时,恰如范仲淹分析的那样,西夏由于长期用兵,物资奇缺,物价飞涨,百姓怨声载道,无力再次发动大规模战争,于是开始与宋朝议和。庆历四年(1044年),宋夏达成协议:元昊以夏国主的名义向宋称臣,夏国保持政治上的实质性独立;宋朝每年给西夏绢十三万匹、银五万两、茶两万斤,同时还要给夏国节日与生日礼物银两万两,银器两千,绢、帛、衣两万三千匹,茶一万斤;两国恢复贸易往来。

朋党论

西北前线战事刚刚缓和,范仲淹就被重新调入了中央。这一年是庆历三年(1043),离上次范仲淹因为抨击宰相吕夷简而离开朝廷已经整整7年了。

朝廷这次调西北前线的正副统帅回朝掌管枢密院,其中夏竦任枢密使,范仲淹、韩琦任枢密副使。范仲淹因为西北战事未了,五上奏疏要求留在前线,但未得到朝廷的允许。

虽然范仲淹离开朝廷已经7年了,但朝中有一批少壮派官员一直支持和拥护范仲淹的政治主张,反对宰相吕夷简。

7年前范仲淹被赶出朝廷时,集贤校理余靖上疏为范仲淹鸣不平,因此获罪,被贬到筠州(今江西高安)监管酒税。

馆阁校勘尹洙则声称自己就是范仲淹的同党,范仲淹、余靖等人都被贬官,自己岂能不贬?吕夷简大怒,将他贬到了郢州(今湖北钟祥)。

另一位馆阁校勘欧阳修则写信指责谏官高若讷,说范仲淹无罪被逐,高若讷身为谏官竟无谏言,无耻之尤。高若讷气不打一处,将信件上交,结果欧阳修被贬到夷陵县当县官去了。

还有一位馆阁校勘蔡襄看到此情此景,写了《四贤一不肖诗》五首,赞誉范、余、尹、欧阳四人而讽刺高若讷。一时京城士人争相传抄《四贤一不肖诗》,书贩大获其利。辽国使者刚好在开封,也偷偷买了一本,回国张贴在幽州的馆舍里。

过了一年,范仲淹正在润州任上,有地方发生了地震,朝廷照例召集群臣讨论灾异,直史馆叶清臣说:"自从范仲淹、余靖等因为言事被逐,臣民们都不敢议论朝政了,希望陛下切实反省,引过自责,善待敢于直言之人。"

7年之中,朝廷中始终有人为范仲淹说话,范仲淹又在西北前线立下大功。仁宗皇帝心想:看来以范仲淹为代表的这批人还是有才能的。于是决定起用这一批官员。

在将范仲淹调回京城之前,仁宗皇帝还任命了欧阳修、王素、蔡襄三人掌管谏院,余靖为右正言。朝中吕夷简一派看到范仲淹的人"占领"了谏院,便再次攻击他们私结朋党。欧阳修怕皇上听信谗言,为示反击,特意写了一篇《朋党论》。在《朋党论》中,欧阳修别出心裁地指出,朋党也分君子之朋、小人之朋,君子结党遵循道义,小人结党为利所驱,因此皇上应该屏退小人之伪朋而进用君子之真朋。仁宗皇帝看了觉得很新鲜,还夸奖了欧阳修一番。

仁宗皇帝没想到的是,他调夏竦回朝掌管枢密院竟然遭到了台谏官们的一致反对。谏官欧阳修、余靖和御史中丞王拱辰认为夏竦为人奸邪狡诈,在陕西任职期间畏惧怯懦,毫无建树。此后仁宗皇帝连续收到反对夏竦入京的奏疏,最后不得不将他调回陕西。

当范仲淹回到京城时,发现朝廷中已经大变模样了。吕夷简的宰相职务终于被免掉了,改任司徒、监修国史,等于是退居二线了。新任的宰相,一位是举荐过范仲淹的晏殊,另一位则是善于明哲保身的章得象。新任的枢密副使富弼是晏殊的女婿,谏官则由欧阳修、蔡襄、王素、余靖担任,这五人一直以来都是范仲淹的拥护者。不过,朝中依然有一些吕夷简的旧党。

不久,仁宗皇帝又对宰执班子进行了调整,任命范仲淹和贾昌朝为参知政事,杜衍为枢密使,韩琦和富弼为枢密副使。

庆历新政

仁宗皇帝这次起用范仲淹等人,目的比较明确。朝廷正在经历一个多事之秋,先是西北开战,接着王伦在沂州(今山东临沂)起事,张海和郭邈山在商山(今陕西商洛市商州区东南)起事。令仁宗吃惊的是,这些起事队伍每到一处,宋朝官吏或作鸟兽散,或以兵甲为礼,迎接起事者入住官衙。

仁宗皇帝感受到了统治的危机,于是想借用范仲淹等一批有志于改革的官员来振兴朝政。庆历三年九月,仁宗颁布手诏,要求他新提拔的范仲淹、韩琦和富弼等人对当时的政治危机提出解决的办法。数日后,范仲淹就呈上了《答手诏条陈十事》奏疏,拉开了庆历新政的序幕。

范仲淹所说的十件事是:

(1)明黜陟,即严格执行官吏升迁考核制度。

(2)抑侥幸,即限制官僚子弟亲友通过"恩荫"入仕。

(3)精贡举,即改革科举的内容和程式。

(4)择官长,即慎重保举和选派各级长官。

(5)均公田,即调整多寡过分悬殊的官员"职田",减少贪污。

(6)厚农桑,即兴修水利,发展生产。

(7)修武备,即招募京畿卫士,并组织他们务农。

(8)减徭役,即裁并州县,减轻农民徭役。

(9)覃恩信,即督责地方落实赦令等恩泽。

(10)重命令,即严肃中央政令。

仁宗皇帝对范仲淹提出的大多数内容予以采纳,并参考其他大臣的建议颁布了多道诏令,实行所谓的"新政"。

十月,仁宗根据《答手诏条陈十事》之"择官长"和欧阳修的建议,颁布了新政的第一道诏命,即选任一批按察使,派往各路视察官吏状况。范仲淹根据按察使送上的有关各地官吏状况的报告,亲自圈选各路长官,见到不合格的,立即以笔勾去。富弼看着范仲淹勾人都觉得心惊肉跳,提醒范仲淹说:"你在名单上勾勾画画倒是容易,这一笔下去恐怕这一家人都要哭了。"范仲淹回答说:"一家哭总比一路哭好些吧。"

新政陆续实施,很大程度上打乱了原有的行政秩序,触动了许多官僚的利益。比如范仲淹派出的按察使揭发了各地官吏的不法行为,并要求朝廷立即罢免他们的官职。但大面积更换官员谈何容易,副作用也很大,甚至会使地方行政系统瘫痪。即使更换,地方官员也不欢迎范仲淹新举荐的各路监司官。又比如科举考试增加了新的内容,这让原来只知背诵经义和诗赋的举子感到无从适应。

因此改革不到半年，朝廷中对新政的措施便议论纷纷，以夏竦为首的反对派更是千方百计地攻击以范仲淹为首的革新派。

之前范仲淹入朝而夏竦被逐一事，曾令国子监直讲石介十分兴奋。当时石介写了一篇《庆历圣德颂》，将范仲淹等人入朝称为"众贤之进"，将夏竦被逐说成是"大奸之去"。夏竦对此怀恨在心，开始想办法整石介。

富弼入朝后，石介写信给富弼，鼓励他"行伊、周之事"。夏竦得知此事，唆使家中婢女模仿石介的笔迹篡改了这封信件，将"行伊、周之事"改为"行伊、霍之事"。这里的"伊"是伊尹，"周"是周公，"霍"是霍光，分别是商朝、周朝和汉朝的辅政大臣。不过霍光在汉昭帝去世后，先是立昌邑王刘贺为帝，后又废刘贺而改立汉宣帝。

伊尹、周公连称是指辅佐天子的贤臣，而伊尹、霍光连称则成了废立国君的权臣。夏竦这一改非同小可，等于是诽谤改革派的势力已威胁到君权。此事传出，范仲淹与富弼十分恐惧。为了避嫌，范、富二人立即请求出朝巡边，不久分别出任陕西河东宣抚使和河北宣抚使，庆历新政陷入僵局。

这时，宋夏达成和议，各地的叛乱与起义也已镇压平息，仁宗皇帝突然觉得当今本是太平盛世，所谓的新政只能引起纷争不断，令他厌烦。不久，富弼的岳父、范仲淹和欧阳修的引荐人晏殊被罢相，谏官蔡襄和孙甫等人自求外放，新政的领袖与骨干几乎全被排挤出朝，只有枢密使杜衍在尽力保护尚在朝中的革新派官员。

然而反对派并不罢休。杜衍的女婿苏舜钦在一次活动之后宴请来宾，席中有位王益柔戏作了一首《傲歌》助兴，诗中有"醉卧北极遣帝扶，周公孔子驱为奴"两句。御史中丞王拱辰得知此事后指控苏舜钦等人诽谤周、孔，犯大不敬之罪，要求诛杀王益柔。幸得韩琦及时进言，苏舜钦、王益柔等人被仁宗从轻发落——苏舜钦从官府中除名，王益柔等人被贬官。王拱辰成功打击了革新派官员，甚为得意，声称革新派已被"一举网尽"。

接着反对新政的一派官员继续攻击支持新政的官员相互支援、结为朋党，仁宗开始听信。庆历五年，范仲淹、富弼、杜衍被正式罢去宰执职位，韩琦也被排挤出朝廷。随着革新派官员被尽数赶出朝廷，新政的各项措施也在反对声中被基本废除。

同一年，石介也被外放到濮州（今山东鄄城北）任通判，未到任所便在家中病亡。当时徐州狂人孔直温谋反，败露后被抄家，石介以前与孔直温的来往书信也被查抄出来。夏竦借此大做文章，向仁宗说石介其实没有死，而是被富弼派往契丹借兵去了。这一招狠毒至极，仁宗因此要派官员去对石介发棺验尸。参加石介丧事的数百人集体保证石介已死，石介才幸免发棺，但他的子孙因此被交付池州拘管。

欧阳修对此义愤填膺。庆历六年（1046年）的一个秋夜，他含泪打开石介的遗著《徂徕集》，写下了一首五言长诗《重读徂徕集》：

……
当子病方革，谤辞正腾喧，
众人皆欲杀，圣主独保全，
已埋犹不信，仅免斫其棺，
此事古未有，每思辄长叹。
我欲犯众怒，为子记此冤，
下纾冥冥忿，仰叫昭昭天，
……

《岳阳楼记》

范仲淹被罢去参知政事后不久,便接到出知邓州的调令。不久范仲淹又收到了老友滕子京的来信,信的内容是请范仲淹为他重修的岳阳楼写一篇记文。随信寄来的还有一幅描绘岳阳楼景色的《洞庭晚秋图》,以及唐宋名人吟咏岳阳楼的诗词歌赋。

看到这位老朋友的来信,范仲淹不知是喜是忧。庆历二年宋军在西北遭遇定川砦大败,范仲淹派军驰援泾州,当时知泾州的滕子京动员泾州军民为宋军提供军需物资,为泾州保卫战的胜利立下战功。第二年范仲淹被调回京城,便推荐滕子京知庆州。

没有想到,不久就有一位驻扎在泾州的武官郑戬告发滕子京在泾州一役中滥用公用钱,监察御史随即指控滕子京在泾州耗费公用钱十六万贯,甚至怀疑滕子京贪污公款。与滕子京一起被控告的还有张亢,因为他用公用钱做生意赚钱。

按宋朝的规定,泾州一年的公用钱不过七百贯,滕子京泾州一役所费竟是朝廷规定公用钱的两百多倍,岂不是大有问题?

其实不然。泾州一年的公用钱七百贯,其实是指正常情况下由中央财政直接下拨的数额。但各地公用钱的主要来源并不是中央的拨款,而是地方上的财政收入,而这部分的数额并不固定。此外,中央政府还会为战时的边境州府特拨公用钱,这部分的数额往往远大于一般年度的公用钱数额。

滕子京的公用钱主要用于战争之后犒劳羌族首领和士兵以笼络边疆部族民心,以及为在定川砦战役中阵亡的士卒祭神祈祷,安抚死者亲属。这种做法在当时是得到朝廷允许和鼓励的。

　　不过除此之外，滕子京可能还将一部分公用钱馈赠给了一些试图在西北边疆建功立业的游侠、游士。《水浒传》中王进、史进、鲁达、杨志等投奔过的大、小种经略相公，也就是种谔和种师道，分别是种世衡的儿子和孙子，而种世衡正是范仲淹在西北前线最得力的助手。当时的西北前线，也活跃着很多像王进、史进这样的豪侠以及有豪侠之气的书生。例如宋代大儒张载当时就在边境游荡，试图建立军功，后来他前去拜见范仲淹，范仲淹劝他不如回家读书，并说他将来可成大器。滕子京本来就是任侠之人，很欣赏豪侠之士，于是就将一部分公用钱用在了这些人身上。

　　仁宗皇帝听说滕子京滥用公款，还有贪污嫌疑，便贬他知凤翔府，并派出太常博士燕度前往邠州（今陕西彬县）审理此案。

　　滕子京听说朝廷派人来查，怕牵连过多，决心独自一人承担责任，于是立即将账目销毁。燕度来到邠州，果然审问了很多无辜之人，闹得前线大将狄青、种世衡等人心灰意冷。燕度查来查去，发现滕子京用的公用钱大概是三千贯，具体用途因为账目销毁已经无从查证，但可以确定的是滕子京并没有贪污公用钱。至于所谓的十六万贯，绝大部分是筹备粮草的军饷。张亢用公用钱做生意赚钱确有其事，不过所赚之钱主要用于购买军马，这也是朝廷所允许的。

　　与此同时，范仲淹、欧阳修等人在朝中竭力为滕子京辩护。范仲淹说："像滕子京这样能干的官员，在问题查清楚之前绝不应该被停职。滕子京如果真的有贪污行径，我愿意同受处罚。我自己也曾用军费做生意，所赚之钱都用于军务，有结余全部交公，这是很正常的事情。"

　　仁宗皇帝了解真相之后，已经不想继续追查。然而当时庆历新政刚刚开始，反对派抹黑滕子京本来就是为了打击范仲淹。以王拱辰为首的这批人不愿罢休，竟以罢朝威胁仁宗皇帝。

　　仁宗皇帝不堪忍受臣僚之间无休止的争闹，于是免去滕子京天章阁待制的官位,将其贬到了岳州。这就是《岳阳楼记》开篇第一句"庆历四年春,滕子京谪守巴陵郡"的来龙去脉。

腾子京果然能干,被贬到岳州后仅一年工夫就重修了岳阳楼。范仲淹被贬到邓州时接到了滕子京交给他的任务——为岳阳楼写一篇记。

《岳阳楼记》其实是一位贬官写给另一位贬官的安慰信。文章的第一段夸奖了一番滕子京的能干。第二段则是根据《洞庭晚秋图》描写了一番洞庭湖的景色,只字未提岳阳楼的形制。第三、四段写有些人被贬后满腹牢骚,"去国怀乡,忧谗畏讥,满目萧然,感极而悲者矣";有些人则故作逍遥,"宠辱偕忘,把酒临风,其喜洋洋者矣"。最后一段,范仲淹表明了自己的心态,说自己既不发牢骚也不故作逍遥姿态,心里只有忧国忧民。这段话中国人差不多都背诵过:

> 嗟夫! 予尝求古仁人之心,或异二者之为,何哉? 不以物喜,不以己悲。居庙堂之高则忧其民;处江湖之远则忧其君。是进亦忧,退亦忧。然则何时而乐耶? 其必曰"先天下之忧而忧,后天下之乐而乐"乎。噫! 微斯人,吾谁与归?

这的确是范仲淹一生的写照。

2年之后,滕子京卒于苏州任上,时年58岁。《宋史》中记载滕子京一生"倜傥自任,好施与",去世时"家无余财"。

又过了4年,范仲淹被调往颍州,途经徐州时不幸去世,时年64岁。去世之前,范仲淹给朝廷写了一份遗表。一般人的遗表都会请求朝廷照顾一下自己的子侄,但范仲淹没有向朝廷提出任何请求,包括家里的事也没提。

少一进士及第耳

狄青

北宋第一大帅哥

狄青是北宋第一大帅哥。

狄青到底有多帅？帅到上战场不敢以真面目示人，怕敌人看到自己长得太过秀美，嘲笑宋军无人，派了个奶油小生来打仗。

在延州前后4年，狄青参加了大小战役二十五次，中流矢八次。每次战斗狄青都身先士卒，受伤后仍顽强杀敌，屡立战功。战场上的狄青装束非常独特，戴着一个青面獠牙铜面具，披头散发，"出入贼中，皆披靡莫敢当"。

后来的小说家称，狄青的面具太过狰狞恐怖，敌军乍见常以为是妖魔鬼怪，还没交战，魂魄早已吓掉三分，因此狄青每战必胜。

按说，狄青是中国历史上第二位帅到要戴上面具才敢上战场的美男子。400余年前，有一位兰陵王也是"才武而面美，常著假面以对敌"。不过兰陵王并非兰陵的一位国王，而是东魏权臣、北齐奠基人高欢的孙子，兰陵王是他的爵位。一次大胜后，为庆祝胜利，武士们为兰陵王编了《兰陵王入阵曲》，所有人都戴着兰陵王那样的面具边歌边舞。它后来还演变成了一个曲牌《兰陵王慢》，宋人常常用它来填词演唱当时的流行歌曲。

听说有位神奇的面具将军将从前线凯旋回京，京城士女早已传说纷纭，热切地期盼着一睹英雄的风采。回到京城，狄青每次上街都能吸引大批民众围观，甚至导致交通堵塞，其派头绝不亚于今天的超级偶像、天王巨星。

渐渐地有人认出了这位俊美的狄将军，京中议论纷纷：原来狄将军就是早年皇家仪仗队中的骑兵狄二郎啊，那时他就因为长得太帅，马骑得又好,被皇上看中当了近卫骑兵呢。听说他后来犯了什么事,才到前线去打仗的呢,没想到仗也打得好……听说狄将军没考过进士,不过现在看来他比状元还有前途呢……

面具将军狄二郎的英俊潇洒,不但俘获了京城无数少女少妇的心,就是皇宫中的贵妇公主也不例外。这样的传奇一直延续到了狄将军的下一代。多年以后,哲宗皇帝为神宗的大长公主挑选夫婿,在文官圈子里找来找去没有满意的。负责做媒的官员一时没了主意,只好向皇帝探听公主心目中的驸马究竟是什么样子的。皇帝告诉他们,"就是要长得像狄咏那个样子的"。这个狄咏就是老帅哥狄青的儿子,当时在宫廷里充当卫士。从此以后,小帅哥狄咏就被宋人称作"人样子",也就是"标准帅哥"的意思。

英雄不问出身

狄青因为在征西与平南战争中立下赫赫战功,后来当上了枢密使。在宋朝,枢密使是总理级别的大官,是皇帝之下负责军政的最高长官,与宰相一起商议国家大事。

狄青出身贫寒,他的成就全靠自己不懈的努力。他的故事,完全可以改编成一部中国版的《大长今》。

在演义小说中,狄青的曾祖父叫狄泰,是五代后唐明宗时的翰林;他的祖父叫狄元,是宋太宗时的"两粤总制","威震边夷,名声远播";他的父亲则是太原府总兵。总之,狄青出生于一个显赫的武将之家。

不过令人失望的是,狄青的真实出身并不像小说中那样显赫,以至于并没有人知道他父亲的名字。

与狄青一起平定侬智高之乱的余靖,后来为狄青写墓志铭时写道,狄青有个远祖是唐朝的名臣狄仁杰! 狄青当上枢密使后,有一位狄仁杰的后裔将狄仁杰的画像与其他文物档案献给狄青,以此作为狄仁杰是狄青远祖的确凿证据。

没想到狄青老老实实地说:"我只是一时运气好当上了大官,无论如何也不能与梁公相提并论。"梁公就是狄仁杰的爵位。说完这些话,狄青重重地赏赐了这位好心的同宗,然后将他送走了。

狄青字汉臣,出生于1008年。他的家乡在今天的山西汾阳,那里以汾酒而出名。

1933年的冬天,有一个叫白志谦的人奉命到汾阳县政府主管教育。出于对宋代名将狄青的崇拜,在公务之余,他写了一部狄青的小传,后来收入王云五先生主编的百科小丛书,1936年在商务印书馆出版。这可能是至今唯一一部有关狄青的传记专著。

宋代大文豪苏东坡记载了一个狄青小时候的故事,说有一次狄青的哥哥狄素与一个叫作"铁罗汉"的人在水边打架,打着打着,"铁罗汉"被狄素扔入水中。人命关天,眼看事态严重,当地的保伍连忙把狄素抓了起来。保伍差不多相当于现在的村委会主任。这时,16岁的狄青出面说,杀"铁罗汉"的是自己而不是狄素,再说了"铁罗汉"可能还没有死呢。一番折腾后,"铁罗汉"吐出了数斗水,活了过来。保伍看没闹出人命,也就不管了。

苏东坡记载这个故事时,就说狄青"本农家子",也就是说狄青是农民出身。后来狄青在村中当乡书手。宋代将乡村的民户分为五等,每一户都要为国家白干活,乡书手是第四等户的差役,是负责文书事务的,可见狄青家在乡村中不算富裕。村中如有土地买卖、缴税收税之类的事情,乡书手就负责拿出表格让人家填好,然后在经办人一栏签上自己的名字。

但乡书手这种负责税务文书的工作并不是一份好差事。可能是因为狄青做人不够"灵活",不太懂收税过程中的种种"潜规则",也可能是因为狄青好打抱不平，像梁山好汉一样犯了什么事，总之25岁时，他逃到了北宋的京师开封。到了开封由于走投无路，狄青只好应募入伍，在禁军"拱圣营"当了一名小兵。

由于身材魁梧、武艺高强，又善于御马，狄青后来去骐骥院做了骑御马直，也就是皇家仪仗队的一名骑兵，倒也威风凛凛。

征西遇贵人

民间有句俗语，叫作"一命二运三风水，四遇贵人五读书"，说的是一个人的成功需要很多因素，除了自己的勤奋之外，机遇同样十分重要。

在平定侬智高之乱之前，狄青的功勋主要来自对西夏的作战。正是在西北前线，狄青遇到了贵人，使他迅速地成长为一名杰出的军事将领。

狄青遇到的贵人不是一位，而是很多位。

第一位是范雍。

正如面具将军回到京城后京中士民所议论的，来到西北前线之前，狄青曾是皇家仪仗队的一名骑兵，后来又被选入殿前诸班，当上了皇帝的近卫骑兵。

后来不知因为何事触犯军法，狄青被判死刑。幸而知河南府的范雍赏识狄青，极力营救，狄青才侥幸逃过一死。公元1038年，也就是宋仁宗宝元元年，西夏的元昊不断骚扰宋沿边州郡，沿边将帅多为元昊所败。狄青就是在这时被派到了延州，仕延州青涧城指挥使。

第二位是种世衡。

《水浒传》中八十万禁军教头王进遭高俅迫害时，决意去投奔延安府老种经略相公。后来史进去找师傅王进,又在路上遇到了鲁达(智深)。那时候的鲁达正在渭州的小种经略相公那里做一个提辖官。

延安府与渭州就是狄青在西北前线立过战功的地方。延安府那时候还叫延州,包括今天陕西延安、安塞、延长、延川、志丹等地。渭州则相当于今天的甘肃陇西、定西、漳县、渭源、武山等地。

在延州,狄青的上级长官是种世衡。《水浒传》中提到的老种经略相公和小种经略相公,分别是种世衡的儿子和孙子。当时种世衡军务繁忙,每天阅读情报、分析形势、制定战术,要到半夜才能休息。每到半夜,种世衡身边的侍从官差不多都睡着了,只有狄青精神饱满,一呼即至。狄青由此得到种世衡的赏识。

第三位是尹洙。

第四位最关键,是“先天下之忧而忧”的范仲淹。

狄青的才略,深得经略判官尹洙的赏识。于是尹洙便向经略使韩琦、范仲淹推荐狄青,声称狄青是良将之材。范仲淹一见狄青便惊为奇才,特地送给狄青一部《左氏春秋》,勉励他说:“一个将军如果不懂得一点历史,那就只是匹夫之勇,是不能成就大事业的。”狄青受到鼓励,于是耐起性子认真读书,专心研究秦汉以来的将帅兵法,从此更让人刮目相看了。对于范仲淹的知遇之恩,狄青终生不忘。范仲淹去世后,狄青每次去范家都要到范氏家庙祭拜范公,并恭恭敬敬地礼拜范夫人。

战场的历练和自身的文化修养使狄青成了一名杰出的将军。狄青的官位很快升到了经略招讨副使。

1041年,也就是宋仁宗庆历元年,元昊派兵攻打渭州。宋朝前线统帅韩琦主张进攻战略,宋军在好水川大败。第二年,宋军在定川砦再次遭遇大败,总管葛怀敏战死,西夏军队直抵渭州城下。就在这时,宋仁宗急调狄青前去应战。狄青到达前线后,乘对方不备,一举把西夏军打得大败。当时西夏正逢旱灾,财力不济,加之连年战争,死伤极多。元昊无力继续攻宋，只好息兵。

主帅之争

　　皇祐四年（1052年），广西的侬智高攻占邕州城（今南宁），建国号大南，自称仁惠皇帝，改元启历。随后侬智高连破沿江九城，屡次打败官军，围攻广州达57天，声势非常浩大。

　　宋朝对境内南方各少数民族主要采用羁縻州制度实施统治，羁縻州的官职都由少数民族的首领担任。当时广西一带的少数民族侬峒受到交趾（今越南）的侵略，北宋王朝没能组织有效的反击，侬峒只好自立政权反抗交趾。1039年，侬峒首领侬全福在广源州（今越南北部）建立长其国，自称昭圣皇帝。长其国后来遭到了交趾的攻击，侬全福父子被擒遇害。

　　庆历元年，侬全福的次子侬智高与其母阿侬在傥犹州建立大历国，继续抗击交趾。面对交趾的侵略，侬智高多次请求宋朝支援却遭拒绝，于是侬智高由拥宋变为反宋，拜广州的汉族落第进士黄师宓、黄玮为军师，试图据两广而自立。

　　面对侬智高的叛乱，宋廷迅速派出杨畋、曹修出师讨伐，但久战无功，几次大战宋军都全军覆没。

　　接着宋廷又派秦州知府孙沔为广南安抚抚使，石全彬为副使，另派桂州知府余靖与杨畋、孙沔等部会合，全力剿灭侬智高。无奈侬智高兵多势大，并占据有利地形，宋军十数次进攻都毫无收获，死伤无算。

　　侬智高趁此机会，要求宋廷允许他做邕桂等七州节度使，算作投降的条件。这个消息传到京师，人心惶惶，宋仁宗本打算息事宁人，答应依智高的要求,但枢密副使梁适指出:"如果答应侬智高的条件,那么岭南一地将永远不能回归宋朝。"仁宗一听,觉得很有道理,于是去找宰相庞籍商量。

庞籍说:"剿灭侬智高,非狄青不可。"

狄青这些年仕途顺利,当时正以彰化军节度使的身份知延州,并被擢为枢密副使。他听说广西侬智高叛乱的消息后便主动请缨,要求率领兵马征讨贼人。

仁宗看到狄青的上书,十分高兴,但是能不能派狄青担任平南主帅却在宋廷引发了激烈的争论。谏官韩绛对仁宗说:"武人不可专任,最好另派一位文官去辅佐他。"所谓"辅佐",其实就是监督和牵制。原来宋朝自太祖、太宗开始就重用文官。统治者认为武人手中有兵就不易控制,因此重文轻武是宋朝的政治传统。

仁宗拿不定主意,就与宰相庞籍商量。庞籍说:"狄青是行伍出身,如果用文臣辅佐,可能造成号令不能专一的局面,这对领兵打仗是很不利的。如果官家并不信任狄青,那还不如不派他去呢。"

仁宗于是断然决定,授狄青为宣徽南院使、荆湖南北路宣抚使、提举广南东西路经制盗贼事,差不多相当于总后勤部部长、湖南湖北军区司令、平定广南侬智高叛乱前线总司令。同时仁宗下令广南所有将士都归狄青节制,出行前一天还亲自在垂拱殿为狄青置酒饯行。

狄青平南

在古代的演义小说中,有关于狄青的演义三部曲。

第一部是《万花楼》,全称《万花楼杨包狄演义》,又名《大宋杨家将文武曲星包公狄青初传》,讲述传奇人物杨宗保、包拯、狄青等忠臣良将抗击外侮、斥佞除奸、忠君报国的故事。这部小说把包公断狸猫换太子案以及杨、包、狄与奸相庞洪的斗争写得有声有色、扣人心弦，杨宗保的老成持重、狄青的血气方刚、包拯的足智多谋都给读者留下了深刻印象。

第二部是《五虎征西》，又名《五虎平西珍珠旗演义狄青全传》。这部小说的情节承接《万花楼》，讲述狄青、张忠、刘庆、李义、石玉五虎将出征西夏的过程，以及狄青和单单国八宝公主的爱情故事。

第三部是《五虎平南》，又名《五虎平南狄青后传》，情节承续征西故事，讲述以狄青为首的五虎将率兵南征，平定广源州侬智高叛乱的经过，以及狄青的两个孪生子狄龙、狄虎在出征中与敌方女将段红玉、王兰英之间的爱情纠葛，同时也穿插了包拯、狄青与朝中奸佞斗争的故事。

这三部演义小说的情节绝大部分是虚构的，但狄青征西、平南的赫赫战功完全是史实。

话说在宰相庞籍的大力推荐和仁宗皇帝的英明决断下，狄青终于来到了广南前线。很快狄青就发现宋军屡战屡败有两个主要原因：一是号令不一，没有完整的作战计划，各地将领随意出击；二是由于随意出击，屡遭失败，死伤既多，将士们畏敌情绪蔓延。

为了解决第一个问题，狄青与孙沔、余靖诸将领会合后便下令，没有他的命令，任何人不得擅自与敌人作战。

当时的广西钤辖（相当于边防武警总队队长）陈曙在昆仑关（今南宁邕宁区东北）与侬智高相持。陈曙立功心切，挑选了八千精兵与敌人开战，大败而归。狄青得知后，扣押了陈曙及其部下三十一人，宣布他们"不听号令，擅自开战，丧师辱节，沮我士气"，并立即依照规定将他们斩首示众，以肃军纪。此事震动了整个军队，孙沔、余靖等大臣见状都惊骇不已，将士们因此变得纪律严明。

传说为了帮助将士们克服畏敌心理，狄青还玩过一个小花招。广南人大多相信巫鬼。一次，狄青行军路过桂林时，看到路边有一座大庙,香火很盛,便进庙祈祷。狄青取出一百枚铜钱,对神说:"如果此次征战可以大胜,那么我投出的这些钱应该都是钱字面!"

部下都劝狄青不要这样做。他们害怕如果狄青投出去的钱没有全得钱字面,会打击士气。没想到狄青一掷,果然全是钱字面,于是"举军欢呼,声振林野"。说穿了,狄青的把戏并不新鲜,他玩的是"两字钱"(正反面都一样的钱)的花招。

不过狄青机智过人,他知道大家把铜钱捡起来一看就会戳穿自己的小把戏,于是命令部下用钉子将铜钱全部钉在地上,声称要把天意牢牢锁住,等胜利归来再收回铜钱,酬谢神灵。这样一来,狄青轻轻松松地瞒过了众人。

在解决了宋军内部的问题后,狄青迅速率军前往宾州(今广西宾阳)。昆仑关一战,狄青指挥宋军大败叛军。这就是狄青平南的主要情节,只是《五虎平南》中除狄青之外的四虎将都是虚构的人物。

"天声远振,系公之才"

狄青不但是北宋第一大帅哥,而且是宋朝最成功的军事将领之一。

昆仑关大捷是狄青一生中打得最漂亮的战役,也是平定侬智高叛乱的关键战役。

狄青率军到达昆仑关附近的宾州时,正是皇祐五年(1053年)正月十五上元节。上元节就是元宵节,是宋代最隆重、最热闹的节日之一。每当上元节时,每座城池都张灯结彩,热闹非凡,平时深居简出的闺阁少女都会花枝招展地外出观灯,不少宋人话本故事也都发生在这一天,比如青年才子看花灯时往往会有浪漫的艳遇。《水浒传》中宋江就因为在清风寨贪看上元节花灯，被刘知寨的老婆认出，差点丢了性命。

既然是上元节，就要好好庆祝一番。到了宾州，狄青要求地方官府连续安排3天的晚宴，说是第一天宴请高级军官，第二天宴请中下级军官，第三天犒赏士兵。

第一天晚宴请高级将领时，狄青吃酒行令，好不快活，欢饮到天明众人才散去。第二天晚宴请中下级军官，酒至半酣，狄青忽然站起来向大家说："我忽然觉得很不舒服，大约是病了。待我到里面稍作休息，再来奉陪大家。"过了半天，狄青传出话来，说病得不轻，只好请孙沔暂代自己行酒。

等到清晨，忽有军卒驰报军中说："狄元帅已经攻破昆仑关，请各位将士到关外吃早饭去。"众人听了惊讶万分。

原来，昆仑关易守难攻，如果敌人派重兵把守，狄青很难消灭驻扎在昆仑关东三十里归仁铺（今广西南宁东北）的敌军主力。于是狄青连夜宴请将士，并故意让间谍将消息传给侬智高。侬智高得知此事后放松了警惕，也大摆酒席庆贺上元节。第二天夜里风雨交加、天气寒冷，狄青趁敌人不备，突然领兵猛扑昆仑关，果然没有遇到有力的抵抗。宋军长驱直入，大军迅速开至归仁铺扎下营寨。

驻扎在归仁铺的是侬智高的精锐部队——标牌军。标牌军的士兵都穿着绛色军衣，左手持着一个巨大的藤甲盾牌，右手执一支标枪，长于排阵，更擅长攀越山岭。之前宋军从未战胜过这支军队。

狄青很早就意识到汉族士兵难以应付标牌军，便向朝廷申请调派由西北部族组建的蕃落军前往广南前线，宋廷当即调来鄜延、环庆、泾原三路蕃落军一万五千人。蕃落军的每个士兵都有作战经验，且能在马上使铁连枷。与此同时，狄青加紧训练广南士兵使用大斧，以对付标牌军的盾牌。

宋军进入昆仑关后，狄青开始排阵，向标牌军发起总进攻：前军先锋部队由右班殿直张玉带领；左翼部队由如京副使贾逵率领；右翼部

167

队由左藏库副使孙节指挥；狄青与孙沔、余靖率领一万五千蕃落骑兵居中，正面迎敌。

次日黎明宋军发起进攻，敌军来势凶猛，迅速冲散了宋军的先锋部队。孙节指挥右翼冲击敌军，双方展开肉搏，但是宋军兵势不支，全军覆没，孙节阵亡。左翼大将贾逵见无力应对标牌军的攻势，率军跑上山头，被敌军包围，最后拼死从山上俯冲突围，将敌阵冲成两段。双方战斗正酣，狄青指挥蕃落骑兵分成两股，一股绕到敌阵背后袭击，另一股与左右两翼持大斧的士兵会合，从正面迎头痛击敌军。于是宋军拼死血战，势不可当。

标牌军前后受敌，渐成溃势。侬智高见大势已去，率残兵逃往邕州。侬智高的军师黄师宓和大将侬健中、侬智中都在此战中被宋军斩杀。

侬智高逃到邕州，闭城不出。狄青率军围城，日夜攻打，侬智高无力抵抗，于是在半夜纵火焚城，单骑逃往大理国。第二天狄青入城灭火，犒赏士兵，又贴出安民告示，遣返被侬智高强征的壮丁等七千余人。

两广民众为感谢和纪念狄青的功德，将他战斗的经过刻写在桂林的山崖上，这就是《大宋平蛮碑》。铭文最后写道：

> ……
> 我公之来，电扫云开。
> 叛涣斗破，纲领重恢。
> 师成庙算，民得春台。
> 天声远振，系公之才。

面涅将军

好铁不打钉，好男不当兵，中国人的这种观念是从宋代开始形成的。这是因为宋朝重文轻武，武官被压制，士兵的社会地位也特别低，比普通的平民还要低一等，和奴隶、罪犯差不了太多。

在一个文官统治的时代，一个小兵是很难有出头之日的，哪怕他长得很帅。

但狄青不信这个邪。

宋朝男人的出路，最窝囊的莫过于当兵，最威风得意的莫过于考取进士中状元。每当考完进士发皇榜时，京城中的富户就会派人等在皇榜下面，发现一个考中的进士就邀请他到自己家中做客，要人家当自己的女婿。这叫作"榜下捉婿"，是宋朝开封的一大奇观。

狄青在开封当兵时，有一次恰好碰到发皇榜，考中状元的王尧臣"春风得意马蹄疾"，轰动京师。当时狄青与几个军中的同伴也在街上看热闹，其中一个感叹道："人家年纪轻轻就考中状元了，我们却还在做小兵，人与人之间的差距也实在太大了。"这时狄青说："人与人的差别主要是看才能怎么样，出身并不重要。"他的同伙都笑他太傻。

但是多年以后，狄青依靠自己的努力，在征西与平南战争中立下赫赫战功，不但成为大宋士民崇拜的偶像，还位极人臣，当上了枢密使。而当年的状元王尧臣竟成了当年拱圣营小兵的副手——枢密副使。

当时的仁宗皇帝曾交给王尧臣一个任务，让他私卜劝劝狄青用药将脸上的黥文给抹掉。

黥文就是刺字，有点像现在的文身。《水浒传》中的英雄好汉一般都是犯了罪才去梁山的，他们犯罪后脸上会被刺字，被人骂作"贼配军"。宋江、林冲、武松等好汉都"享受"过这样的待遇。

狄青的脸上为什么也有刺字呢？是不是他在开封当骑兵时犯了什么罪？不是。

其实在宋代，不但罪犯要被刺字，当兵的人也无一例外地要被刺字。士兵被当作罪犯来看待，这也是宋朝重文轻武的重要表现。

士兵的刺字，不是像岳母刺字一样在背上刺"精忠报国"四个大字，而是在脸上刺所属军队的编制。狄青的刺字就是他在开封拱圣营当小兵时留下的，文字内容应该是"拱圣第×指挥"。

宋仁宗看着狄青脸上的那行刺字，觉得他这个样子去枢密府当官有点不像话，但自己又不好意思说，于是让王尧臣去说。

不料狄青说："我狄青本来就是行伍出身，若没有这行字，也就没有我的今天，所以我觉得不应该将它抹去，而应该让它好好留着。这正好也可以鼓励我大宋的士卒们，让他们知道在脸上刺字并不是多么羞耻的事情，即使是枢密使这样的高官也是可以通过自己的努力获得的。"

当时王尧臣看着自己这位上司脸上的刺字，真是越看越有趣，忍不住说道："狄公脸上的那行涅文啊，自从做了枢密使，就愈显得光明鲜亮了。"狄青听也不生气，只是冷冷地说："王公若是喜欢的话，我可以免费送您一行。"

少一进士及第耳

宋朝重文轻武，而科举制度是其中最重要的手段，因此进士成了时代的宠儿，军事将领也可以由文官担任。科举制度中倒也有武举，不过考的主要不是武功，而是《孙子兵法》这类理论知识。

宋朝重文轻武的最大原因是统治者认为武人不可靠。统治者觉得，武人手中有兵就有机会篡夺皇位，就像宋朝的开国皇帝赵匡胤那样，因此不断地压制武人，而让不晓军事的文官主持军务。重文轻武的结果就是宋朝连续遭到北方辽朝、金朝、蒙古的军事打击，造成了无数军事灾难。

皇帝不信任武人，文官也看不起武官。

狄青虽然在西北前线遇到了多位贵人，但当时西北前线的另一位主帅韩琦却看不起狄青，两人的关系非常糟糕。

在西北前线，当时的统帅韩琦主张进攻战略，结果宋军连续在好水川、定川砦遭遇失败。这时宋仁宗急调狄青前去应战，一举大败西夏军。

8年之后，指挥好水川战役时遭遇大败的韩琦出知定州，兼真定府、定州、高阳关三路都部署。定州原本一直由武将镇守，这时朝廷却改派韩琦这个文官来接手。

韩琦不信任武将，到任后便开始用自己的方法整顿军队。据说他毫不留情地将那些品行恶劣的士兵全部杀掉，而对拼死战斗者则予以重赏。

这个时候狄青正在真定路副都总管的任上，韩琦成了狄青的顶头上司。一天，韩琦设宴，席上有一名叫作白牡丹的歌伎趁着酒酣向狄青劝酒说："劝斑儿一盏。"

或许是因为颇受了点"穷酸饿醋"的文官的气，狄青听白牡丹称他"斑儿"（讥笑他面有涅文），心中十分不快。隔了几天，狄青找了个事，笞挞了白牡丹一顿，出了口恶气。

没过几天，狄青的旧部焦用押送兵卒路过定州，狄青请他喝酒。没想到焦用所押的卒徒状告焦用一路上管理混乱，还克扣士兵的供给。此时，韩琦正在军中实行严打政策，于是立即擒拿焦用，准备杀他以肃军纪。

狄青为了救焦用数次求见韩琦,但韩琦根本不愿见他。最后狄青就在韩琦公署门外的阶下等着韩琦出来,向韩琦求情说:"焦用有军功,好儿。"

无奈韩琦看不起武人,轻蔑地说:"东华门外以状元唱出者乃好儿,此岂得为好儿耶?"

然后韩琦当着狄青的面就将焦用给杀了。狄青见自己的爱将被诛,既震惊又愤怒,既屈辱又无奈,一时六神无主,不知所以,直到有人提醒他说:"狄总管已经在这里站了很久了。"

在那个崇尚进士的年代里,狄青作为朝廷命官,虽然不敢对那些"穷酸饿醋"的文官们造次,但对于韩琦,狄青心里一直是有意见的。后来狄青以军功荣升枢密使,可说是位极人臣,做出了一般状元也难以企及的一番功业。那时他常常对人说:"韩枢密功业官职与我一般,我少一进士及第耳。"

韩枢密就是韩琦。可见狄青对韩琦是很不服气的,两人之间的芥蒂很深。

迎一赤老,累日不来

狄青与韩琦的矛盾,绝不只是两个人的私人恩怨,更是武官与文官两大集团冲突的表现。在宋朝这个重文轻武的朝代,狄青所要面对的绝不是韩琦一个人,而是所有依靠科举当上大官的文人。

狄青清楚地知道,在宋朝庞大的官僚集团中,他是一个十足的异类。

异类如果只是主流的陪衬,可能会大受欢迎,但如果抢了主流的风头,异类遭受排挤的命运就不可避免。

文官们越是看不起武人,狄青就越要为武人们争一口气,因此他负气不愿抹去脸上的刺青。

不过狄青清楚地知道，文官们口口声声说什么"祖宗之法"不可违，似乎一个个都"以天下为己任"，其实他们所关心的不过是文官集团的既得利益。在文官的包围中，哪怕没有半点差错，也可能莫名其妙地被唾沫星子喷死。如果有半点把柄被人握住，那真是万劫不复了。

在平定侬智高时，狄青的部下收拾战场时发现一具穿金龙衣的死尸，便要狄青将其当作侬智高的尸体奏报战功。狄青不由叹惜这些人的政治水平实在是太低。狄青非但没有夸大战功，反而将平定侬蛮的功劳全部计在进士出身的孙沔头上奏报朝廷。毕竟多年在朝为官，狄青的"政治智慧"也有了长足进步。

但这点"政治智慧"改变不了狄青被文官们疯狂排挤的命运。

现在的上海人喜欢骂"赤佬"，尤以"小赤佬"最常见。"赤佬"这种说法，在宋代是骂军人的，其原意宋代人就已弄不清楚。狄青被任命为枢密使后，耽搁了好些天都没上任。枢密府一帮文官每天白白地准备迎接，很是懊恼，于是就骂道："迎一赤老，累日不来。"这话后来流传开来，以至于京中的文官背地里将狄青叫作"赤枢"。

不久，有关狄青的各种光怪陆离的传言层出不穷。

有人说，狄青家的狗头上长了角，是个怪物。

狄家祭祖烧纸钱，管家忘了事先通知京城的有关部门，于是就有人说狄青家夜里出现光怪。还有个为皇帝起草文件的刘敞神秘兮兮地说，当年篡夺唐朝的朱温家中就曾出现过这样的光怪。

后京城突发大水，狄青避洪水于相国寺中，又传出很多谣言。有人说他穿过浅黄色的衣衫，犯了民间忌穿黄色衣服的大忌。后来狄青家里起火，韩琦就不断地向救火的人打听："你们有没有看到狄枢密穿着黄衣衫？"

各种谣言传到仁宗皇帝耳中，但仁宗仍坚定地说："狄青是个忠臣。"

然而文彦博冷冷地说："本朝太祖难道不是周世宗的忠臣吗？"仁

宗皇帝当然知道本朝太祖是趁主少国疑之际,在军将的"黄袍加身"下篡夺了后周的政权,因此无言以对。

欧阳修的政治水平更高,他是这样解释京城发大水的:"水者阳也,兵亦阴也,武将亦阴。"也就是说,京师发大水是上天要对狄青这个危险的武将发出警告。

后来欧阳修上书,绕来绕去说了一大堆,虽然也承认狄青的忠诚与战功,并坦言文人不会打仗,但依然认为武人成为众多将士心目中的偶像就是一条大罪,说得狄青好像要把将士们组织起来造反似的。欧阳修因此非要把狄青赶出京城,说是只有如此才能保全狄青。

欧阳修的逻辑匪夷所思,不过他的心思被文彦博一言说穿:狄青确实没有什么罪,只是朝廷对他有疑心了。说得更加确切一点,其实在文彦博、欧阳修看来,不是朝廷对狄青有了疑心,而是朝廷"应该"对狄青起疑心。

1056年,也就是入京后3年,狄青罢枢密使,出判陈州。前往陈州赴任的路上,狄青非常伤心,他觉得整个世界都是如此荒谬。

比这个世界更加荒谬的是,陈州出一种梨,名叫青沙烂。狄青认为这是他将在陈州(今河南周口)死去的预兆。很不幸的是,狄青果然死在了陈州,享年49岁。

几个月后,文官们商量出一个"武襄"的谥号送给狄青,因此狄青也被尊称为狄武襄公。

仁宗皇帝听到狄青去世的噩耗后,知道宋朝很难再有狄青这样的将才了,感到无限惆怅,便下令让狄青陪葬皇陵。后来有人撰写狄武襄公青神道碑道:

> 将相出藩,年甫五十。
>
> 公不复还,天子为泣。
>
> ……

英特迈往不屑流俗

王安石

做官要做地方官

少年时代的王安石喜欢吟风弄月,又恃才傲物,一意以诗赋博取功名。后来欧阳修、范仲淹等人开一代士风,褒扬古文,推崇道德,王安石深受其影响,于是树立经世治国之志,专心钻研道德文章。

庆历二年(1042年),也就是范仲淹入朝任参知政事的前一年,王安石父丧服满,来到京城考进士。王安石本来是状元,但因为文章中出现了敏感词汇,被仁宗皇帝改为第四名。这一年王安石22岁。

第二年,范仲淹发起庆历新政,王安石被委派为签书淮南东路节度判官厅公事,就是去给扬州的地方长官当幕僚。

因为嗜好读书,王安石没有养成讲卫生的习惯和健康的作息规律,常常到下半夜才睡觉,醒来时常常来不及洗脸漱口便去官府报到。

庆历新政失败后,韩琦被贬到扬州做长官。韩琦看到年纪轻轻的王安石上班老是打瞌睡,便怀疑他是不是晚上喝酒风流去了。有一次韩琦碰到王安石,就劝勉他说:"年轻人不要荒废读书,毁了大好前程。"

王安石心想没有调查就没有发言权,因此对韩琦很是不满。后来韩琦了解到王安石刻苦勤勉、见识高超,就想收他做学生,但王安石哪里肯。

扬州任满后,王安石到明州鄞县(今浙江宁波)当了3年的知县。

王安石发现在地方当一把手的感觉相当不错,可以按自己的想法为百姓做些实事。他为鄞县的百姓修缮了水利设施。看到农户每到青黄不接之间便向富户借高利贷,王安石很是同情,于是就把县府粮仓里的存粮借给这些农民耕种,只收取低额利息。农户得到了实惠,县府粮仓也更新了陈粮,这个办法公私两便,大收成功。

在鄞县任满后,王安石又到舒州(今安徽潜山)去做通判。这期间朝廷曾两次让王安石去参加馆职考试,不料王安石竟然没有兴趣,找了些理由拒绝了。

其实像王安石这样进士前几名的人,在地方上当官满一年就可以申请馆职考试,通过这个考试就可以去朝廷的史馆、集贤院、秘阁等馆阁做官,成为皇帝秘书班子的一员。这是在宋朝晋升高官的最佳捷径。

王安石对此却没什么兴趣。他觉得,在地方上做官可以到基层去做深入的调查研究,提出改善国计民生的切实办法。这比在皇帝身边舞文弄墨要有趣得多,也要有意义得多。

舒州任满之后,仁宗皇帝也不要王安石参加馆职考试,直接让他做了集贤校理。这是个悠闲的馆阁之职,王安石却极力推辞,要求去做地方官。皇帝说,你想干实事,那就在朝中当群牧判官吧。群牧判官主要负责养官马。

这期间,王安石竟有十多次要求去地方上做官,但2年后王安石改任提点开封府界诸县镇公事,仍在京中为官。王安石对这种闲散官职实在没有兴趣,不断地打报告要求去地方上做官,还提出最好可以到东南地区离江宁近一些的地方,顺便可以照顾家里。

王安石本来是抚州临川(今江西抚州)人,后来他父亲到江宁(今江苏南京)做官,全家都搬到了这里。结果宝元二年(1039年)他父亲在江宁任上突然去世,王安石一家就留在了江宁。

后来朝廷总算答应了王安石的请求,让他出知常州。王安石本来想在常州开凿一条运河,然而10个月之后他就被调走了,这个计划也不了了之。

接着王安石被调任为提点江南东路刑狱,负责监察江南东路各州县的刑狱案件,但没几个月又被调到京城任三司度支判官,开始从事财政工作。每次调任,王安石都推三阻四,但朝廷没理睬他,他只好勉为其难地去赴任了。

在任三司度支判官时,王安石给仁宗皇帝写了万余字的《言事书》,要求皇帝加强对官员的教育和培训,从而全面改善宋朝政治。这篇万言书在士大夫的圈子里流传开来,大家都觉得王安石是个难得的人才。

仁宗皇帝与宰执大臣对他说的那一套没有兴趣,不过王安石这个人到底还是引起了朝廷的关注。大家都想让他再升升官,好见识见识这到底是个什么样的才俊。

2年后(嘉祐元年,即1056年),王安石与司马光一起被调去修《起居注》,也就是负责记录皇帝每天做的事情,相当于给皇帝记日记。对于这个调令,司马光请辞五次后无奈之下便接受了,王安石请辞五次却仍是不干。

但仁宗皇帝偏要王安石接这活,于是派人直接将诏令送到王安石的办公室。情急之下,王安石赶忙逃到厕所里躲避,但皇帝的使者将诏令放在王安石的办公桌上便走了,没想到的是,王安石竟又派人拿着诏令去追赶使者,要将诏令还回去。仁宗皇帝不甘罢休,重申前命,王安石又推辞了七次。

这下,仁宗皇帝与王安石铆上了,非让他当这个官不可。王安石耗不过,无奈之下准备接受这个调令。这时朝廷又改主意了,直接升他为知制诰。

知制诰的职责是为皇帝起草诏诰,是个重要的职务,相当于现在的中央办公厅主任。也不知道是王安石太狡猾,还是他实在不好意思再请辞,这次他接受了。

清朝的乾隆皇帝读《王安石传》看到这段记载时,气不打一处来,写下御批大骂王安石:宋朝人动不动就奏辞某官,不服从皇帝的安排,已经很不像话了。王安石当时不过是个年轻的低级官员,竟敢躲到厕所中逃避调任的诏令，实在是大不敬。等到把他升任知制诰，他倒又不请辞了，实在是太狡猾。仁宗皇帝也真没出息，还求着王安石当官！

王安石的拗脾气

对于王安石这个人，争议太大。有些人认为他应当为北宋的灭亡负责，说他是像王莽一样的奸恶权臣；有些人却说他是11世纪伟大的改革家。这是个大问题，我们到后面再讲。

这里我们先说说王安石的个性。王安石的脾气很拗，总是坚持自己那一套，不愿意听别人的意见，这一点是没有争议的。他一心想当地方官就是因为想当一把手，他好一个人说了算。在京城当官，比他大的官到处都是，谁都可以对他发表意见。就他这脾气，别人受不了他，他也受不了别人，不把官当砸了才奇怪。

宋代有很多小说笔记都记载了有关王安石拗脾气的种种故事。据说有一次王安石的顶头上司包拯请王安石、司马光等人饮酒赏牡丹，司马光虽然不会喝酒，还是陪领导喝了好几杯，但王安石却一点面子都不给，终席不饮一口。

除了脾气拗之外，王安石还有一些特点，比如生活俭朴。王安石有一次请亲家公的儿子萧公子到府上吃饭，餐桌上只有胡饼两个、猪肉几块，然后就上饭，弄得萧公子不知如何动筷子。

此外，不好声色也是王安石的一个特点。有一次王安石贤惠的夫人吴氏给他买了一个小妾服侍他，但王安石觉得要个小妾没啥用，而且他打听到这个女子的丈夫是个低级武官，为朝廷押送粮食时翻了船，赔不起这一船的粮食，便把她卖了九百贯钱。于是王安石将这女子还给了她丈夫，九百贯钱也就全送给他们了。

不过,朝中议论最多的是王安石的不修边幅、不拘小节。认识王安石的人都知道,他这个人经常数月不洗澡,也不洗衣服,别人常常可以在他的领子上找到虱子。

仁宗皇帝对王安石的印象也不好。有一次仁宗皇帝举办赏花钓鱼宴,宦官给每位钓鱼的官员准备了一碟鱼饵,碟子是黄金的。王安石大概平时也不钓鱼,不太知道鱼饵是什么,还以为碟子里的是点心,竟把一碟鱼饵吃干净了。事后仁宗就对韩琦等人说,朕看王安石这个人不行,好像有些奸诈,以为鱼饵是点心,误食一粒是有可能的,全部吃完也太不近人情了吧。

因为跟上级关系处不好,王安石被调去纠察京城的刑狱。他在任时,发生了一起案件。当时京城流行斗鹌,有位年轻人的鹌鸟很厉害,被他的同伴借去观赏。同伴越看越喜欢,便说你把这个鹌鸟送给我算了。年轻人不肯,同伴觉得他小气,想逗他玩,于是捧起鹌鸟便跑。年轻人紧追不舍,追到后踢了他同伴一脚,没想到把同伴给踢死了。

对于这个案件,开封府的判决是年轻人犯故意杀人罪,罪当处死,王安石则认为开封府的审判有问题。他说,那个同伴公然抢夺他人财产,按法律讲这就是一个强盗。追捕一个强盗然后打他,这在法律上称为捕盗,而打死了强盗是不用负法律责任的。

开封府不服王安石的纠察,便告到大理寺裁定,结果大理寺判定开封府是正确的,王安石错了。不过仁宗皇帝下了道圣旨,免除了对王安石的处罚(这种行为叫作"放罪")。按照规定,得到放罪的王安石应该向皇帝磕头谢恩。

不料王安石说,我又没错,谢什么恩啊。

王安石这种放肆的行为立即遭到了台谏官们的弹劾。因为王安石有点名气,当时的宰执大臣竟没有处理他,可王安石到底也没去谢恩。

偏爱法家的神宗皇帝

这件事情发生后的第二年,即公元1063年,仁宗皇帝去世了。

仁宗皇帝生过三个儿子,都不幸夭折了。1056年以后,仁宗皇帝的健康问题常常引起大臣们的不安,范镇、韩琦、司马光等人纷纷进言,劝仁宗早立皇储,以免辞世后引起宫廷祸乱。

仁宗不得已,于嘉祐七年(1062年)立其堂兄之子赵宗实为皇子,并将其改名为赵曙。第二年仁宗突然去世,宰相韩琦临变不惊,主持赵曙登基。赵曙就是后来所说的宋英宗。

英宗皇帝健康状况不佳,韩琦等大臣请仁宗的皇后曹氏垂帘听政。然而英宗的问题似乎是心理或精神方面的,他常常举止失据,出言不逊,与曹太后的关系十分紧张。韩琦从中极力调和,等英宗病情好转后,韩琦又力请曹太后撤帘还政。

亲政之后,英宗皇帝要求称亲生父亲赵允让为"皇考"。这个要求不太符合儒家礼制,引起了朝臣的纷争。类似的事情在明朝嘉靖皇帝身上也发生过一次。当时韩琦、欧阳修等宰执大臣表示支持,司马光、吕海等台谏官则极力反对。不过,最后还是英宗皇帝说了算,英宗生父被尊为皇考,同时吕海等台谏官被贬出京师。

但是,仅仅当了4年的皇帝,36岁的宋英宗就病危了。在韩琦的极力要求下,英宗立长子赵顼为太子。册立太子15天后宋英宗便去世了。之后,还是在韩琦的主持下,年方20岁的赵顼登上了皇位。赵顼就是宋神宗。

宋神宗继位之前,王府中有一个叫韩维的人非常崇拜王安石,整天向赵顼宣传王安石的理论。赵顼听得一愣一愣的,佩服得不得了。

每当赵顼对韩维的言论赞叹不已时,韩维就对赵顼说,这些理论不是我发明的,而是王安石讲的。然后韩维便对赵顼说王安石的为人如何如何好,文章写得如何如何妙,道德水平如何如何高,弄得赵顼日夜"思念"王安石。

神宗皇帝继位时,王安石并不在朝中当官,而是在江宁府授徒讲学。原来仁宗皇帝死了没几个月,王安石的母亲吴氏也去世了。于是王安石护送母亲的灵柩回金陵处理后事,又按例为母亲服丧。

因为亲人去世,王安石非常伤心,更加无心打理自己,常常不回房睡觉,整天坐在客厅的地上看书,看累了就铺张席子倒地便睡。一次有人给王安石写信,送信人看到王安石还以为他是看门的,便叫他把信交给舍人(王安石当知制诰时在舍人院上班,因此称舍人)。王安石一听,拿过信件就要拆开,送信人怒斥道:"哪有看门的敢拆舍人信件的啊!"边上有人告诉他,这就是舍人。送信人吓得拔腿便跑,边跑边喊:"好舍人!好舍人!"

2年之后,王安石服满,可以出来当官了。朝廷令他官复原职,还是当知制诰。王安石没有接受,继续留在江宁府,一边收徒讲学,一边著书立说。王安石当时收的学生中,就有蔡京的弟弟蔡卞以及陆游的爷爷陆佃。

宋神宗刚刚即位,枢密院便送上一份报告,说按照惯例,先皇去世要给辽国送讣告。辽国的皇帝与先皇同辈,但辽国是国母当政,因此说起来,神宗对辽国国母应自称为重侄,称对方为太母。太常寺的两个官员一听什么重侄、太母,觉得实在有些不雅,因此建议称侄孙、叔祖母。

神宗皇帝血气方刚,虽然批判了太常寺的方案,但仍恨得牙痒痒。他对大臣们说:"太宗皇帝攻打燕云时失败,大腿上中了两箭,后来年年旧伤复发,最后就是因为箭疮发作医治无效而去世的。北房与我大宋有不共戴天之仇,每年却反要送给他们数十万金帛,还要给人家当孙子。此仇不报，如何对得起列祖列宗啊！"

接着三司使韩绛报告说，自与西夏开战以来，庞大的军费开支，臃肿的官僚机构，加上每年给辽与西夏的大量岁币，已导致国库空虚。现在4年之内要为两位皇帝办理丧事、修筑山陵，财政上已出现很大的亏空。

御史刘庠又报告说，仁宗皇帝去世时，朝廷赏赐了百官和京城守兵羊肉和美酒，当时京城中的羊都被杀光了。这次给英宗皇帝办丧事，这个规矩还是免了吧。

这个建议遭到了顾命大臣韩琦的反对。他说这是祖宗定下来的规矩，羊酒事小，孝道事大。丧事办得寒酸了，有损皇帝的声誉。

神宗皇帝和他的父亲英宗皇帝都是在韩琦的主持下登基的。英宗去世后，手突然动了一下，有些不甘心让神宗当皇帝的人大呼小叫，说如果英宗复活那该怎么办。当时韩琦坚定地说："先帝复生，为太上皇。"从而避免了一场混乱。对于这样一位举足轻重的三朝元老，神宗当然格外尊敬。

但另一位宰相曾公亮看不惯韩琦平时自作主张、凡事不跟他商量的作风，又觉得罢免羊酒合情合理，因此竭力反对。

神宗皇帝这次站在了曾公亮这边。他说："先帝生前一向推崇俭朴，死后丧事不应办得过于奢华。现在国库空虚，我看尽量从简，能免则免吧。"

韩琦没想到新君一上来就反对他这个有拥立之功的老臣，很不高兴，仍然坚持自己的意见说："陛下，财用事小，国体事大。历代君主之葬都有定制，这是礼仪所关，朝廷上下都在拭目以待。如果过于节省，恐怕天下人民会以为陛下不孝啊。"

韩琦一上来就给神宗扣了不孝的罪名。不过尽孝、礼仪这些东西都是儒家的观念。韩琦没有想到，神宗皇帝其实更欣赏法家的学说。18岁时，赵顼曾将法家之集大成者《韩非子》认认真真看了一遍，不巧

被侍经官孙永看见。孙永是正统的儒家学者,当时就疾言厉色地加以劝诫:"韩非学说险薄邪巧,非大王所宜学。"但神宗不以为然。

　　喜欢法家学说的神宗皇帝,更加看重如何使国家强大,尽孝、礼仪这些在他看来是第二位的事情。因此神宗皇帝一面下令节俭办丧事,一面对韩琦等解释说:"定制也不是不能改的,要量体裁衣,因时为用嘛。如果竭天下之力厚葬先皇,万一辽夏侵犯,拿什么来对付啊? 如果江山不固,那我岂不是更不孝吗? 仁宗皇帝去世时,英宗皇帝因为是他的侄子,为了避嫌,所以很多规矩不能改。我是先皇的亲生儿子,节俭办丧事,不会有什么嫌疑吧。"

朝中无人

　　年轻的神宗皇帝胸怀大志,一心想要整顿军队,扬威塞北,雪洗百年国耻。偏偏国库空虚,连丧事都要勒着裤子办,神宗自然心急如焚,对朝政极度不满。

　　当时的宋廷上下也是一片要求改革的声音。登基刚一个月,神宗接二连三地收到痛陈国家困难的奏疏,说是方今天下之事已困弊之极,就如久病之人,肢体瘦弱而又疲惫,气息奄奄不能自持,如不救治,危险之极。

　　要改革,这是没有问题的。如何改革,让谁来主持这场改革,这才是问题的关键。

　　神宗一一考察朝中大臣,最后被寄予厚望的是三朝元老富弼和御史中丞司马光。

　　富弼曾经积极参与庆历新政,此时为枢密使,可谓德高望重。神宗向富弼说出自己富国强兵的远大理想,并询问改革大计,不料遭到富弼当头棒喝："陛下登基未久,当布德行惠,谨守祖宗之法,愿二十年口不言兵!"

神宗心想富弼老矣,不复当年之勇,于是将目光转向了年富力强的司马光。此人名望高,口碑好,学识深厚,曾给神宗进呈过《通鉴》前七卷。此书总结历代功过得失,当时神宗就把颍王府两千四百卷藏书赐给他,并将《通鉴》改名为《资治通鉴》。神宗之前刚刚收到司马光的《衙前札子》,司马光在札子中历数差役法的弊端。对于司马光的品德才学和改革愿望,神宗是深信不疑的。

于是神宗向司马光咨询治国之要。司马光进言称:"臣以为修身之三要,一仁爱,二明智,三勇武。治国之三本,一选拔贤人,二赏必信,三罚必严。臣过去当谏官,就以这六句献给仁宗、英宗。臣平生力学所得都在其中,现在把它献给陛下。"

神宗想来想去,实在想不出司马光讲的这一套与改善财政、振兴国力有什么关系。原来司马光只知道仁义道德,并不知道富国强兵,神宗对司马光是又敬佩又失望。

恰在此时,西夏有个叫嵬名山的将领请求归附宋朝。知青涧城的种谔成功招降嵬名山,并由此获得绥州(今陕西绥德)之地。西夏对嵬名山的叛变大为恼火,于是对宋朝展开报复,结果以会盟为名设计诱捕了宋朝保定军大将杨定,然后要求宋朝把绥州还给西夏,用嵬名山换杨定。

神宗立即组织会议,商讨对策。

枢密院的文彦博与吕公弼坚决主张答应西夏的要求,归还绥州,遣返嵬名山。司马光附议。

这时候的韩琦因为与其他大臣积怨太深,已被神宗调任地方,但还没有启程。他坚决反对归还绥州与嵬名山。

神宗本来就倾向于韩琦的意见,但又不敢否决文彦博等人的主张,正不知如何处置时,有消息传来说西夏已将杨定杀害。于是神宗搁置了各方意见，说他日再议。

不久，年仅20岁的西夏国主谅祚去世，谅祚7岁的儿子秉常继位，太后听政。西夏向宋朝通报新君登基的消息，同时再度要求宋朝归还绥州和嵬名山。

文彦博与吕公弼再次提议答应西夏的要求。神宗不好意思直接驳回老臣们的意见，便派韩琦去绥州，让他见机行事。

韩琦到达绥州后便上书称绥州万万不可归还，神宗欣然接受。经过此事，神宗对文彦博、吕公弼已经有所不满。神宗又向他们讨教理财备边之计，二人摸不着新皇的脾气，提不出让神宗满意的方案，神宗对他们更加失望了。

看着满朝官员，神宗皇帝竟找不出一个主持改革的合适人选。

安石不出，如苍生何

就在这时，神宗想起了一个人。

王安石怎么没到朝廷报到？于是，神宗向有关部门了解情况。

"王安石他说自己病了，在江宁养病，读书养志。"有司汇报说。

"又称病辞官？"神宗心想。

这时的王安石，已经成为朝中讨论的热门话题。有人认为王安石"不起则已，起则太平可立致"，大有"安石不出，如苍生何"的气势。也有人认王安石器量太小，大奸似忠，大诈似信，甚至声称"误天下苍生者，必此人也"，"此人得志，吾子孙无遗类矣"。

这样的舆论不免让神宗感到困惑。他问辅臣："为什么以前仁宗、英宗召用王安石时，王安石总是称病辞官。现在他又来这一套，他是真的生病呢，还是嫌官位不够高？"

　　与韩琦有矛盾的曾公亮本来就很欣赏王安石的孤高清廉,他知道王安石与韩琦关系很僵,又见神宗有意重用王安石,于是回答神宗说:"王安石文才与学识俱佳,道德纯粹。之所以屡召不应,应该是身体不太好,不过也有可能是先帝用人之诚没有被充分传达。陛下宜用恳切的言辞召用他,他这次应该会来的。"

　　与王安石共事过的礼部侍郎吴奎却说:"王安石是个典型的书生,做事迂腐,固执己见,绝非辅相之才。王安石之所以经常辞官,主要是与顾命大臣韩琦有矛盾。"

　　听了两人的争论,神宗更加困惑了。他很想把王安石召到朝中见识见识,但又怕王安石再次拒绝任命。想来想去,神宗决定干脆任王安石为知江宁府,这样的话即使王安石真的身体不适或者家中不方便也没有理由拒绝这个任命。

　　正当王安石打算接受这个任命时,他的粉丝韩维却对神宗的这个任命提出了异议。韩维说:"江宁府是一个大郡,直接任命王安石为知江宁府这样重要的职务,显得陛下对王安石太过宠爱。如果王安石欣然接受,就显得他之前的辞官真的是对朝廷有所要求,这岂不是为那些攻击王安石的人留下了口实。所以我希望陛下先将王安石放在不那么重要的职位上,不要让人家以为王安石是为了跟朝廷讨价还价而辞官的。我知道陛下是想与王安石商讨改革朝政之大计。我对王安石非常了解,他之前之所以辞官,是因为京城物价太高。王安石家有老母要侍养,做京官对他而言经济压力太大,这是一个方面。但更重要的原因在于,他知道在京城中无法施展他平生的政治抱负。这也是他想当地方官的根本原因。现在陛下如果真的想和王安石商讨改革大计,为王安石施展才华提供一个更大的平台,他肯定会接受京官的任命,不论官阶的大小!"

　　神宗想了想,觉得很有道理。

　　之前韩琦离开朝廷时,神宗曾经问他:"你离开后,谁可以接你的

班？你看王安石这个人如何？"

韩琦回答说："王安石这个人，文章写得好，当个翰林学士是绰绰有余的。不过让他当辅政大臣还不够格。"

神宗心想，现在既然决心将王安石召回京城，不如先让他当翰林学士。

唐太宗算什么

翰林学士王安石来了。

不过这个翰林学士不像一般的翰林学士。神宗经常让王安石越权处理一些政事。有些中书门下决定不了的事情，神宗就问王安石应该怎样处置。

神宗的这种做法引起了很多大臣的不满。

然而王安石的所言所行都让神宗皇帝感到称心如意，神宗对王安石越来越感兴趣。

熙宁元年（1068年）四月，神宗召王安石越次入对，也就是破格召王安石单独会面商讨国政。

神宗问："现在财政枯竭，国势衰微，边境不宁。你看如果要改变这种形势，致天下太平，最关键的办法是什么？我不要听虚头巴脑的东西。"

王安石回答："当以择术为先。"

神宗问："择术是什么？"

王安石答："就是要确定大政方针、基本国策。"

神宗觉得王安石有点绕弯子，便换了一个问题："你觉得唐太宗怎么样？"

王安石回答说："陛下应该效法尧舜,唐太宗算什么!"

神宗大吃一惊。原来宋朝上承五代乱世,大唐盛世在宋朝人看来是遥不可及的辉煌年代,宋朝的皇帝几乎都不好意思拿自己与唐太宗这样的圣君相比。神宗问"唐太宗怎么样"都觉得有些汗颜,怕被人说好高骛远,没想到王安石竟来了一句"唐太宗算什么"!

王安石见神宗皇帝有些吃惊,从容地解释说:"唐太宗学识浅薄,他的统治也不是尽善尽美的。只不过唐太宗之前是隋朝的乱世,唐太宗之后的唐朝皇帝又都是些昏庸之辈,因此后来的人都称颂唐太宗。一个时代应该有一个时代的政治使命,陛下现在就应该效法尧舜,因为尧舜之道至为简要而不烦琐,最容易掌握。只是末世的学者不能真正理解体悟尧舜之道,就以为尧舜是高不可攀的。如果努力,尧舜之世其实是可以达到的。"

神宗见王安石在讲这些漫无边际、大而无当的政治理想时双眼发光、一脸严肃,弄不明白他是在开玩笑还是真的是这么想的。总之,神宗听得有点莫名其妙,心中的疑惑丝毫没有得到解答,于是说:"爱卿你这不是为难我吗?朕没这么厉害,让爱卿失望了。不过爱卿既然觉得掌握尧舜之道并不难,那不妨教教朕,让朕也多少学习一点。"

王安石不知如何回答。

神宗又问:"从太祖、太宗到真宗、仁宗,我朝百年没有大的动荡,基本实现了天下太平,你认为取得这个了不起成就的基本经验是什么?"

王安石心想:我连唐太宗都看不上,皇上竟把列祖列宗当偶像,真是有点不开窍。我现在要是当面贬低皇上的列祖列宗,说不定皇上生气了就要将我送进监牢。去监牢我倒不怕,就怕皇上不能让我把话说个痛快。我看我还是回家写奏疏吧,想怎么写怎么写,皇上爱咋咋地。

过了两天,王安石就送上一个《本朝百年无事札子》。札子开头照例谦虚了一番,然后又虚头巴脑地赞颂了太祖、太宗、真宗和仁宗。夸

完仁宗皇帝,王安石就来了一个"但是",竟将大宋百年来的政治成就贬得一无是处。王安石说:

> 但是,本朝历代都沿袭了末世的陋俗弊端,却没有大臣议论批评。国君朝夕相处的,不过是宦官和妇女;出来处理政事,又不过是讨论有关部门的一些小事,而不像古代大有为的君主那样与学士、大夫们讨论先王治理国家的方法,并实施于天下。一切都听任自然发展的趋势,主观努力有所不够,名义和效果之间是否相符也不加以考察。君子不是不被看重,但小人也能混杂其间。正确的意见不是不被采纳,但邪说辟论有时也会被采用。用诗赋和记诵来选拔天下的读书人,却没有设立学校培养人才的法令制度。用科第名次、资历来排列官秩的高低,而没有考核官员的具体方法。监察部门没有设置监察之人,守将也不是经过选择的官吏。官员调动频繁,难以考核成绩,夸夸其谈的人因此可以滥竽充数。私下结党以猎取声望的人大多得到显要的官职,而不靠别人、尽忠职守的人反而受到排斥压抑。所以上下官员都偷闲懒惰,只求讨好上级而已。虽然也有能干的官员,但他们与平庸之辈无甚区别。农民苦于各种劳役,却得不到政府的救济抚恤,国家也没有为他们设立负责兴修农田水利的专管部门。兵士中掺杂着老弱病残,而没有加以整顿训练,也没有为他们选派长期掌握兵权的得力将领。禁卫军聚集着一些地痞无赖,而没有改变五代依赖、纵容、笼络他们的坏习惯。对皇室宗族则缺乏进行教育、培训和选拔的实际措施,不符合先王以不同待遇对待亲疏尊卑的原则。至于国家财政的治理,大都没有法度,所以皇上虽然简朴节约,百姓却并不富裕;皇上虽然忧慎勤劳,国家却不强盛。幸好现在不是外敌强盛的时候,又没有尧、汤时代的水旱灾害,所以天下太平无事超过百年。这虽然是人为的努力,但也是上天保佑的

结果。本朝先帝几代相继都是上敬畏天，下敬畏人，宽厚仁和，谦恭俭朴，忠恕诚恳，这就是他们得到上天保佑的原因了。

我想陛下具有圣明的资质，继承着永久无穷的帝业，知道上天的保佑不可能长期依赖，知道人事不可一直拖延马虎，那么今天正是陛下大有作为之时。我不敢随便放弃人臣应有的辅佐职责，以逃避因触犯忌讳所受的惩罚。陛下如能原谅我的冒犯，并考虑我的意见，那就是普天下的幸运了。是否妥当，听候裁决。

王安石与司马光

王安石任翰林学士不久，司马光也被任命为翰林学士。

王安石和司马光，两人都是一身正气，以道德自许，从来不会认为自己有错。一次翰林院接手了一件案子：登州有一个名叫阿云的女子，娘家硬把她许配给了韦家。成婚后，阿云发现丈夫奇丑无比，也不管什么三从四德了，怒从心头起，恶向胆边生，想一刀捅死身边这个丑男人。但阿云毕竟是女子，下手时又心软了，丈夫只受了点伤。阿云因此被以谋害亲夫罪收监审讯，知登州许遵判她谋害亲夫未遂，按故意杀人致死减二等定罪。

案子报到审刑院和大理寺复核，这时许遵任满刚刚被调到大理寺任职，于是大理寺按原判批覆。但御史台提出了不同意见，认为谋害亲夫是大罪，当按故意杀人致死判刑。案子又报到刑部，刑部却同意大理寺的意见，这引起了御史台的抗议，后来就闹到了神宗皇帝那里。

神宗皇帝便将这个案子交给翰林院去讨论。王安石认为阿云杀人未遂，同意原判。司马光则认为阿云谋杀亲夫，道德败坏、大逆不道、十恶不赦，当按故意杀人罪处置。

结果神宗采纳了王安石的意见。

一个月后，天气转凉，河朔大灾，国库却无钱可拨用以救灾。宰相曾公亮建议免去今年皇帝祭天时对两府官员赐钱的惯例，以节约财政开支。曾公亮的奏议照例经翰林院转到神宗手上，然后王安石与司马光当着神宗的面争论起来。

司马光说："曾公亮的建议很好，财政紧张，理应节省。"

王安石却说："取消赏赐能省几个钱，这根本无助于扭转国家的财政困难的情况，而改善财政的当务之急是选拔善于理财之人。"

司马光说："你所说的善于理财的人，不过是善于搜刮百姓罢了。"

王安石反驳说："我说的善于理财的人，是指不增加百姓赋税而使国库充足的人。"

司马光说："这不是笑话吗，天底下就那么多财富，不是在百姓手里，就是在官府手里，国库的钱难道不是从百姓手中收来的？"

王安石发现司马光根本就不懂经济，便说："一个真正的政治家应该懂得如何发展生产力。改善国家财政不是国家与百姓之间你争我夺的零和博弈，而是要通过做大蛋糕，在改善百姓生活的同时扭转国家财政的困境。"

司马光一听笑了，说："我记得汉朝有个叫桑弘羊的，他对汉武帝说的和你刚才说的差不多，那不过是用哄骗的方法剥削老百姓罢了。"

王安石刚想反驳，不料神宗皇帝说话了："两位爱卿不要吵了，司马光讲的是对的，国家应该节约开支。但王安石讲的也没错，开源才是改善财政的根本办法。今天轮到王安石当班起草文件，我看这次就按王安石的意思起草吧。"

要从道德的高度提升皇帝的境界

神宗皇帝之前已经将王安石的《本朝百年无事札子》看了好几遍，心想：好个王安石，竟敢说我大宋朝百年无事不过是因为侥幸。不过他提出这么多尖锐的问题，说明他对改革已经有了一整套成熟的方案。至于那个司马光，他的想法与王安石完全背道而驰，本来想让他俩搭档，在各方面可以有个互补，现在看来这两个人搭档除了吵架啥也干不成。两个人都是拗脾气，肯定这一个的策略方针，另一个不辞职才怪呢，看来只好舍弃司马光这个道德君子啰。

王安石想得可没这么简单。司马光说他是桑弘羊，这让他很生气。桑弘羊虽然懂得理财，却不懂得道德性命之学。在王安石看来，如果道德只是司马光所谓的艰苦朴素、克己复礼，那要成为有道君子也太简单了，什么都不会干的冬烘先生都可以成圣成贤了。

王安石认为，真正的圣贤会将经世治国视为道德性命的内在要求，将为天下人谋幸福视为自己的神圣使命，将国家的安危视为自己的安危。一个真正的道德圣贤，必然能够造福国家与人民，"内圣"者必然"外王"，"外王"是证明"内圣"的唯一途径。所以，要改善民生、充实财政、振兴国势，关键并不是外在的政策、制度、措施、手段，而是内在的理念、态度、信仰。这样高深的道理，当然不是司马光这样的俗儒所能懂得的。这样高远的境界，也不是司马光这样迂阔之人所能体会的。

所以，辅佐神宗的关键并不是帮助神宗制定富国强兵的政策，而是要从道德的高度提升神宗的境界。当皇上的理念、修养、信仰、品位达到了圣王的境界，那么经世治国、富国强兵都是水到渠成、自然而然的事情了。这就是为什么王安石要求神宗效法尧舜,而不是把唐太宗作为偶像。

神宗第二次单独召见王安石时问道:"既然爱卿在札子里陈列了我朝政治的种种弊端,那么对于如何解决这些严重的问题,爱卿肯定是胸有成竹了?"

王安石一听,目光聚焦于无极之境界,若有所思地对神宗说:"我觉得陛下应该加紧理论学习。理论学通了,自然明白应该出台什么样的方针政策。"

神宗言听计从,在朝中组织了一批饱学之士,每隔几天就让他们给自己讲一次课。每次听完课,神宗都积极提问。

轮到王安石上课时,他主讲《礼记》,对前人的很多注释提出了不同的意见,神宗感到十分佩服。上完课,神宗又把王安石单独留下。王安石对神宗说:"古代圣明的君主都得到了贤臣的辅佐。唐太宗必须得到魏征,刘备必须得到诸葛亮,然后才可以大有作为。陛下想要成为尧舜这样的圣君,身边必须有皋、夔、稷、契这样的贤臣。不过如果君主意志不够坚定,即使身边有皋、夔、稷、契这样的贤臣,他们也会因为不能施展才能而郁闷离去。任何一个时代都有小人,尧舜时还有四凶呢。辨别出四凶并且诛杀他们,这正是尧舜之所以成为尧舜的秘密。如果四凶在朝胡作非为,谗害忠良,那么皋、夔、稷、契这些贤臣绝不会终身苟食其禄的。"

神宗一边为王安石鼓掌,一边掂量着这些话的分量。

4天后,轮到司马光主讲。讲学结束后,神宗也留下了司马光,向他询问富民之术。司马光绕来绕去讲了一大通,总的意思是说要加强对官员的考察。

生老病死苦

到了熙宁二年(1069年),22岁的神宗皇帝发现,虽然朝廷和他本人尽力按照司马光等人所提倡的那样节省开支,但财政赤字仍然越来越严重,政府濒临破产。神宗皇帝再也无法容忍那些迂腐之见了,他决定马上任用王安石制定新法,实现富国强兵的目标。

神宗调整了执政班子,任命富弼与曾公亮同为宰相,陈升之为枢密使,王安石、赵抃与唐介同为参知政事,变法工作由陈升之和王安石负责。

在执政班子中,王安石最受神宗信任。

曾公亮已经71岁,早到了退休年龄,眼看变法引起了种种纷争,便一再要求退休,即使上朝也不管事。

富弼身体不好,总是请病假,对新法也有些想不通,于是睁一只眼闭一只眼,得过且过。

唐介性格耿介,经常给新法提反对意见。神宗不听,他也辩不过王安石,结果一着急就病倒去世了。

赵抃60多岁了,对新法意见很大,却有点结巴。眼看神宗坚决支持王安石实行新法,而新法又在下面遭到抵制,赵抃整天叫苦不迭。

当时京师里的消息灵通人士就送了执政班子五个人每人一个字,分别是生(王安石)、老(曾公亮)、病(富弼)、死(唐介)、苦(赵抃)。

在王安石升任为参知政事后的第二天,司马光便请求到地方上工作,以示对变法的坚决反对。

神宗皇帝没有答应,司马光便推荐了吕诲与范纯仁回到朝廷担任台谏官。吕诲、范纯仁两人曾与司马光并肩作战,攻击一代文豪欧阳修。原来英宗皇帝以侄子的身份继承大统时,英宗的亲生父亲濮安懿王赵允让的名分问题引起了朝中大臣的激烈争议,史称"濮议"。司马光认为英宗应该称生父为皇伯,而欧阳修认为应该称皇考,于是御史吕诲、范纯仁疯狂地攻击欧阳修为"豺狼""奸邪"。司马光看到神宗任用王安石,意识到变法的暴风骤雨即将来临。为了坚决地抵制在他看来注定会失败的变法,司马光急需像吕诲、范纯仁这样曾经并肩作战、战斗力又强的盟友。

为了推行变法,神宗成立了一个专门负责变法的机构——制置三司条例司(以下简称为条例司)。三司是盐铁、度支、户部三部合并而成的一个部门,其实就是朝廷的最高财政机构。因此所谓的制置三司条例司其实是为财政机构立法的专门机构。显然,神宗皇帝变法运动的核心是财政体制的改革。

改革是一份得罪人的活,财政改革就更容易得罪人了。条例司的第一项具体工作,就是制定出裁减全国财政经费支出的具体方案,把财政支出最大限度地减下来。在王安石看来,财政开支中最应该削减的是对皇亲国戚的各种额外赏赐和名目繁多的福利待遇。

原来在庆历年间,吕夷简排挤掉范仲淹后,为了邀买人心,对皇室宗亲和后妃等大行赏赐。此事后来就成了惯例,朝廷每年都要赏赐皇亲国戚大量财宝。现在王安石要将这些开支削减掉,谈何容易。

在王安石的主持和吕惠卿的具体负责下,新的规定很快出台了。

新法规定:宣祖赵弘殷(赵匡胤之父)、太祖赵匡胤、太宗赵光义这三祖后裔中每一代只保留一个公爵名额,其他公爵全部废除。宗室子弟一律需要经过考试选拔后才可当官。

新法又规定:裁减后妃、公主及大臣的推恩钱。所谓推恩钱就是每年过年过节和祭祀活动时赏赐给后妃、公主与百官的财物。

新法还规定:裁减军队。

这些措施一出台,财政开支一下子削减了将近四成,不过王安石也将朝廷内外得罪光了。

五月末,吕海便跳出来弹劾王安石了。他指控王安石"外示朴野,中藏巧诈,骄蹇慢上,阴贼害物",然后列举了王安石的十大罪状,全盘否定新法。神宗一怒之下将吕海贬到了邓州。

这只是新法受围攻的一个小小序曲,真正的战斗还没开始。

青苗法

熙宁二年(1069年)九月,青苗法颁行。青苗法是王安石变法中最重要也是争议最大的内容之一,其作用有点像今天的农业发展银行的作用——当农民从事农业生产资金有困难时,可以向当地政府申请贷款,只要有偿还能力和担保人就可以借到一定数量的钱粮,待收成后再返还本利,利息是20%,如果遇到大灾,可以推迟一年返还。

王安石对青苗法很有信心,因为他在鄞县当父母官时就试行过这个办法,效果很好。此外陕西转运使李参也曾把官府的粮食借贷给农民,同样取得了不错的效果。当时李参就将贷款称为青苗钱,因此这次出台的方案被称为青苗法。

王安石与吕惠卿制定完青苗法的草案之后,还有些犹豫,于是交给条例司检详文字苏辙审阅,征求苏辙的意见。

苏辙说:"这个政策执行得好,的确可以帮助农民解决生产的难题。但如果执行得不好,基层官员很容易营私舞弊。"

其实青苗法最大的问题在于,一旦推行开来,有些官员为了多放贷款、多收利息,可能层层下达指标,将贷款强行摊派给不需要贷款但有还息能力的富户,而不愿贷给真正需要的贫农,或者强行要求富户给贷款的贫农做担保,将贷款的风险转嫁给富户。即使不出现这种情况,青苗法抢走了富户们放高利贷的生意,同样会引起富户们的强烈抵制。

王安石并非没有意识到这个问题。但是在八月末,京东转运使王广渊进京办事见到王安石后说,现在农民正忙于秋收秋种,急需钱用。王安石一听,决定立即推行青苗法。只是在颁行之前,他特别加上了"禁抑配"这一条款,即禁止强行摊派贷款。

青苗法颁行几个月后,在全国各地出现了种种复杂的情况。有的地方严格按照朝廷的规定办事,百姓得到了实惠,欢天喜地地歌颂朝廷。有的地方执行得不好,一些急功近利的官员果然将贷款强行摊派给富户,百姓怨声载道,对新法十分不满。

当时欧阳修任知青州,韩琦任河北安抚使。欧阳修对王安石变法始终不理解,坚决反对青苗法,认为青苗法就是朝廷向农民放钱取息,谋求利益,而且这种政策在地方上必然出现强行摊派的现象,扰民害民。于是欧阳修连续向朝廷上了两道札子,要求撤销这个政策,并且拒绝在他的辖区内实行青苗法。

几天后,韩琦也上奏疏专门讨论青苗法,矛头同样直指强行摊派的问题。他指出,只有贷款双方是平等的才可能做到真正的自愿。青苗法的条例中虽然规定严禁摊派,贷款必须以自愿为前提,但是青苗法既然是一个行政法令,而且将收取利益作为目标之一,贷款双方一方是官,一方是民,地位不平等,实施起来就不可能真正做到自愿,强行摊派可以说是必然会出现的。

欧阳修与韩琦都是三朝元老,而且英宗、神宗都是在韩琦的主持下登基的,这两位德高望重、功勋卓著的老臣的意见,神宗皇帝不得不严肃对待。

这一天,神宗向母后高氏问安。高太后说:"听说青苗法出台之后,民间叫苦不迭,是不是可以停止这个政策?"

神宗说:"发放青苗钱是为了减少百姓的困苦。"

高太后说:"王安石确实有才学,但对他有意见的人实在是太多了。人和才能政通,你如果要保全王安石的话,我看不如暂时让他离开朝廷一段时间,一年半载后再把他召回来执政也可以。我看这样对你对他都有好处。"

神宗说:"群臣之中多是明哲保身之人,只有王安石能够挺身而出,为朝廷、国家奋不顾身。"

这时神宗之弟赵颢插嘴道:"太后之言是至理名言,陛下不可不考虑。"

神宗本来就一肚子火,这下总算找到了发泄的对象。他冲着皇弟说:"是我败坏祖宗法度,我是败家子,你自己来当这个天子好了。"

此言一出,吓得赵颢连忙讨饶,高太后赶紧劝架。

《答司马谏议书》

第二天神宗单独召见了王安石。

神宗一边拿出欧阳修的札子和韩琦的奏疏递给王安石,一边说:"韩琦和欧阳修是难得的忠臣,虽在地方仍不忘朝廷。颁布青苗法本是为了便民利民,想不到给百姓带来这么大的负担和灾难,朕心里实在不安。"

看完札子和奏疏,王安石说:"陛下不必为此过于忧虑。青苗法颁布时臣也考虑到可能会出现一些问题,但现在各地反映上来的情况很不一样,有的地方说百姓对此非常欢迎。这种说百姓不欢迎的反映臣还是第一次听说,待臣派人下去查明情况后再行处理。"

神宗说:"韩琦和欧阳修都是前朝的执政大臣,他们的话一定是经过深思熟虑才讲的,你要慎重考虑。"

王安石说："这次变法,韩琦和欧阳修都有些不理解,看问题可能存在偏见,这一点也请陛下明察。"

神宗说："现在对变法的非议太多,各方面的意见都很大。为了缓减变法的压力,是不是可以考虑把司马光安排到枢密院任枢密副使?"

王安石有些吃惊,迟疑了一下说："司马光学识渊博,为人正直,颇有时望,可是他坚决反对变法,他周围的人也全部反对变法。陛下如果要重用他,等于给新法的反对派树立了一面旗帜,这样恐怕会给变法带来很大的困难,请陛下三思。陛下如果不想变法,司马光的确可以重用,臣请避位。"

神宗只好表态说自己坚定不移地坚持变法。

第二天王安石递上请假条,说自己身体不好,希望请假在家休息一阵。

这时司马光来求见神宗,说既然自己的意见不被采纳,那么在朝廷做官毫无意义,要求外放到地方。

神宗心想："一个王安石,一个司马光,都来将朕一军,哼。"于是问司马光："你能不能出任枢密副使之职?"

司马光的回答比神宗预料的更坚决："如果陛下坚持变法,我决不接受。如果我接受此任,一定要停止一切变法工作。"

神宗还是坚持任命司马光为枢密副使,司马光连上九道辞状。

神宗又亲自下手诏请王安石赶快回朝廷办公,不得延误,还命吕惠卿到王安石家中传达自己的问候,并派内侍送去药品和御膳。

王安石得知神宗变法的决心没有动摇,写了两封感谢圣恩的札子,便回中书省上班去了。

接下来,司马光给王安石连续写了三封信,对新法进行了全面的批评,言辞恳切。前两封信王安石都没有回,但第三封信很长,王安石觉得再不回信就太失礼了。然而两人政见不同,能说的话实在不多。回信中,王安石言简意赅但很礼貌地表达了自己的立场:

安石谨启：昨日承蒙您来信指教，私下认为与您交往以来彼此关系很好，为时已经很长了，可是在议论政事时往往有意见分歧，这是由于我们所持的政治主张有许多不同。即使我想对您强加解释，最终也不一定能得到您的谅解，所以只好简略地给您回了一封信。对于您的指责，我不再为自己一一辩解；又想到承蒙您看重我，在书信往来上我不应当如此简单草率，忽视礼节，因此现在向您详细说明我变法的理由，希望或许能得到您的谅解。

士大夫所争论的问题，大概最主要的在于名与实是否相符。如果这种关系已弄明白，那么天下的道理也就被掌握了。现在您认为我侵犯了其他官员的职权，惹是生非，征敛财利，拒绝劝告，因此遭到天下人的怨恨指责。我却认为按照皇帝的旨意，与大臣们一起商讨国家的法令制度并在朝廷加以修订，然后交给有关部门去执行，不能说是侵犯其他官员的职权；推行先王的政治主张，做兴利除弊的事，不能算是惹是生非；为国家整顿财政，不能算是征敛财利；驳斥错误的言论，责难巧辩谄媚的小人，不应看成是拒绝劝告。至于有那么多埋怨指责的人，我本来早就有所预料。人们习惯于得过且过已不是一两天的事了，士大夫们大都以附和世俗、讨好他人为美德。皇上想改变这种状况，而我并不考虑有多少政敌，只想尽力帮助皇上跟这种人对抗到底。那么这些人怎能不气势汹汹地大吵大闹呢？盘庚迁都的时候，连老百姓都怨恨不满，不仅仅是朝中士大夫反对。但盘庚并不因为有人持异议就改变计划，这是因为他考虑到迁都是合理的然后才去行动的，执行得又很好，看不出有什么值得后悔的。

如果您指责我任职已久却没能帮助皇上有所作为，给人民带来恩惠，那我是知罪的。如果说今天要我什么事都不做，只是墨守前人的旧法行事，那是我所不敢领教的。没有机会与您见面，私心不胜仰慕。

这便是著名的《答司马谏议书》。

三不足

熙宁三年(1070年)春天,朝廷中流传着一种说法,说王安石曾在神宗面前提出了这样三句口号:天变不足畏,祖宗不足法,人言不足恤。

司马光负责馆职考试,还出了一道相关的考题,要求考试者批判这"三不足"的口号,后来被下令删除了。

神宗皇帝听说了此事,好奇地问王安石:"有没有听说过'三不足'?"

王安石一头雾水地说:"没有啊。"

神宗说:"我听人说,现在外面都在传,说朝廷提出了一个变法的口号,叫作'天变不足畏,祖宗不足法,人言不足恤'。前两天学士院考试,有人还想拿这个出题呢。"

王安石回答说:"我认为,陛下忧勤劳苦,没有流连于享乐,而是处处为民着想,这就是畏天变。陛下虚怀若谷,虚心采纳人们的意见,又岂是不恤人言?然而人言也有不足恤者,只要所作所为都合于义理,又何必怕流言蜚语呢?前人说过,走自己的路,让别人去说吧。至于说祖宗之法不足守,本来就应该是这样子的啊。仁宗皇帝在位40年,改了多少祖宗之法?"

这年八月,司马光向神宗辞职,坚决要求离开朝廷。神宗于是让他出知永兴军,但朝中反对变法的势力并没有随着司马光出任地方官而消失。

这时,王安石在江宁讲学时收的学生李定被调到京城工作。李定之前一直在地方工作,并不了解朝中两派斗争的情况。

来到京城后,李定首先去拜访谏官李常。李常问他:"你从南方来,应该知道青苗法在地方上推行的情况。现在百姓对青苗法到底是什么态度?"

李定说:"青苗法方便百姓,民众欢天喜地。"

李常说:"你初来乍到的,不了解朝廷的情况。现在朝廷终日为青苗法争吵不休,你见到别人千万不要这么说,不然会受到攻击。"

李定感到莫名其妙:"我只是实话实说而已。"

李定又拜访了老师王安石。王安石从李定那里知道了青苗法大受欢迎的情况,便推荐李定觐见神宗。神宗由此打消了对青苗法的顾虑,开始更加坚定地推行青苗法。

李定的出现使反对派处于不利境地。

神宗任命李定为太子中允,把批示(辞头)交到中书舍人手中,让他们起草正式的诏书。没想到当时的三个中书舍人宋敏求、苏颂、李大临都是反对派,他们拒绝为李定起草任命诏书。神宗几次下手诏重申前命,三人竟然无动于衷。于是宋敏求等三人当即被神宗免职,另行安排,反对派称颂他们为"熙宁三舍人"。

李定最终还是当上了太子中允。不久,监察御史陈荐上奏疏弹劾李定,说他隐瞒母亲死亡的事情,不为生母守丧,大逆不道,有伤伦常,要求朝廷治罪李定。

其实李定是小妾所生,他自己也不知道生母是谁。李定进士及第之后,有一位仇姓妇人去世,有人说这是他的生母。他向父亲求证,父亲也不愿证实,因此李定也就没有为仇氏服丧。

这事已经过去很多年了,朝廷查来查去也查不出个所以然,最后在王安石的辩护下,李定才免受处罚。当时大文豪苏轼写了一首诗讽刺李定,闹得满城皆知,李定因此与苏轼结仇。到元丰二年(1079年)时,李定终于找到机会,控诉苏轼在诗中诽谤朝廷,引发了著名的文字狱"乌台诗案"。

熙宁变法

因为反对青苗法等变法措施,三朝元老欧阳修要求退休的申请终于获得了批准,御史中丞吕公著、参知政事赵抃、枢密副使吕公弼、御史程颢等也被罢出朝廷。而王安石和他的粉丝韩绛同时被提升为同平章事,成了真正的宰相、朝廷中的最高行政长官。同时,制置三司条例司也被"撤销",其职权收归中书。位于权力核心的变法派人物,除了23岁的神宗、50岁的王安石和59岁的韩绛以外,还有39岁的吕惠卿、36岁的章惇和35岁的曾布。此时,王安石的儿子王雱也进入了翰林院。

变法派全面控制了朝政,新法也开始全面推行。

除了青苗法,熙宁年间王安石主持的变法措施还有以下几种:

均输法。此法是在青苗法实施之前[熙宁二年(1069年)七月]实行的。朝廷拨出五百万贯钱和三百万石米作为发运司周转经费,由发运使根据京师库藏和各地物资的实际情况,低价购买政府所需物资,同时将各地的多余物资由政府运往各地出售,从而达到节省国家开支,增加政府收入,稳定物价,减轻农民负担的目的。

农田水利法。此法颁布于熙宁二年十一月。朝廷奖励各地"开垦废田、兴修水利",由受益民户按户等出工出料兴修。如民力不足,可依青苗法向官府借贷;再不足,则由官府劝导富户出借,依例计息,并由官府催还。

保甲法。熙宁三年(1070年)五月,朝廷颁行《畿县保甲条例》,在开封府的属县试行保甲法。此法将相邻居民十户组织成"保",实行刑事连带责任制,同时每户抽一人进行军事训练,由居民自己负责地方治安,以节约军费。此后保甲法向全国推行。

免役法。此法与保甲法同月推行,又称募役法。此法最初在开封府实行,规定原有差役义务的民户缴纳免役钱后可免除其差役义务;原无差役义务的各类民户和官户等则需缴纳数额为免役钱一半的助役钱,政府用此钱募人服役。除取足雇值外,为防水旱欠搁,免役钱又多取二分,称"免役宽剩钱"。免役法后来也推行至全国。

科举改革。熙宁四年(1071年)颁行的新法主要与选拔人才有关。二月,王安石提出进行科举改革,取消诗赋、帖经、墨义等考试内容,改考本经、兼经、论、时务策,同时还设立了法律专科。十月,王安石改革太学教育,实行"三舍法",即将各地送的太学生分为外舍生、内舍生和上舍生三等,层层选拔。对于上舍生,又通过考试将其分成三等,名列上等者可直接授官,从而改变了通过科举选拔官员的单一形式。同时宋廷又令各州县都要办学校,从而掀起了宋朝第二次办学热潮(第一次办学热潮是庆历新政时兴起的)。

市易法。熙宁五年(1072年)三月,宋廷在开封实行市易法,设立市易务,以朝廷拨的一百万贯为本钱,负责平价收购各地滞销商品,等到市场缺货时再出售。商人可向市易务抵押资产,以40%的年息率赊购市易务库存货物到各地销售。杭州、广州、扬州等重要城市后来也实行了市易法。

保甲养马法。熙宁五年五月,开封开始实行保甲养马法,次年推行于北方诸路。为解决军马供应不足的问题,此法规定民户如果愿意为政府饲养马一至二匹,即可免除部分赋税。

方田均税法。熙宁五年八月,宋廷在北方大部分地区推行方田均税法,重新核实各户所占田亩,并按土地肥瘠均定田税。

《三经新义》。熙宁六年(1073年)三月,宋朝在国子监内设立修撰经义所,王安石开始自撰《周礼义》,王安石之子王雱和吕惠卿参与修撰《诗义》《书义》,最后由王安石修改定稿,合称《三经新义》。这部书

修撰完成后,作为统一士人思想的教科书颁布于太学,书中对儒家经典的创新解释则成了科举考试的标准。

免行法与军器监法。熙宁六年八月,宋廷推行了免行法和军器监法。免行法规定城市商业和手工业各行每月缴纳一定数额的免行钱之后,无须再向政府直接供应各种硬性摊派的物资,而这些物资则改由政府出钱到市场上购买。军器监则是根据王雱的建议设立的军器制造管理机构,以期提高兵器的质量。

王韶平戎策

早在熙宁元年(1068年),王安石与司马光都还在当翰林学士时,建昌军司理参军王韶向枢密院投书,献上《平戎策》三篇,提出了一整套平定西北的策略。王韶认为,朝廷应当先用恩信招抚沿边的少数民族,然后设法收复河湟地区(今甘肃临夏与青海乐都一带)。如果河湟地区得以收复,就可以进一步震慑吐蕃族的唃厮啰,然后制服西夏。

王韶这个人,一心想为朝廷立奇功。他曾参加科举的特别考试——制科,但是没有考中,一气之下便跑到了西北边境一带实地考察地形地貌,采访调查少数民族的风俗人情。所以他对西北边境一带的情况特别了解,《平戎策》绝非泛泛的空想,而是有理有据的分析报告。

神宗看后,十分心动,交给翰林院去讨论。王安石一看,马上建议神宗认真考虑,积极筹划,而司马光却说万万不可谈论用兵之事。

神宗越来越觉得只有王安石跟自己同心同德,于是任命王韶为管勾秦凤经略司机宜文字,让他到西北积极筹划平戎之事。

王韶当时提出的策略是先收复河湟地区,这样就能使西夏处于腹背受敌的不利形势。西夏认识到了这一点,因此连年攻打青唐城(今青海西宁）。王韶指出，西夏万一攻克了青唐城，必然会大举劫掠秦、渭、兰、会地区（今甘肃南部一带），然后切断古渭寨，征服南山地区的少数民族，进而骚扰洮、陇、蜀地区（今甘肃和四川一带）。因此王韶认为应该率先把居住在西夏以南的吐蕃部族制服，切断西夏右臂，使西夏无法南攻。

到了熙宁三年，王安石要王韶负责秦州所有有关招纳吐蕃等部族的事务，又同意了王韶创设市易司以及募人营田等主张，并将断西夏右臂的计划交给王韶全权负责。

1071年春夏之交，王韶首先招抚了青唐地区最大的一个吐蕃部族，首领俞龙珂率领部属十二万口正式归附宋朝。此后附近的吐蕃部族相继归附，总数近二十万人，宋朝在这一带实际控制的疆土拓展了一千两百里。

1072年，王韶被任命为秦凤路沿边安抚使，成为秦凤路边境地区的军政长官。这年秋天，王韶对这一带未归附的羌人和吐蕃人发动战争，占领了形势险要的抹邦山，经过激战攻克了武胜，并在此建立城寨，即后来的熙州（今甘肃临洮）。王韶因此被提拔为龙图阁待制、知熙州。不久，宋朝又在熙州创设了熙河路，将其作为向河、湟各州进军的战略基地，同时任命王韶为熙河路经略安抚使。

1073年春，王韶亲率部队攻取河州。不久由于羌人的背叛，吐蕃部族首领木征乘机占领河州，王韶使用迂回战术，翻越露骨山，南下洮州，大战后击败木征，重新夺回河州，又攻下宕州（今甘肃宕昌）。附近叠州（今甘肃卓尼）和洮州（今甘肃临潭）的羌族首领见王韶军所向披靡，也都举城归附。此役即是著名的熙河之战，宋军共计收复五个州，斩敌首数千，获牛羊马以万计，招抚吐蕃等少数民族大小部落三十余万帐，宋朝在西北的幅员扩展了两千多里。这是宋朝在结束十国割据局面以来所获得的最大的一次军事胜利。

神宗皇帝很振奋，将王韶的官职升到了枢密副使。当时朝中大小

官员对拓边西北多持反对态度,在王安石的全力支持下,王韶的计划才得以顺利开展,因此神宗皇帝特别称赞王安石,并把自己所用的一条玉带赐给了王安石。

市易法

随着新法的顺利推行,国库日益充实,现在王韶又在西北拓边千里,神宗富国强兵的理想正在一步步地变为现实。

王安石主持的变法之所以能顺利推行,最高决策者神宗的全力支持是最重要的保证。然而熙宁五年实行的市易法却使神宗皇帝开始对王安石有所不满。

这年四月,有一位穿得十分破旧的中年人到王安石府上投书。此人自称魏继宗,是个老百姓,没读过几年书。王安石打开投书一看,文字浅白鄙俗,错字连篇,然而所论之事却颇有见识。

魏继宗认为,京城的巨商大贾操纵市场,物价波动非常厉害,影响百姓生活,因此主张由官府出钱经营商业,平抑物价。

王安石认为魏继宗的建议非常合理,经神宗同意,开始推行市易法。所谓市易法,其实就是由官府拨一百万贯资本设立国营的商品批发公司(市易务),在物价低时大量收购商品,在物价高时则大量卖出,以此平抑物价,同时赚取利润。由于官府资金众多,市易务成了最大的垄断商,巨商大贾无人能敌。

王安石派吕嘉问担任市易务的长官,魏继宗则进入市易务当差。

当时文人多鄙视商业。看到官府经营商业,许多文官忍无可忍。老臣文彦博向神宗痛斥:"臣近日因赴相国寺行香,见市易务于御街东边摆摊数十个,放置各种果品,逐日差官监卖。瓜果之微利,国家亦与小民争,徒伤国体,还在京城闹市卖,也不怕被外国人笑话。当官的人做生意已经是斯文扫地了,岂有堂堂大国堂而皇之地在街上卖水果的?"

神宗皇帝看了文彦博的奏疏,找到王安石说:"市易务卖水果,确实有伤国体,让他们别卖了吧。"

可王安石就像是从近代时空穿梭到大宋朝似的,他对当时这批文官的思想观念感到很不理解,反驳神宗说:"为什么卖其他东西不伤国体,卖果品就有伤国体? 都是商品而已。历来官家禁止贩卖私盐,卖公盐时不也是一斤一斤地卖吗? 这就不伤国体了?"

神宗说不过王安石。

市易法的推行虽然有过一些曲折,但其实施范围还是在不断扩大。当时全国较大的城市,如杭州、大名府、扬州等地,都设立了市易务。市易务也为朝廷赚了不少钱,仅熙宁十年(1077年)一年开封市易司就赚了一百四十三万贯,相当于全国农业税的30%。

然而这时变法派内部因为市易务的事情发生了矛盾。

吕嘉问主管市易务,负责财政的三司使薛向也属于变法派,但吕嘉问说薛向阻碍市易法的实施,王安石因此罢了薛向的官,由曾布代为三司使。曾布当上三司使后,对吕嘉问也是非常不满,因此指派首倡市易法且在市易务当差的魏继宗搜集市易务的负面材料。魏继宗在吕嘉问手下干得不满意,因此接受了曾布的指使。他发现,市易法在实行过程中变了形,成了某些官员牟利的手段,于是很快就搜集到了大量的负面材料。

神宗对市易法本来就很疑惑,因此密令曾布调查市易务。于是曾布将魏继宗搜集的材料汇报给神宗,指控吕嘉问垄断市场。神宗了解情况之后,派曾布继续深入调查。王安石得知这个消息后,坚决要求派吕惠卿与曾布一起调查,结果吕惠卿与曾布两人整天在神宗面前争吵。

奇怪的是,神宗皇帝本来一直是支持曾布的,后来态度却突然转变,转而支持吕惠卿,并治了魏继宗的罪。

表面上看,王安石又胜利了,但这次胜利对王安石并不利。一直以来,神宗皇帝都是王安石最坚定的支持者,为此不惜罢黜了大批他非常欣赏但反对变法的官员。虽然神宗为这些声望极高的名臣纷纷离开而深感惋惜,但这丝毫没有影响神宗与王安石之间的关系。这是因为在变法这个大目标上,神宗是完全认同王安石的。在此之前,神宗曾经对王安石说过,我们俩的关系岂是外人可以离间的。其他的臣僚看在眼里,也惊呼神宗皇帝与王安石简直是同一个人。

但神宗皇帝对市易法并不完全认同。在神宗派曾布深入调查之时,王安石却坚持由吕惠卿与曾布共同调查,以此抵制神宗皇帝对变法的控制权。这样一来,王安石与神宗的关系就发生了质的变化。他们不再是有着共同政治理想的盟友,而成了现实权力战场中的角力者。

从政治的理想回到权力的角力场,神宗与王安石的关系迅速冷却。现在神宗终于回想起,有多少他想留在朝廷中的人是在王安石的坚持反对下被贬出朝廷的,又有多少他认为品德有问题的人因为王安石一再坚持有才华而得到重用的。

而在这次角力中,王安石面对神宗皇帝竟然寸步不让。这难道不是对皇权的挑战?面对王安石的咄咄逼人,神宗暂时妥协了。王安石赢得了这一场,却可能输掉了全部。

唐坰闹殿

祸不单行,对王安石不利的事情接踵而来。先是唐坰闹殿。

唐坰,用我们现在的话来讲就是个愤青。他认为变法要取得成功,必须采用非常手段——如果青苗法推行不下去,就把异议者如韩琦之流拖出去斩了,到时候肯定政令通畅。

王安石听了很高兴,便向神宗推荐了唐坰。神宗赐唐坰进士出身,任命他为崇文殿校书。

后来王安石让人出面推荐唐坰升官,但不久就发现唐坰这个人做事草率,因此又不同意他升官了。

唐坰认为,他不能升官完全是因为王安石从中作梗,于是经常向神宗告王安石的状。

熙宁五年八月的一天,大臣们正准备退朝,唐坰突然站出来说有本要奏。唐坰此举不合常规,神宗让他有事明天再说,唐坰不肯。神宗让他到后殿说,唐坰又不肯,并大声地说:"臣所言者,请与大臣面辩。"

神宗说:"那你把奏本留下好了。"没想到唐坰大声地说:"臣所言皆大臣不法,请臣为陛下一一陈之。"

不等神宗劝止,唐坰便喝令王安石:"王安石近御座前听札子!"

王安石还没弄明白怎么回事,被他当头一喝,竟然涨红了脸,一时不知是进是退,也说不出话。

唐坰见王安石没有动,又厉声呵斥:"陛下前犹敢如此轻慢,在外可知?"

王安石不由自主地向前走了几步。

唐坰步步紧逼,大声宣读了六十余条攻击弹劾变法派的罪状,核心内容则是攻击王安石:王安石专作祸福,曾布等表里擅权,倾震中外,引用亲党,把阿谀无行小人安排在重要职位上作为自己的耳目,天下只害怕王安石的权威,不知陛下的恩赏。新法烦苛,刻剥万端,天下困苦,即将危亡。今大臣外则韩琦,内则文彦博、冯京等,明知如此,惮王安石而不敢言。陛下深居九重,无由得知。王珪备位政府,曲事王

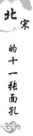

安石，就像王安石的跟班一样。韩绛、薛向曲领省府，王安石颐指气使，根本就是王安石的家奴。御史台张商英的弹劾奏疏中，从来没有提到过王安石或者他的党羽，这种人就是王安石的鹰犬，而不是陛下的耳目。

唐坰每读一段，就指着王安石的鼻子问："请陛下宣谕王安石，臣所言虚耶？实耶？"

训斥完王安石，唐坰竟又批评起神宗皇帝来，最后总结道："陛下不听臣言，不得久居此座。"

读完之后，唐坰便自己乘马直出东门永宁院待罪。

唐坰走后，神宗问："唐坰为何敢如此放肆？"

王安石说："这人一定是疯了，而且一定是有人指使，不足为怪。"

最后唐坰被贬为潮州别驾，安置韶州。唐坰闹殿时，薛向不在。第二天薛向向神宗奏事，神宗问他："昨天唐坰的事，你知道吗？"

薛向说不是很清楚。

神宗看了好戏似的兴奋地说："昨天的场面那叫火爆啊！"

宣德门下马事件

熙宁六年正月十五元宵佳节，王安石随神宗到城中观看百戏，与民同乐。傍晚，王安石随皇帝大驾回宫。皇帝的车驾进了宣德门，王安石随之策马而入。就在这时，门边上出来两个太监，一把拉住王安石的马缰。王安石在马上一惊，差点掉下马来。由于速度很快，马一时停不下脚，把太监带了个趔趄。太监恼羞成恼，上前就踹了王安石的驭手一脚。

王安石大惊，喝道："为什么打人？"

太监昂首道："大臣到宣德门必须下马，相公你不知道吗？"

另一个太监说："人臣到此都得下马，相公你不下马，难道是王莽之流吗？"

王安石大怒，下马劈手给了后面这个太监一个耳光。太监滚倒在地，大喊道："打人啦，有人要造反啦……"

神宗皇帝听到喧哗声，派人来问，王安石说小事一桩，不必惊动皇帝。

第二天早朝，神宗就问起此事。王安石将事情经过原原本本说了一遍，然后姿态很高地请皇上派人查明宣德门下马有无定制。

皇帝很奇怪地说："朕做亲王时，位在宰相之下，进宣德门并没有下马啊。"

这时老臣文彦博说："臣听说过宣德门下马的定制，臣从来都是在宣德门下马的。陛下为亲王时，身为皇子，自然是人臣不能比的。皇子不下马，当然是可以的。"

神宗想为王安石挽回一些面子，便问："还有谁知道下马不下马的事情？"

没想到底下鸦雀无声，无人为王安石辩解。

神宗只好说再调查调查。

王安石一肚子气，回到府中便起草辞职奏疏。神宗费了好大劲才让王安石重新上班。

《流民图》

再接下来是《流民图》。

当时反对王安石的人捏造说，王安石变法有一个"三不足"的口号,第一条便是"天变不足畏"。他们想用这种说法来指控王安石无法无天、大逆不道,但王安石听了这个十分"唯物主义"的口号后不以为意,甚至觉得还有几分道理呢。

但神宗并不是彻底的唯物主义者,他是不能认同这个口号的,因为神宗是以"天子"的身份统治天下的。王安石连"天"都不畏,那"天子"他岂不是更不放在眼里了?

熙宁六年,天变了。

从这年七月开始,华北、淮南一带连续十月不雨,遇上了百年一遇的大旱。十旱九蝗,灾害最严重的地方树皮和草根都被蝗虫吃光了,人们成批地饿死、逃亡,流民在中原一带盲目游荡。朝廷全力救灾,但效果并不明显。灾民们纷纷拥进京城,闹事的人越来越多,酒粮栈和大户人家经常遭抢,整个京城人心惶惶。

神宗忧心忡忡地对王安石说:"卿向来不以天象为忧,然而此次旱灾凶恶,不比往常。你我君臣都当反躬自省,看看自身有没有什么做得不对的地方。"

王安石说:"水灾旱灾都是很正常的事情,圣君尧、汤在位时也有。陛下即位以来,连年丰收,今日偶遇旱灾,也非异数。朝廷现在能做的就是尽力救灾,陛下不必过虑。"

神宗听了很不高兴,说:"这事可不是小事,朕怕发生这样的灾害是因为朝廷很多事情没有做好。"

王安石不敢再辩。第二天,神宗皇帝从正殿移居偏殿,每天膳食减去大半,以示自我责罚。

在洛阳修《资治通鉴》的司马光看到这场旱灾,花了半个月时间写了一个奏疏,再次攻击王安石与新法,指出天下大灾是因为任用了像王安石这样的大奸臣。

京城的流民越聚越多,再闹下去要出大乱子了。开封府的官员担不起这份罪,开始驱赶流民。一时之间,马蹄声、斥骂声、鞭打声、哭叫声不绝于耳。

这时京城中一位善于绘画的小官员郑侠来到开封街头写生,将官员驱赶流民出城的悲惨景象生动地记录了下来。这就是《流民图》。

这位郑侠,本是王安石在江宁教过的学生。但他后来反对王安石变法,王安石想提拔他,被他婉拒了。郑侠深信儒家的理论,认为天降大灾是因为朝廷有人做了坏事,现在的坏事就是变法。神宗皇帝不了解变法引起的严重后果,因此他必须让皇帝了解京城中流民的惨状——这些都是变法的后果!

在作《流民图》的同时,郑侠还写了一道奏疏,声称如果停止新法后十日之内天不降雨,他愿意把脑袋献上。

可是郑侠的官太小,没有资格当面向皇帝进呈《流民图》。他托人转呈,遭人拒绝。送到御史台,御史台都是王安石提拔的人,没人敢接这个东西。最后郑侠跑到城外,那里有各地向京城送官府文件的驿站。郑侠向驿站送信的人说,他有密报要紧急上呈宫中。

就这样,郑侠的《流民图》七转八转转到了神宗手上。神宗哪见过这个,一看就惊呆了,以为天下将要完蛋了,又是叹息又是失眠。第二天,神宗也不再征询王安石的意见,直接下令:

(1)在京城中广设粥厂,罄尽官府存粮赈济百姓。

(2)命各地官员迅速汇报详细灾情。

(3)新法暂停,令天下人对新法发表意见。

诏令一下,王安石就写辞职报告。神宗没有批准。

但是停止新法后的第三天,京城竟然下了一场小雨。

上天显灵了?郑侠的忠心打动了上天?旱灾是上天对新法的惩罚吗?

神宗又失眠了。

这时两宫太后又找神宗哭诉新法把天下都弄乱了,搞得神宗皇帝心烦意乱。

王安石的辞职报告也连续不断地打上来,这回神宗决定批准了。神宗对王安石说:"卿这次不得不去职,但变法不会停止。过了这个风口浪尖,朕还请卿回来主持朝政。"

王安石说:"我真的累了,想好好休息。今后变法大业全靠陛下操心思虑,陛下要保重身体。"

神宗问谁可以接王安石的班,王安石点了韩绛和吕惠卿的名。

吕惠卿

熙宁七年(1074年)五月三日,平章事、监修国史王安石被罢为观文殿大学士,出知江宁府。

接替王安石主持变法的是号称"传法沙门"的韩绛和"护法善神"的吕惠卿。

吕惠卿极有政治才干,但在变法之前不过担任了集贤院校理之类的小官,才学能力得不到发挥。变法开始后,王安石重其才干,举荐他任职于三司条例司。均输、青苗、免役、农田水利等法令的起拟,吕惠卿都起过重要的作用。王安石罢相后,作为参知政事的吕惠卿为继续推行新法而孜孜努力。

吕惠卿佩服王安石的见识高远,但不赞赏王安石的文人优柔。在王安石厄运临头、变法派惶惶无主之时,吕惠卿发现宰辅大臣中吴充、冯京、陈升之不过是一群照葫芦画瓢的庸吏,韩绛、韩维之流都是借祖宗余荫拱手称是的蠢货。司马光到洛阳修史书去了,苏轼到杭州作诗去了,现在王安石也走了,当今天下宰辅人选,舍吕惠卿其谁?

吕惠卿清醒地意识到,皇上并不想废除新法,王安石罢相不过是皇上迫于天灾的折磨和后宫的压力而暂时妥协的结果。王安石走后,吕惠卿就是变法派的领袖。吕惠卿要想掌握权力,就必须激励皇上打起精神,恢复新法。

在吕惠卿的劝说下,神宗皇帝回心转意,同意逐步恢复新法。神宗皇帝希望韩绛和吕惠卿能把新法的弊端加以纠正,使改革更积极有效地推行下去。

吕惠卿清楚地知道,皇上希望革除新法弊端,恢复新法名誉,这对他来说是一个极好的机会。他雷厉风行地处理了影响新法声誉的“曾布沮害市易案”和“吕嘉问市易法案”,左右开弓,将反对市易法的曾布贬知饶州,将主持市易法的吕嘉问贬知常州。

通过此举,吕惠卿立即在朝廷中树立了公正无私的形象,维护了新法的威信,赢得了皇上和百官的称颂,获得了市民与商贾的欢呼。同时吕惠卿也拔除了变法派中两位强大的权力角逐者。

然而在权力的角逐场中,吕惠卿面临的敌人太多了。吕惠卿不能与韩绛合作,又不断地攻击变法派中的沈括、李承之等人,导致行政体制无法正常运作。同时吕惠卿拼命扶植自己的小集团,提拔了亲族近党如吕升卿、吕和卿、方希觉等人,结果引起普遍的反感。

为了树立权威,熙宁七年七月,吕惠卿创行手实法,对全国臣民开展财产申报制度,根据财产多少确定所需缴纳役钱。在财产申报过程中如有隐瞒,允许他人告发,没收其隐藏财产,并以三分之一赏告发者。

这个政策一出台,迅速引起了社会混乱。画过《流民图》的郑侠再次发挥绘画才能,把唐代宰相魏征、姚崇、宋璟等画成一轴,题作“正直君子”,把李林甫、卢杞等画成一轴,题作“邪曲小人”,把吕惠卿比作小人,把宰执大臣冯京比为君子,呈给神宗。

吕惠卿得知后,以诽谤朝廷之罪将郑侠贬知英州。冯京对贬谪郑侠大为不满,与王安石之弟王安国一起为郑侠鸣不平,二人因此均被罢官贬外。

吕惠卿由此权倾一时。朝臣畏于吕惠卿的权势,唯吕惠卿马首是瞻。御史们争相依附,谏官们异口颂德,各州县官吏以结交吕惠卿为荣,求为门生者络绎不绝。

然而手实法引起的混乱在各地蔓延,各地州府官吏纷纷上书告苦。从杭州移知密州的苏轼将一封批评手实法的信件寄到了宰相韩绛手中,韩绛借机向吕惠卿发难,朝廷纷争再起。

韩绛知道自己不是吕惠卿的对手,于是启奏神宗皇帝提请复用王安石,以稳定朝廷政局。罢免王安石本是神宗无奈之举,此时朝廷纷争,神宗更加怀念王安石,于是批准了韩绛的奏请,召王安石立即进京理政。

吕惠卿闻讯大惊。他清楚地知道,自己日夜渴望、如今近在咫尺的相位将会随着王安石的复相彻底地化为泡影,于是陷入了深深的痛苦和仇恨之中。

吕惠卿是王安石最亲近、最得力的助手,因此他熟知王安石主持变法以来全部的失误,手中握有不少王安石的把柄。现在他非常不希望王安石回到朝廷,因此找了一个理由求见皇上,然后呈上了一个奏疏,汇报了王安石瞒过皇上私自扣压批复重要文书奏札的几个案例。

听了吕惠卿的汇报,神宗极度郁闷。他严肃地对吕惠卿说:"朕知道你是什么意思,你汇报的事情不得告诉其他任何人,你讲的情况朕会慢慢调查。王安石快要回来了,应该给他创造一个宽松点的环境。"

权力的恶斗

王安石在江宁时就非常担心吕惠卿。他提醒吕惠卿,将新法推向极端很可能会毁灭整个变法大业。他没有想到吕惠卿会反感自己的善意提醒,更没有料到吕惠卿内心潜伏的权欲正在疯狂地膨胀,因此当他得到复相的诏命时,并没有像往常那样再三推辞。

熙宁八年(1075年)二月九日,王安石带着病魔缠身的妻子吴氏和儿子王雱,七日七夜马不停蹄,于二月十六日到达开封。见到皇上后,神宗重申了对王安石的信任之情,而王安石向神宗表达了知遇之恩。然而急于表白心迹恰恰说明神宗与王安石过去那种亲密无间的关系已经一去不复返了,只是王安石并没有意识到这一点。复相之后,王安石与神宗在用人问题上的分歧越来越大。神宗希望兼用各派人才,而且非常重视反对派对青苗、免役、市易法的批评意见。慢慢地,王安石与韩绛的关系也因为用人问题而彻底恶化。

曾布与吕嘉问等变法派的主要官员已经离开朝廷,韩绛也因为王安石过于独断、不能接受任何不同意见而逐渐疏远了王安石。变法派内部开始分崩离析,这时王安石所能依赖的只有吕惠卿一人了。然而吕惠卿痛恨王安石的复相阻碍了他通向权力顶峰的道路,他将给王安石致命的一击。

王安石复相之后,为了重整变法大业,要求重新起用一批被贬谪的变法官员,同时采取一系列措施修正新法的弊端,然而他所有的努力都因为吕惠卿的反对而无法实施。

神宗多次提醒王安石不要再将吕惠卿看成是忠实可靠的盟友,甚至直截了当地对王安石说"吕惠卿这个人不顶用,他不是真心帮助你的人",并打算立即贬黜吕惠卿。但王安石仍然极力为吕惠卿辩护,不知这是王安石以君子之心度小人之腹,还是为了变法大业而隐忍。

吕惠卿开始公然挑拨神宗与王安石的关系。有一次王安石生病了,神宗让他安心养病,吕惠卿乘机离间。神宗看不下去,便将吕惠卿挑拨离间的话原原本本地转告给王安石听。

此外,王安石、王雱、吕惠卿等人注解《诗》《书》《周礼》等经籍的工作完毕后,神宗论功行赏,分别加官。吕惠卿攻击王雱完全没有资格

加官,并以自己辞让加官相威胁。这让王安石与王雱十分尴尬,不得不坚决推辞加官。

吕惠卿的态度很明确,朝廷中有王安石就没他,有他就没有王安石。他不停地辞官,说:"朝廷可以无臣,而不可以无王安石,此臣所以求去也。"他甚至说:"陛下一听王安石,天下之治可成也!"不但挖苦王安石,连神宗也一起嘲讽。

无论是神宗还是王安石,都不曾想到人可以无耻到这种地步。朝廷不久收到沂州(今山东临沂)急报,称余姚县主簿李逢借宗教活动谋反,牵连河中府观察推官徐革、医官刘育、将作监主簿张靖武、进士郝士宣、右羽林大将军赵世居、道人李士宁等。

吕惠卿看到这个报告,立即想起了道士李士宁与王安石曾有过交往。

李士宁自言已300岁,修道于峨眉山,精通导气养生之术,能知休咎祸福。他善于言谈,说话滴水不漏,10多年前曾为仁宗皇帝讲过养生之道,仁宗还亲自写诗赠他,因此名声大噪。京城中的公卿黎庶都十分崇拜李士宁,王公大臣也经常请他看病制药、卜凶问吉。吕惠卿记得,李士宁曾多次前往王安石府邸,王安石都以贵宾礼遇。

此案的审理工作由吕惠卿总负责,吕惠卿派邓绾等人审问李士宁。在邓绾的拷问下,李士宁交代自己与王安石的交往不过是数次为王安石家人治病,但邓绾在审案报告中却暗示王安石参与谋反。吕惠卿又指使亲信将这个报告在朝廷上层广泛散布,同时要求邓绾将弹劾王安石的奏疏直接送到宰相韩绛手上。

韩绛看吕惠卿闹得实在是不像话,便将情况向王安石通报。王安石虽然大吃一惊,但仍然不动声色。然而王安石之子王雱年轻气盛,无法容忍吕惠卿的这种恶劣行径,于是瞒过父亲,在朝中串联了蔡承禧等一批台谏官策划弹劾扳倒吕惠卿的计划。

不久后一次午朝,御史蔡承禧突然发难,率先弹劾吕惠卿,引起很多台谏官的响应,午朝迅速演变成揭发吕惠卿的控诉会。宰相韩绛推波助澜,也向神宗呈上了弹劾吕惠卿的奏疏。

在这种情况下,吕惠卿的党羽邓绾为了避免跟吕惠卿一起下台,反戈一击,揭发了变法以来最大的一桩弊案——吕惠卿兄弟华亭弄权奸利案。邓绾揭露,在变法过程中,吕惠卿与其弟崇政殿说书吕升卿、曲阳县尉吕和卿乘新法推行之机,与华亭知县张若济狼狈为奸,利用职权强借华亭富民朱华等人钱五百万,用以私置田产五百顷,并指使舅父郑膺强夺民田。

此案一出,朝野大哗,百官大骇,皇上震怒。未等审理,吕惠卿就被贬至陈州,等待案件查清后再听发落。同时吕温卿、邓绾、章惇等变法派官员纷纷落职。

王安石的时代结束了

权力斗争的形势越来越复杂。

王安石派人调查华亭弄权奸利案,但查来查去查不出吕惠卿的问题。王安石又另外派了一组人去调查。

这时王安石的儿子王雱已经按捺不住了。他瞒过父亲,与因事返京的吕嘉问合谋,找到了王安石的门生练亨甫,利用他中书刑房习学公事的职务之便,窃取了邓绾揭发吕惠卿的材料和皇上"置狱鞠治"的批示。然后王雱借看望父亲之便,将吕惠卿的材料夹杂于其他王安石打算送到刑堂审判的材料中,试图绕过调查的环节直接审判吕惠卿等人。

不料当日刑堂值班的是吕惠卿的亲信。他们发现了移送材料中的猫腻后,立即派人急驰陈州向吕惠卿报告。

吕惠卿连夜写了一份奏疏,揭露王安石"欺君罔上"。

神宗得到吕惠卿的奏疏后,将其交给了王安石。

王安石一看,当场冷汗涌出,两腿瘫软,跌跪在神宗面前,叩头禀奏:"圣上明察。臣居东府,有不察失职之罪。但此事确非臣所为……臣绝不敢蒙混欺君。"

神宗冷冷地说:"朕也不相信先生会欺君罔上,但先生官居东府,有责任查清此事向朕汇报!"

自与神宗相识,王安石从未受到神宗如此严厉的谴责。然而当王安石查清"弄权蒙混"一事是自己的儿子王雱所为时,首先被击垮的不是王安石,而是王雱。王雱自知闯下大祸,无地自容,愤懑之下病倒了。

正当王安石为儿子四处延医之时,京城大小官员纷传王安石将自请离京。传闻讲得有鼻子有眼,所有的人都信以为真。对吕惠卿反戈一击的邓绾听说后十分震惊,他害怕王安石走后吕惠卿重新掌权,于是向练亨甫求证这则传闻。练亨甫并不知道王雱"弄权蒙混、欺君罔上"的伎俩已经败露,便对传闻添油加醋,向邓绾透露"王安石自请离京,皇上坚留不准"的假情报,并唆使邓绾以御史中丞的身份立即上表劝谏皇上恩宠王安石。

于是邓绾在奏疏中请求皇上赏赐王安石府第,并赞扬王安石之子王雱和王安石之婿蔡卞有非凡之才,建议皇上对他们委以重任。

当神宗将邓绾的意见告知王安石时,王安石不得不进行自我批评,检讨自己错误地举荐了邓绾这样的官员,并主张贬黜邓绾。于是神宗亲自批示将邓绾贬为知虢州。

王雱在病榻上昏厥了3天才苏醒,醒来时发现年迈的父母陪着一位御药房医官坐在榻前流泪。

当神宗再次召见王安石时,王安石抢先向神宗交代了其子王雱乃"弄权蒙混、罔上欺君"之首恶,并承认了自己教子不严,请求解除职务。

王安石并没想到,吕惠卿必先除掉自己而后快,更加阴狠毒辣的恶状已经告到神宗手中。

听完王安石的坦白,神宗叹了口气,从御案上拿起吕惠卿上呈的一叠私人信件交给王安石。

这些私人信件,是前几年吕惠卿协助王安石处理朝政时王安石写给吕惠卿的便笺、留条,那时正是反对变法的声音最激烈的时候。当时的王安石为了不使皇上为难,在信件中留下了"无使上知"的字句。现在吕惠卿将这些信件交给神宗,无疑是指控王安石"罔上欺君"。

白纸黑字,王安石百口莫辩。这一次,他被击垮了,无论是在政治上还是在精神上。

不久,王雱病逝。王安石对京城的生活彻底厌倦了,他一刻都不想继续留在京城,上表坚决请辞。

4个月后,神宗皇帝彻底改组了朝廷,王安石再次出知江宁府,王安石的时代结束了。

半山园

熙宁九年(1076年)十一月十二日,王安石携爱子灵柩与老妻回到了江宁府,这一年他55岁。

在第二次罢相之前,王安石委托朋友在江宁购了一块地。这块地在江宁城东门外至蒋山的半道上,原是一片低洼积水之地,离东晋名臣谢安的故宅谢公墩不远。谢安字安石,"安石不出,如苍生何"这句名言本来是说谢安的。

王安石就在这里营造了一座简陋的园林,取名"半山园"。他有一首诗是这样记载半山园的:

今年钟山南，随分作园囿。
凿池构吾庐，碧水寒可漱。
沟西雇丁壮，担土为培塿。
扶疏三百株，莳棟最高茂。
不求鹓雏实，但取易成就。
中空一丈地，斩木令结构。
五楸东都来，斸以绕檐溜。
老来厌世语，深卧塞门窦。
赎鱼与之游，喂鸟见如旧。
独当邀之子，商略终宇宙。
更待春日长，黄鹂弄清昼。

半山园其实很寒酸，不过是树林中几间小屋而已，连围墙都没有修。不知情的游客路过此地，一般会以为这里是一个投宿的地方，绝不会想到是宰相的府第。不过王安石对半山园非常满意，为它写了很多诗词。

在半山园读读书、填填词，王安石终于意识到自己根本不适合去领导整个帝国的政治走向。一介书生，或许只适合在山林中宣泄意气。

离开京城时，神宗赐给王安石一匹马，说是送给他做脚力。现在王安石又买了一头驴。每次出行，王安石不是骑马便是骑驴，从不坐轿。有人说他年纪大了，骑马不安全，不如坐轿子。王安石回答说，拿人当牲口，不习惯。后来马死了，他写了一首诗：

恩宽一老寄松筠，晏卧东窗度几春。
天厩赐驹龙化去，谩容小蹇载闲身。

224

从那时起，江宁城外的农民们经常看到一位老者，穿着普通的宽衣，骑着一匹黑驴，旁边走着一个迟钝的牵驴汉子，在外四处漫游，走到哪里算哪里。

永乐兵败

王安石走后，神宗皇帝的新法大业仍在继续。

以前面对王安石的博学雄辩，神宗不得不委屈自己，像个学生一样事事听从王安石。现在王安石走了，神宗成了新法的唯一决策者。这一年，神宗年满30岁，已经是一位非常成熟果断的君主了。

1078年，神宗皇帝将年号由"熙宁"改为"元丰"，这个年号一直沿用到8年后神宗驾崩。元丰年间，神宗皇帝通过新法积累了大量的财富。神宗的儿子哲宗继位后，惊奇地发现父亲给他留下了五千余万贯的钱财，还有谷、帛两千八百余万石、匹。当时的朝臣认为，这些财富足够朝廷20年的开支。

但奇怪的是，朝廷的财政状况并没有因为新法积累的财富而变得宽裕。原来这些财富并没有用于财政开支，而是藏入了神宗皇帝专门建造的三十二座库房。后来这三十二座库房也不够贮藏了，因此又盖了二十座。这些库房被称为元丰库。

神宗并不是一个荒淫奢侈的皇帝，他要这么多财富并不是供自己挥霍，而是用来待"非常之用"。

神宗所谓的"非常之用"，应该是指整顿军队，准备与西夏、契丹开展战争，从而一统江山，恢复汉唐疆域。但新法整顿军队的效果并不明显。

更糟糕的是，元丰年间神宗屡次遣将发动对西夏的战争，每次都

大败而归,使得神宗的富国强兵梦彻底破灭。

元丰四年(1081年),西夏国主秉常提出向宋割地求和,被梁太后囚禁。靠近西夏的鄜延副总管种谔认为这是攻取西夏的大好时机,于是上书神宗,请求出兵。

七月,神宗以宦官李宪为主帅,令李宪出熙河路,外戚高遵裕出环庆路,刘昌祚出泾原路,宦官王中正出河东路,种谔出鄜延路,分五路大军大举进攻西夏。

很快,种谔、王中正、高遵裕三军等攻占米脂(今属陕西)等地,但因粮草不济等原因而无法前进;刘昌祚军进逼灵州,却因高遵裕嫉功牵制,贻误战机,反被西夏黄河水所淹;李宪攻占兰州城后,因其他各路军遭到失败,也接诏班师。

神宗不甘心灵州之战的失败,接受沈括与种谔的建议,派徐禧等人到横山一带主持筑城防守事务。徐禧主张在永乐川筑城,遭到沈括与种谔的反对。但徐禧固执己见,终于筑成永乐城(今陕西米脂西北马湖峪),神宗赐名"银川寨"。

永乐城无疑成为西夏边境之大患,西夏立即发全国精兵与宋军展开殊死搏斗。徐禧不采纳守将的任何建议,频失战机,以致永乐城守军全军覆没,徐禧等将领被乱兵所杀,士兵役夫二十余万人战死。

元丰五年(1082年)十月初一,永乐城兵败的消息传到京城。此时神宗刚刚结束郊祀典礼,正在回城的路上,骤然闻之,犹如五雷轰顶,立即瘫软在轿舆之中,冷汗浸衣,浑身发抖。

被抬进福宁殿寝室之后,神宗昏昏沉沉,呓语不停,不断念叨徐禧等人的名字,御医沈安士诊脉为"气郁痰火,蒙迷心神"。服了"安神静心、散火舒气"的药汤之后,神宗病情稍为转轻,神情稍为安静,但仍睁眼不眠,不饮不食,辗转床榻。沈安士再施药汤,全然无效,只好凝望着神宗发呆。

永乐兵败的汇报正式送到神宗手上后,神宗伏案大哭,宰执不敢仰视。此后一连三日,神宗涕泣悲愤,水米未进,自此大病一场。

一个月后的一个傍晚,王安石的侄婿叶涛牵着毛驴从江宁城购买日用杂物归来,不及卸货进屋,便神情紧张地跑上半山亭,向正在散步的王安石禀报了永乐兵败和皇上重病卧床的消息。

王安石顿时魂飞魄散,手杖落地,失神于半山亭。

第二天王安石也病倒了,昏迷不醒,两日无语,面色灰暗,呼吸出多入少。

能了诸缘如梦幻

王安石这场病一拖就是一年多。直到元丰七年(1084年)五月,神宗才得知王安石病倒的消息,于是派王安石的女婿蔡卞去江宁看望王安石。

蔡卞告诉王安石,神宗大病之后,朝廷上下开始讨论立嗣问题。神宗这时才30多岁,朝臣却已在讨论立嗣,王安石意识到神宗已是来日无多。想到这里,王安石的眼泪夺眶而出。

蔡卞是王安石的二女婿,这次他带来了王安石大女儿的一首诗呈给王安石:

> 西风吹入小窗纱,秋气应怜我忆家。
> 极目江山千里恨,依然和泪看黄花。

王安石知道,大女儿的公公吴充是自己的政治死对头,大女儿在吴府的日子不会好过。他回赠一首诗,以佛法劝解女儿:

秋灯一点映笼纱,好读楞严莫念家。

能了诸缘如梦事,世间唯有妙莲花。

蔡卞接过诗稿便夸岳父大人已深得佛中三昧。王安石淡然一笑,要蔡卞给神宗捎回一封奏折,请求将半山园捐为僧舍,地产送给钟山太平兴国寺。

蔡卞吃惊地问:"那您住哪啊?"

王安石说:"天下之大,哪里不能暂寄此身。"

第二年春天神宗皇帝再次病倒。三月一日,神宗册立皇六子赵煦为太子。三月五日,神宗驾崩,10岁的赵煦继位,是为宋哲宗。由于新皇帝年龄太小,太皇太后高氏垂帘听政,主持政局。

高太后主持政局后,任用深孚众望的司马光担任门下侍郎,又任命吕公著为尚书左丞。司马光执政后,立即要求废止熙宁变法各项措施。这时朝中的宰相是蔡确和韩缜,知枢密院事是章惇。他们都是变法派,坚决抵制司马光的主张,提出"三年无改父道"的古训,反对神宗一死新法即除的做法。

司马光针锋相对,提出新法乃王安石、吕惠卿等人所为,不是神宗的主张,并强调尽变新法是高太后"以母改子",而不是哲宗"以子改父"。同时司马光极力推荐了一大批反对派官员担当朝廷重任,如刘挚、范纯仁、范祖禹、吕大防、孙觉、王岩叟、苏轼、苏辙等人。

七月,宋廷废除保甲法;十一月,废除方田均税法;十二月,废除市易法和保马法。第二年,改年号为"元祐",进一步废除新法。闰二月,反对派开始向变法派的宰执大臣发起进攻,蔡确、章惇、韩缜等人遭到弹劾。不久,三人分别被罢出朝廷。

三月,司马光要求全国在5天之内废除免役法,恢复差役法,引起了反对派内部的广泛争议。范纯仁、苏轼等人认为免役法有合理的内容,不应不加分析地废除。然而司马光固执己见,听不进任何反对意见。司马光5天内恢复差役法的要求,全国范围内只有原本属于变法派的知开封府蔡京如期完成,蔡京为此受到了司马光的表扬。

王安石得知神宗驾崩的噩耗后,眼前一黑,老泪纵横。数日之后,王安石才恭恭敬敬地写了《神宗皇帝挽辞二首》。接下来的几个月里,王安石不断得到司马光废除新法的消息。听到司马光将免役法罢废时,王安石再也无法自持,喃喃自语道:"难道连这个都要废除?这是我与先帝研议2年才颁行的办法,合情合理,卓然有效,就算现在废了将来也会恢复的!"

将有非常之大事,必生希世之异人

就在司马光废除免役法一个月后,66岁的王安石与世长辞。

王安石的葬礼冷冷清清,时人记载:

> 盖公自罢相,凡昔之门生故吏,舍之而去者多矣,又从而下石焉,如吕惠卿者,盖其尤也。公之卒也,张芸叟为诗以吊之,曰:"今日江湖从学者,人人讳道是门生。"

虽然朝廷在高太后的主持下尽废新法,但哲宗皇帝对王安石并无反感,甚至对熙宁变法多有向往。哲宗皇帝决定给王安石加赠太傅名位,以增哀荣。《王安石赠太傅》的制词是由当时的翰林学士苏轼代表哲宗起草的:

> 敕:朕式观古初,灼见天命。将有非常之大事,必生希世之异人。使其名高一时,学贯千载。智足以达其道,辩足以行其言。

瑰玮之文,足以藻饰万物;卓绝之行,足以风动四方。用能于期岁之间,靡然变天下之俗。

具官王安石,少学孔、孟,晚师瞿、聃;网罗六艺之遗文,断以己意;糠秕百家之陈迹,作新斯人。属熙宁之有为,冠群贤而首用。信任之笃,古今所无。方需功业之成,遽起山林之兴。浮云何用,脱屣如遗。屡争席于渔樵,不乱群于麋鹿。进退之际,雍容可观。

朕方临御之初,哀恫罔极。乃眷三朝之老,邈在大江之南。究观规摹,想见风采。岂谓告终之问,在予谅暗之中,何不百年,为之一涕!

於戏!死生用舍之际,孰能违天,赠赙哀荣之典,岂不在我。宠以师臣之位,蔚为儒者之光。庶几有知,服我休命。可特赠守太傅。

苏轼不愧是问文章高手。他的这篇制词,代表了当时朝廷的看法。制词回避了当时争议甚大的熙宁新法问题,从道德文章、经学才识等方面充分肯定了王安石,从而使持不同政治立场的人都可以接受。

王安石去世后不久,司马光、吕公著等反变法派大臣也相继去世。但有关王安石的争论并没有随着王安石的去世而结束。

高太后掌权的元祐年间,王安石主持的变法被彻底否定,记载熙宁变法最原始的史料《熙宁奏对日录》以及据此修成的《神宗实录》被打成"诬伪之书",很多记载因此永远地消失了,熙宁年间的历史被彻底改写。

但高太后去世后一直到徽宗崇宁年间,宋廷重新打起了新法的旗号,以蔡京为首的"新党"追封王安石为舒王,并让王安石配享孔庙。

北宋末年,借助蔡京的提拔而做上谏议大夫的杨时(程门立雪的那位）在上书论述蔡京误国的罪恶时，竟把责任推到了王安石身上。他上书钦宗说：

> 臣伏见蔡京用事二十余年，蠹国害民，几危宗社，人所切齿，而论其罪者曾莫知所本也。盖京以继述神宗皇帝为名，实挟王安石以图身利……则致今日之祸者，实安石有以启之也。臣谨按，安石挟管商之术，饰六艺以文奸言，变乱祖宗法度。当时司马光已言其为害当见于数十年之后。今日之事，若合符契。

到了南宋，有一个叫邵伯温的人写了一本《邵氏闻见录》，捏造了很多有关王安石的谣言，说王安石主张"弃地五百里"给辽，假借李师中之口说王安石貌似王敦，假冒苏洵炮制了一篇《辨奸论》对王安石进行诽谤和丑化，并声称北宋亡国之祸是王安石变法招致的结果。在邵伯温的笔下，王安石被勾画成一个十恶不赦的千古罪人。

南宋理学家朱熹也为丑化王安石推波助澜。不过同时代的另一位哲学家陆九渊是王安石的同乡，他在《荆国王文公祠堂记》中批驳了对王安石的种种诬蔑，指出王安石具有高尚品质和远大志向，"英特迈往，不屑于流俗，声色利达之习，介然无毫毛得以入于其心，洁白之操，寒于冰霜，公之质也。扫俗学之凡陋，振弊法之因循，道术必为孔孟，勋绩必为伊周，公之志也"，认为他是一个超类拔群的伟人，短处仅在于其不能广泛听取不同意见。

然而元人在修《宋史》时采用了朱熹的意见，将王安石描写成一个心怀叵测、沽名钓誉的伪君子，从此王安石的名字与王莽、曹操、司马懿、桓温之流相提并论，甚至成了古今第一小人。

清朝嘉庆年间，王安石的另一位同乡蔡上翔编撰了《王荆公年谱考略》。此书详征博考，搜罗了很多史实，有力地揭露了《宋史·王安石传》的谬误，痛斥邵伯温等人的无耻行径，不厌其烦地为王安石辩护。

直到近代,梁启超于1908年出版了《王荆公》(今名《王安石传》),为王安石彻底翻案,这才改变了南宋以来否定王安石的基本倾向。在《王荆公》中,梁启超是这样称颂王安石的:

> 其德量汪然若千顷之陂,其气节岳然若万仞之壁,其学术集九流之粹,其文章起八代之衰,其所设施之事功,适应于时代之要求而救其弊,其良法美意,往往传诸今日莫能废,其见废者,又大率皆有合于政治之原理,至今东西诸国行之而有效者。呜呼,皋夔尹周,遐哉邈乎,其详不可得闻,若乃于三代下求完人,惟公庶足以当之矣。

到2004年,宋史专家李华瑞出版了《王安石变法研究史》,凡602页、45万字,详尽描述了"封建的学者把他看作'天变不足畏、祖宗不足法、人言不足恤'的异端,而资产阶级学者则把他捧到天上,好像在千年前他就是一个为资本主义世界设计的大人物"的转变历程。

读者观书至此,或许仍是一头雾水:既然王安石和司马光都是道德君子,他们的政见为何如此不同?两人的对立究竟孰是孰非?难道仅仅是性格的偏执导致了变法的失败?王安石变法的功过是非究竟应该如何评判?

这个问题其实并不复杂。王安石的立场,无非是要国家加强对社会、市场的控制,通过限制土豪阶层帮助国家改善财政状况。而司马光认为土豪的社会势力相当强大,王安石的变法必然遭到地方的抵制而归于失败,并且引起政局的混乱,因此坚决反对。

后人或把王安石贬得十恶不赦,或把王安石捧得如圣人再世,这些不过是把自己的价值评判强加于古人。王安石不过是代表朝廷的立场发动了一场对土豪阶层的斗争,其中并无神秘可言。王安石其人其事,应作如是观。

⊙ 孺子近道

⊙ 读轼书，不觉汗出

⊙ 鸿飞那复计东西

⊙ 千里孤坟，无处话凄凉

⊙ 在『冒险夜行』的政局中

⊙ 更欲题诗满浙东

⊙ 西湖虽好莫吟诗

⊙ 惟有诗人被磨折

⊙ 我生百事常随缘

⊙ 难以追陪新进

⊙ 这回断送老头皮

⊙ 小臣愚暗自亡身

⊙ 黄州好猪肉，价贱如泥土

⊙ 小舟从此逝，江海寄余生

⊙ 礼岂为我辈所设

⊙ 人人皆戴子瞻帽

⊙ 麋糟陂里叔孙通

⊙ 一肚子不合时宜

⊙ 譬如原是惠州秀才

⊙ 天女维摩总解禅

⊙ 内翰昔日富贵，一场春梦

⊙ 道大不容，才高为累

我生百事常随缘

苏轼

孺子近道

苏轼自幼深受道家文化的影响,本打算到青城山去做隐士,然而父亲为他安排了结婚、考进士的人生道路。

苏轼的伯伯苏涣考上了进士,当上了朝廷的官员。当时眉山考中进士的只有两个人,除了伯父苏涣,另一人是苏轼的姐夫。这在眉山是头等重大的喜事,成都官府派差吏给苏家送封诰。封诰送到苏家时,苏轼的爷爷苏序正在郊外与村翁饮酒。半醉半醒中,苏序取过封诰,叉开两腿坐在地上读完诰文,然后把一般人视为神圣之物的诰文跟吃剩的牛肉一起放入布囊袋中,拍拍屁股回家了。

苏轼小时候常跟着爷爷到家门前的竹林中玩,到附近的道观中玩。在爷爷的熏陶下,苏轼一生热爱悠游自在的生活。

庆历三年(1043年),7岁的苏轼入乡校学习,拜道士张易简为师。张易简的天庆观北极院其实是一所小学,学生有一百人左右。苏轼在这里上了3年学,道家道教的精神从这时便开始深入苏轼的内心世界。晚年的苏轼谪居海南,一日梦见自己回到了天庆观北极院,老师张易简恭候在庭院,见了苏轼便说:"老先生且回到这里来吧。"道观中张易简的门徒正在朗诵"玄之又玄,众妙之门"。

在家乡时,曾有一位隐士给年幼的苏轼看骨相,说:"孺子近道,要少思寡欲。"

苏轼不解地问:"思虑难道和欲望一样有害于养性修炼吗?"

隐士说:"思虑比欲望更有害,就像蚁漏之水缺,不可察觉而祸害无穷。"

像苏轼这样敏学好思的人,实在无法理解无思无虑的境界,不过他还是深深地记住了隐士的话，后来给自己的堂取名"思堂"，告诫自己不要营营于思虑之苦，不要自寻烦恼。

古朴而秀丽的眉山，是独立于中原文化之外的小城。眉山的士大夫崇尚西汉经学，喜欢隐居修炼，不求出仕为官。苏轼童年、青年时期受此风气濡染，一心想到眉州的道教圣地青城山隐居修炼。

不过苏轼的父亲苏洵在哥哥苏涣的刺激下，改变了到处游学的习惯，开始发愤图强，参加科举考试。可惜苏洵屡试屡败，很是郁闷，但他也因此更加专心地培养两个儿子。

苏洵见苏轼聪明活泼、性格开朗，希望他将来成为一个目光远大、出类拔萃、前程无量的人，故取名"轼"。"轼"是古代马车上的横木，原是给车上的人做扶手之用。凭轼而立，才能立得稳当、高瞻远瞩。苏轼字"子瞻"，就是高瞻远瞩的意思。苏轼有个弟弟叫苏辙，性格沉稳内向。"辙"是车轮在路上留下的痕迹，意寓尊重规律，功成不居，远离祸害。

苏轼18岁那年，苏洵打算给他完婚。苏轼不答应，因为他的理想是去青城山隐居读书。苏洵十分恼火，狠狠地教训了儿子一顿。

没想到苏轼反驳说："父亲不是一向鄙视那些汲汲出仕的急功近利之徒吗？自古以来，山林隐士中多有饱学之士、非凡之人。人生苦短，我想上青城山学长生不死之道。"

苏洵说不过儿子，便搬出苏轼的母亲程氏："母亲常要你学汉朝的范滂，可没要你学做什么隐士！"

原来少年时，程氏常教苏轼读《后汉书·范滂本传》。范滂乃东汉名士，"有澄清天下之志"。当时朝中宦官弄权，政风败坏，仁人志士奋起抗击，宦官因此大肆捕杀士大夫，酿成党锢之祸。范滂也卷入其中，临危时与母亲诀别，母亲对他说："我愿你为实现理想而舍弃生命。"苏轼当时被范滂的故事深深感动，问母亲愿不愿让他做范滂这样的人。母亲回答说："你能做范滂，我怎么不能做范滂的母亲呢？"

苏轼一想做隐士的确会辜负母亲的期待,便不再争辩。

19岁那年,苏轼由父母做主,娶了蜀中名士王方之女王弗为妻。

读轼书,不觉汗出

2年之后,也就是嘉祐二年(1057年),21岁的苏轼和弟弟苏辙一道告别母亲以及亲友乡邻,跟随父亲第一次远离家乡,前往京城参加进士考试。

礼部考试的考题是《刑赏忠厚之至论》。苏轼苦心经营,三易其稿,仅用六百余字就阐明了以仁治国的思想。主考官欧阳修读后又惊又喜,深觉文章引古喻今,说理透彻,既阐发了传统儒家的仁爱思想,又有独到见解,语意敦厚,笔力稳健,质朴自然,颇具古文大家风采。欧阳修本想将其评为第一,转念一想:"这样出色的文章,除了我自己的门下弟子曾巩之外,天下不会有第二人写得出。如果取曾巩为第一,岂不是有徇私舞弊之嫌?"苏轼因此屈居第二。

到了第二年的秋天,仁宗皇帝亲自主持殿试,气宇轩昂、才华出众的苏氏兄弟给仁宗皇帝留下了深刻印象。仁宗回宫后即对皇后说:"我今日为子孙得了两个太平宰相!"

金榜题名之后,主考官与新中进士之间便有了师生的名分和情谊。苏轼循惯例向恩师欧阳修呈递了《谢欧阳内翰书》,表达了自己对欧阳修的诚挚谢意。这封不足五百字的短简,极为精要地概述了宋朝立国以来文学发展的艰难进程,高屋建瓴,大有一览众山小的气势,充分显示出苏轼不凡的见识和高超的文字驾驭能力。欧阳修读后赞不绝口,逢人便夸:

读轼书,不觉汗出。快哉快哉!老夫当避路,放他出一头地也。可喜可喜。

欧阳修预言未来的文坛一定是属于苏轼的。他说:"再过30年,文坛上恐怕没人还记得我欧阳修啰!"

正当苏轼像光彩熠熠的明星照亮文坛的上空,一举成名、声名鹊起时,噩耗从天而降。苏氏兄弟的母亲程氏于四月初八病故,临终之际并不知道一双爱子已在京城高中。

苏氏父子于五月底闻此噩耗,悲痛欲绝,仓促离京,日夜兼程赶回家中。回到家后,他们看见眼前一派荒凉,屋庐倒坏,篱落破漏,如逃亡之家。苏轼回想当年,屋里屋外整洁清新,一家人其乐融融的情形,不禁悲从中来。

苏洵将夫人安葬在武阳安镇山下老翁泉旁,并在泉上筑了一座亭子,作《祭亡妻文》寄托哀思。

转眼已是嘉祐四年(1059年)的秋天,苏氏兄弟服丧期满。而在此之前,苏洵已先后两次接到朝廷召他进京的诏命。父子三人商量之后,决定举家迁往京城。

第二年二月,苏氏父子抵达汴京,在西岗租了一座宅院暂住下来。三月,苏轼被任命为河南府福昌县(今河南宜阳西)主簿。但苏轼听说明年朝廷将举行制科考试,于是辞不赴任,专心应试。

制科不同于3年一次的进士、明经之类的常举,而是由皇帝特别下诏并亲自主持、为选拔非常人才而特设的一种考试。应试制科须经大臣举荐,先由六名老官在馆阁举行阁试,及格者方能加御试。制科极为严格,应试者也极少,终两宋300多年,开制科仅二十二次,入等者才四十一人。因此制科出身的荣耀又加倍于进士及第。

为了应付这次难度极大的考试,苏氏兄弟从家中搬了出来,移居怀远驿,专心读书。结果苏轼以"贤良方正能直言极谏科"考入第三

等。宋代制科惯例,一、二等皆虚设不授,实际最高等级为第三等。自北宋开制科以来,只有吴育一人得过第三等,其他都在四等以下。苏轼得第三等是莫大的荣誉,被授予大理评事、签书凤翔府签判(知府的助理官)。弟弟苏辙考入第四等,被任为商州推官(州的属官,掌管审案)。因苏洵奉命在京修礼书,苏辙奏请留京侍奉,没有赴任。

鸿飞那复计东西

科举高中,父母的愿望已经达成,但苏轼的内心更加向往道家自然。

嘉祐六年(1061年)十一月,苏轼带着妻子王弗和刚刚出生的长子苏迈前往凤翔赴任。到渑池时,苏轼想到5年之前兄弟俩在父亲的带领下赴京应考就曾路过这里。那一次,他们在县中寺庙内借宿,得到了住持奉闲老和尚的热情接待。离别之际,兄弟两人还在奉闲和尚居室的墙壁上题诗留念。如今故地重游,已是物是人非,奉闲已经去世,新塔高高耸立,墙壁早已颓坏,题诗不复再见。此情此景,令苏轼悚然感到人生的变幻无常:

> 人生到处知何似,应似飞鸿踏雪泥。
> 泥上偶然留指爪,鸿飞那复计东西。
> 老僧已死成新塔,坏壁无由见旧题。
> 往日崎岖还记否,路长人困蹇驴嘶。

人生无常,富贵如泥。苏轼突然想寻找一些生命中永恒的东西。这时路过终南山,苏轼了解到终南山太平宫保留着朝廷整理的完整的《道藏》,欣喜万分,于是决定先读《道藏》,再赴官任。

苏轼在太平宫读了一个月的《道藏》。太平宫的藏书楼上有匾，上有魏碑体"琳宫"两字，门两边有持武器守卫的卫士。进了藏书楼，就是排列得整整齐齐的《道藏》。苏轼这次阅读的重点是《黄庭经》。读到"心部之宫莲含华，下有童子丹元家"时，苏轼闭目沉思，内观心脏，想象自己的心脏就是一朵含苞欲放的莲花，感觉内心回归了自我，融入了自然。

然而这令妻子王弗十分郁闷，在她看来这有点不务正业，像是旁门左道。报到的期限快到了，王弗催促苏轼赶紧赴任。

苏轼的到来，打破了凤翔的宁静。苏轼是京城政坛、文坛冒出来的新星，知府宋选欣赏苏轼的文学天赋，更知道苏轼到凤翔只是过渡，很快就会回到京城担任重任的，因此并没有让他承担什么行政事务。凤翔府的文士学子更是狂热地崇拜苏轼，宋选干脆让苏轼兼了府学教授，负责对学子们的教学工作。

苏轼常常被家中的各种客人所包围。苏轼天性热情好客，来者不拒，率真直爽。妻子王弗却在一边冷眼旁观，仔细倾听客人与苏轼的谈话。待客人走后，王弗便仔细地帮助丈夫分析："某人唯唯诺诺、察言观色，这种人是想利用你的；某人口直心快、心胸磊落，可以交往。"

不久，朝廷派了一个老军官陈公弼来继任知凤翔府。此人看不起文人，对苏轼态度粗暴、多有轻慢，让苏轼那颗敏感的文人之心感到难以接受。但是王弗劝告丈夫："陈太守心胸宽大，你不当与他顶撞蛮干。"

陈公弼有个儿子陈慥，性情夸诞，使酒好剑，花钱如粪土，被其父视为浪子，却很快成了苏轼的亲密朋友。香港影视剧《河东狮吼》中备受老婆柳氏欺压的男主角陈季常，历史上的原型就是这位老兄。苏轼曾写过一首诗送给这位怕老婆的叫怜朋友：

龙丘居士亦可怜，谈空说有夜不眠。

忽闻河东狮子吼，拄杖落手心茫然。

千里孤坟，无处话凄凉

3年后（治平二年，即1065年），苏轼在凤翔任满。这时仁宗皇帝已经去世，继位的是他堂兄的儿子宋英宗。英宗久闻苏轼大名，想破格召他入翰林院，委以知制诰（主要为皇帝起草诏书）或修起居注（记录皇帝言行）的重任，让他直接当上皇帝的机要秘书。不过宰相韩琦认为，骤然提拔对苏轼的成长并不利，建议先授予苏轼馆阁之职。结果苏轼成了直史馆。直史馆是一个没有实权重任的清要之职，苏轼很喜欢这个职位，因为他可以借此饱览宫中收藏的珍本图书、名人手迹以及传世名画。

然而这年的五月，年仅27岁的妻子王弗突然病逝，只给他留下了一个不满7岁的儿子。苏轼一生曾为他的爱妾朝云写过数十篇文字，但对王弗，除了一篇墓志之外，苏轼直到10年后梦见这位结发妻子时才写下了那首著名的《江城子·乙卯正月二十日夜记梦》：

十年生死两茫茫，不思量，自难忘。千里孤坟，无处话凄凉。纵使相逢应不识，尘满面，鬓如霜。

夜来幽梦忽还乡，小轩窗，正梳妆。相顾无言，惟有泪千行。料得年年肠断处，明月夜，短松冈。

就在王弗去世的第二年，父亲苏洵也与世长辞，享年58岁。当时，苏洵参与编写的礼书刚刚脱稿，而他独自撰写的《易传》还未完成，临终之前，苏洵谆谆嘱咐两个儿子续写成书。苏洵逝世的消息奏闻朝廷之后,英宗诏赐银一百两、绢一百匹,韩琦、欧阳修等元老重臣都送了厚礼。苏轼对这些一概婉言谢绝,只求朝廷追赠父亲官爵。最后英宗诏赠苏洵光禄寺丞,并命官府派船专程护送苏洵灵柩回四川老家。

回到家乡,苏轼将父母合葬,将夫人王弗葬于距父母坟墓仅八步之处。这片墓地位于眉山东北的一片山坡上。平缓的山坡上本是一片荒地,苏轼特地在这里种上三万棵松树,这就是《江城子·乙卯正月二十日夜记梦》中所说的短松冈。

苏轼为父守孝期满后已是33岁。父母去世使苏轼对未来有些茫然。

正当此时,王弗的伯父王君锡主动提出,愿将幼女闰之嫁给苏轼。所有人都认为这是一桩再合适不过的婚事。中秋前后,苏轼便与王闰之完婚。到了冬天,苏轼带着王闰之第三次离开故乡前往京城。从此,苏轼再也没有回到过家乡眉山。

在"冒险夜行"的政局中

苏氏兄弟于熙宁二年(1069年)二月回到朝廷。这时英宗皇帝已经去世,继位的是他的长子神宗皇帝。

神宗皇帝锐意进取,破格重用王安石为参知政事,开始实行新法,以图富国强兵。新法一经出台便在朝臣中引起激烈争论,翰林侍读学士司马光的政见与王安石针锋相对,韩琦、富弼、文彦博、欧阳修等元老重臣都认同司马光的观点。

然而神宗坚定地站在王安石一边,于是朝中元老重臣或称病,或引退,或要求外任,以消极抵抗的方式表达他们的不满。其他反对新法的官员也开始全面抵抗和攻击新法。神宗皇帝态度强硬,将阻碍新法者一律罢黜。

面对朝政的巨变,苏轼感到难以适从。苏轼并不反对变法,但问题是应该如何变法。新法给朝廷带来一种极不正常的气氛,这让苏轼对新法保持着高度的警惕。

王安石推行青苗、均输、市易等新法后,准备变更科举制度,请求兴办学校,并在科举考试中罢除诗赋等科目,专以经义、论、策来考试。

宋神宗对科举改革的方案犹豫再三,召集了许多大臣讨论。苏轼认为王安石的方案脱离实际,随即上《议学校贡举状》,论述贡举之法行之百年不可轻改。

苏轼的奏状说理透彻,神宗皇帝十分激赏,特地单独召见苏轼讨论朝政。

王安石听说此事后非常郁闷,开始将苏轼当作重要的政敌。不久宋神宗想让苏轼编修中书条例,王安石强烈反对。神宗几次提出要重用苏轼,结果王安石安排苏轼去做开封府推官。王安石想用繁杂的行政事务困扰苏轼,让他没有精力再对朝政说三道四。

然而苏轼并不是王安石所想象的无能文人。他敏于吏事,在将行政事务处理得井井有条的同时依然有足够的精力关注朝廷的一切细微变化,并仔细分析新法的利弊。

很快,苏轼认定新法必然弊端丛生,将给国家带来深重的灾难。于是他撰写了《上神宗皇帝书》《再上神宗皇帝书》,直言自己反对新法,劝谏神宗"结人心,厚风俗,存纲纪"。他甚至将新法比作毒药,危言耸听地说:"今日之政,小用则小败,大用则大败,若力行不已,则乱亡随之。"在《拟进士对御试策》中,苏轼用其高超的文学才华极尽讥讽之能事,将当时的局势比拟为"乘轻车,驭骏马,冒险夜行,而仆夫又从后鞭之"。

王安石的情绪完全被他自己宏伟的新法大业所左右,他对苏轼的不同政见完全无法忍受。于是他被激怒了,不断地要求神宗罢黜苏轼。

神宗爱才心切,对王安石的要求无动于衷。这时有人告发苏氏兄弟运父亲灵柩回乡的过程中偷运私盐、木材等物,而且沿途妄冒名义差借兵卒。然而朝廷兴师动众调查此案数月,最后竟然毫无所得,只好不了了之。

苏轼虽然明白自己与当政者唱反调,必然会遭到严厉打击,但他万万没有想到对手会用这样龌龊的手段。人心险恶,纠缠于无聊的纷争只会让灵魂堕落、精神沉沦。是非之地不宜久留,苏轼觉得自己已无法在朝廷中待下去了,于是请求外放。

新法是既定方针,苏轼既然坚决反对,朝廷也就只好将其外放。神宗批示让苏轼到外地做知州。

然而中书省(宰相府)强行压制,让苏轼去当颍州通判(知州副手)。

神宗皇帝觉得这样的纠葛十分无聊,他懒得再次驳回中书省,改批道:"通判杭州。"

更欲题诗满浙东

前往杭州赴任之前,苏轼先去陈州见了弟弟,然后二苏一同前往颍州看望恩师欧阳修。与弟弟告别后,苏轼于熙宁四年(1071年)十一月下旬抵达迷人的杭州。

苏轼是才华横溢、天生浪漫的诗人。远离了朝廷的纷争,来到了诗酒风流的西湖边,苏轼的脑海中充满了各种奇妙的构思、丰富的想象,文思如野马般自由驰骋。"明年采药天台去,更欲题诗满浙东",这是苏轼来到杭州时的豪言壮语。

苏轼在杭州的诗有两种。一种是称颂美丽的湖光山色的,如在望

湖楼上看新月初升的西湖夜景：

> 新月如佳人，出海初弄色。
> 娟娟到湖上，潋潋摇空碧。
> ……

（《宿望湖楼再和》）

夏夜逍遥自在地荡桨于湖面：

> 放生鱼鳖逐人来，无主荷花到处开。
> 水枕能令山俯仰，风船解与月徘徊。

（《六月二十七日望湖楼醉书》其一）

西湖如此令人流连忘返，苏轼每次游览都不知天色何时变晚，回城时才发现河塘夜市已是热闹非凡：

> 我饮不尽器，半酣尤味长。
> 篮舆湖上归，春风吹面凉。
> 行到孤山西，夜色已苍苍。
> 清吟杂梦寐，得句旋已忘。
> 尚记梨花村，依依闻暗香。
> 入城定何时，宾客半在亡。
> 睡眼忽惊矍，繁灯闹河塘。
> 市人拍手笑，状如失林獐。
> 始悟山野姿，异趣难自强。
> 人生安为乐，吾策殊未良。

（《湖上夜归》）

毫不奇怪,在湖酒晴雨之间,半酣半醉之际,诗人吟成这样的千古绝唱:

> 水光潋滟晴方好,山色空濛雨亦奇。
> 欲把西湖比西子,淡妆浓抹总相宜。
>
> （《饮湖上初晴后雨》）

任满离开杭州之后,西湖便成了苏轼的一块心病:

> 西湖天下景,游者无愚贤。
> 深浅随所得,谁能识其全。
> 嗟我本狂直,早为世所捐。
> 独专山水乐,付与宁非天。
> 三百六十寺,幽寻遂穷年。
> 所至得其妙,心知口难传。
> 至今清夜梦,耳目余芳鲜。
> ……
>
> （《怀西湖寄晁美叔同年》）

> 前生我已到杭州,到处长如到旧游。
> 更欲洞霄为隐吏,一庵闲地且相留。
>
> （《和张子野见寄三绝句之过旧游》）

西湖虽好莫吟诗

除了吟咏西湖山水之外，苏轼在杭州通判任上十分勤政。他走遍杭州附近的山山水水，了解百姓疾苦，思考朝廷变法的得失，写出了一系列记录苦难现实、反思变法得失的诗篇。

苏轼的表哥、墨竹画家文同深知苏轼坦率热情、关切时政，担心他因言获罪，在京城时就劝苏轼"世途维艰，惟守口可以免祸，表弟尤须谨慎"。等苏轼去了杭州以后，文同又赠诗劝谏：

北客若来休问事，西湖虽好莫吟诗。

然而率直的个性和横溢的才华让苏轼的诗越吟越多、越吟越痛。他不明白为什么新法要驱使天下官民为利煎熬：

……
有生共处覆载内，扰扰膏火同烹煎。
近来愈觉世路隘，每到宽处差安便。
……

（《游径山》）

吴兴一带本来盛产蚕丝鱼米，可如今因为新法已是：

……
卖牛纳税拆屋炊，虑浅不及明年饥。

官今要钱不要米,西北万里招羌儿。

……

(《吴中田妇叹》)

新法实行食盐专卖,导致民间无盐可卖,再加上盐价上涨,闹得山中老翁无盐可食:

老翁七十自腰镰,惭愧春山笋蕨甜。

岂是闻韶解忘味,迩来三月食无盐。

(《山村五绝》其三)

新法之青苗法引诱乡村子弟进城贷款,不料他们经不起城市生活的诱惑,没有将贷款用于农业生产,却用于娱乐消费:

杖藜裹饭去匆匆,过眼青钱转手空。

赢得儿童语音好,一年强半在城中。

(《山村五绝》其四)

惟有诗人被磨折

西湖的山水,比北方的山河更妩媚迷人。江南的文人生活的乐趣更浓,艺术的气息更重,极合苏轼的胃口。江南大大小小的官僚自由地批评时局,对苏轼随口议论朝政也十分宽容。这一切都让苏轼感到如鱼得水。

85岁的词人张先(字子野)又讨了一房小妾,苏轼赠诗嘲之:

诗人老去莺莺在,公子归来燕燕忙。

张子野毫无愧色,和诗云:

愁似鳏鱼知夜永,懒同蝴蝶为春忙。

张子野得知苏轼将路过常州,便恳请苏轼去他府上喝杯喜酒。赴宴的还有一位叫作刁景纯的风流老人,年已八十,平时与张子野交往密切。他在润州的居所名为"藏春坞",蓄养着好几位家妓。

张府出来侑酒助舞的家妓个个年轻貌美,极有教养,这是苏轼在汴京看不到的。张子野的小妾在宴会上唱了张子野著名的"云破月来花弄影",吐词清爽,声腔优美,韵味无穷,惹得苏轼心中痒痒。苏轼暗下决心今后一定要多写一些词,以便让这些可爱的女子歌唱。

苏轼酒量极小,对酒十分敏感,一口酒下肚,便浑身开始放松,全身肌肉都进入了松弛状态。不一会儿,苏轼已是醉眼蒙眬、全身舒坦了。然而两位老人却是好酒量,这让苏轼惊羡不已。苏轼即席赋诗《赠张刁二老》,其中歌颂二老风流健强说:"两邦山水未凄凉,二老风流总健强。共成一百七十岁,各饮三万六千觞。藏春坞里莺花闹,仁寿桥边日月长。"

张、刁二老问及苏轼家中有无金钗(姬妾),但苏轼离开汴京时把家妓都遣散了,只好说:"惟有诗人被磨折,金钗零落不成行。"

张子野劝苏轼:"当年王羲之曾对谢安说,年在桑榆,赖丝竹陶写。子瞻正当壮年,何不在苏杭买金钗?"

苏轼回答说:"金钗好买,知己难寻啊。"

就在这一年,39岁的苏轼买了一位令人怜爱的侍女。当时这位侍女年仅12岁,不过苏轼希望她能成为自己的神女朝云。这就是后来成为苏轼爱妾、追随苏轼一生的王朝云。

我生百事常随缘

杭州任满,苏轼被任命为知密州(治今山东诸城)。

当时密州正值大旱,大旱引发了蝗灾。苏轼先是组织灭蝗,然后沐浴焚香,素食斋戒,向山神虔诚求雨。苏轼的努力虽可以感动密州的百姓,却不能阻止饥荒的发生。当地饿莩遍野,盗贼蜂起。苏轼又忙着拨出数百石粮米补助收养弃孩的家族,并制定了周密的缉盗方案。

这时朝廷也发生了重大的人事变动,王安石罢相,吕惠卿一意孤行地推动手实法,闹得鸡飞狗跳,民不聊生。

密州的生活实在无法与杭州的相比,于是苏轼在寄给朋友的诗中吐苦水:

> 何人劝我此间来?弦管生衣甑有埃。
>
> 绿蚁沾唇无百斛,蝗虫扑面已三回。
>
> 磨刀入谷追穷寇,洒涕循城拾弃孩。
>
> 为郡鲜欢君莫叹,犹胜尘土走章台。
>
> （《次韵刘贡父、李公择见寄二首》其一）

没有歌舞,没有酒筵,只有恼人的蝗旱和纷繁的公务。如此繁杂和寂寞,苏轼真不知自己当初为何要跑到这个鬼地方来。不过苏轼也不忘自嘲两句,作为密州郡守虽然郁郁寡欢,但比起汴京城里处处陷阱的党争还是要好得多了。

因为身体不适、心情不畅,春节里苏轼卧床谢客了好多天。等到

上元节,苏轼再也耐不住寂寞,强打起精神出门去了。然而密州的上元节令苏轼深感失望。扫兴而归之时,他对杭州的怀念突然变得不可遏止:

灯火钱塘三五夜。明月如霜,照见人如画。帐底吹笙香吐麝,更无一点尘随马。

寂寞山城人老也。击鼓吹箫,却入农桑社。火冷灯稀霜露下,昏昏雪意云垂野。

（《蝶恋花·密州上元》）

苏轼才华横溢却常思虑过度,这对他的健康非常不利。在快活的杭州,苏轼疲于应付各种宴会,以致他将杭州称为"酒食地狱"。离开杭州的时候苏轼得了痔疾,终生不能痊愈。密州除夕夜的一场病让苏轼发觉自己未老先衰,"龙钟三十九,劳生已强半。岁暮日斜时,还为昔人叹"。这样的生活让苏轼感到毫无乐趣:

百年三万日,老病常居半。

其间互忧乐,歌笑杂悲叹。

颠倒不自知,直为神所玩。

须臾便堪笑,万事风雨散。

自从识此理,久谢少年伴。

……

（《乔太博见和复次韵答之》）

每当情绪低落的时候,苏轼便重读《庄子》。这是一部神妙的著作,书中以诗意的笔调,塑造了一种人与自然合一的理想人格。具备这种理想人格的至人,在心灵和精神上不依赖于任何外在的条件,纯任自然,拥有绝对自由,从而超越于生死、贵贱、贫富、毁誉。

通过《庄子》,苏轼发现,人生短暂,恰似手臂的一屈一伸,"何者为贫？何者为富？何者为美？何者为陋？"人生旅途上层出不穷的苦难和不顺,使苏轼渐渐地学会了自我疏解。他不再怨天尤人,不再封闭自虐,而是坦然地迎接命运的每一次挑战,在疾风骤雨中谈笑自若,"人生所遇无不可,南北嗜好知谁贤？死生祸福久不择,更论甘苦争蚩妍",从而真正做到了"我生百事常随缘"。

这一年苏轼的词作达到了一个新的境界。中秋节皓月当空,银光泻地,苏轼想起分别7年的弟弟苏辙如今近在济南却不能与之团聚,不禁心潮起伏。当夜苏轼通宵欢饮,大醉之后审视人间的悲欢离合,突然感觉所有的忧患和沉重都显得淡如烟霏、轻若鸿毛,于是便写了这样一首《水调歌头》:

> 明月几时有？把酒问青天。不知天上宫阙,今夕是何年？我欲乘风归去,又恐琼楼玉宇,高处不胜寒。起舞弄清影,何似在人间。
>
> 转朱阁,低绮户,照无眠。不应有恨,何事长向别时圆？人有悲欢离合,月有阴晴圆缺,此事古难全。但愿人长久,千里共婵娟。

这首词是苏轼在密州的时候所经历的思想的苦闷与超越的诗意的结晶,充满了浓厚的庄子齐物论色彩。有人说,自从苏东坡写了这一首《水调歌头》,人世间其他抒写中秋之夜的诗词便都成了废话。

难以追陪新进

　　1074年，苏轼密州任满，改往徐州赴任。弟弟苏辙专程从京城赶来，与哥哥同赴徐州。一路上，两人形影相随，或携手同游，或秉烛夜话，说不尽的快乐与适意。

　　苏辙离开后不久，徐州遭遇水灾。苏轼忙于治水，然后又开始筹划防水工程。到第二年徐州终于有了不错的收成后，苏轼便来到村间，到处与老农攀谈，行间口渴便敲门求茶，享受着一派田园风光。

　　这时苏轼的文名已经如日中天。徐州本是文人荟萃之地，三五之夜，雨雪之朝，评诗品画的雅集长盛不衰。苏轼总是聚会的中心，他谈笑风生，妙语连珠，道人所未道，使人轻松愉快又获益匪浅。

　　到处都有仰慕苏轼的士子。远在大名府任国子监教授的黄庭坚寄来书信和两首《古风》向苏轼求教，并自称是苏轼的学生。青年诗人秦观从高邮赶到徐州专程拜谒苏轼，可惜苏轼并没有一位文才高超的苏小妹可以嫁给这位浪漫多情的诗人。通过秦观的引见，诗僧参寥也风尘仆仆地从杭州赶来，与苏轼一起谈诗论道，游山玩水。

　　政务清明，百姓拥戴，宾客盈门，苏轼在徐州的生活还是相当顺心遂意的。

　　就在这期间，苏轼当年在杭州买来的侍女已经成年。通过多年的精心调养，脱俗可爱的王朝云更加楚楚动人了，于是苏轼正式将她收为侍妾，开始了两人情意绵绵的奇妙爱情。

　　元丰二年（1079年）三月，42岁的苏轼移任湖州，重新回到了江南。正当苏轼陶醉于湖州的山山水水，"顾我无足恋，恋此山水清。新诗如弹丸，脱手不暂停"之时，一场灾难突如其来。

　　随着王安石退隐江宁、吕惠卿身败名裂，元丰的政局与熙宁年间已大不相同。在神宗的主持下，新法仍在推行。然而这时朝中得势的王珪、李定、舒亶等人虽然结成了利益同盟，但势单力薄，与王安石的权望不可同日而语。与此形成鲜明对比的是，在野的反变法派人士的声誉却与日俱增。

　　这些人中，神宗皇帝最欣赏和最想重用的便是苏轼。

　　神宗平日最爱读苏轼的文章。不必说性情毕露的文学性散文，即使是那些虚文套语的贺谢表章，苏轼也往往写得不同凡响。有时候读着读着，神宗皇帝便情不自禁地击节称叹："奇才！奇才！"

　　苏轼连续三次出任地方官政绩斐然，深得百姓拥戴。他在徐州任上临危不惧，抗击洪水，神宗皇帝亲下手诏称赞"民人保居，城郭增固，徒得汝以安"。

　　苏轼的文坛声望与政治资本与日俱增，随时都可能在朝廷中异军突起，这令李定等人无法容忍。

　　无论是人品、才干还是政绩，苏轼都是无懈可击的。但苏轼在政治上有一个弱点，就是生性放达、口无遮拦，经常对新法语含讥讽。"讥讪朝政"，这是李定等人要想拔掉苏轼这颗眼中钉、肉中刺唯一可以罗织的罪名。

　　熙宁六年（1073 年），"十一世纪最伟大的科学家"沈括以钦差大臣的身份出使杭州，专程到苏轼府上拜访。沈括十分热络，临走前请求苏轼赠送手录近作诗一册，留作纪念。苏轼心地坦然，满口答应。谁知沈括回到京城，立即将苏轼近作逐首加以笺注，附在察访报告中进呈御览，告他"词皆讪怼（怨恨）"，但神宗并未理会。此事满朝皆知，苏轼听说后也并未放在心上。但他没料到的是，日后有人竟重演沈括故技。

　　苏轼抵达湖州任所后，循惯例进谢上表。这份《湖州谢上表》发表在邸报（朝廷官报）上供群臣传阅。李定仔细阅读后，发现其中可以大做文章：

"风俗阜安,在东南号为无事;山水清远,本朝廷所以优贤",这是埋怨朝廷没有委以重任吗?

"臣性资顽鄙,名迹埋微。议论阔疏,文学浅陋。凡人必有一得,而臣独无寸长",这是正话反说,自我表彰吗?

"荷先帝之误恩,擢置三馆;蒙陛下之过听,付以两州",这是大摆老资格,向朝廷邀功请赏吗?

最气人的是"知其愚不适时,难以追陪新进;察其老不生事,或能牧养小民"。"新进"是对熙宁以来赖新法突然升迁的官员们的污辱性指称,而苏轼自诩老不生事,等于是讥讽朝中之人都在惹是生非。

这回断送老头皮

元丰二年(1079年)六月二十七日,见习监察御史何正臣首先发难,指责苏轼的谢上表"愚弄朝廷,妄自尊大",又说"一有水旱之灾,盗贼之变,轼必倡言归咎新法,喜动颜色",更为可恨的是苏轼还将讥讽文字印刷发行,使之广为流传。何正臣还附上了当时流行的一卷本苏轼诗集作为罪证,要求对苏轼"大明刑赏,以示天下"。

七月二日,另一个见习监察御史舒亶又附上当时流行的四卷本苏轼诗集一套作为罪证,并列举了诸多"谤讪君上"的文字,试图激怒神宗:

陛下为救济贫困贷款于民,苏轼讥之为"赢得儿童语音好,一年强半在城中"。

陛下为推行新法令百官学习法令,苏轼讥之为"读书万卷不读律,致君尧舜知无术"。

陛下为发展农业兴修水利,苏轼讥之为"东海若知明主意,应教斥卤变桑田"。

陛下为增加国家收入实行官盐专卖,苏轼讥之为"岂是闻韶解忘味,迩来三月食无盐"。

舒亶要求将苏轼交付有关部门严加惩处,"以戒天下之为人臣子者"。

最后,御史台代理长官李定也登场了。他于七月三日上奏,声言苏轼犯有四大该杀之罪:

苏轼是无能侥进之辈,"初无学术,滥得时名,偶中异科,遂叨儒馆",却动辄毁谤朝政,怙终不悔,此该杀者一。

苏轼不仅不知悔改,而且"傲悖之语,日闻中外",此该杀者二。

苏轼这些充满毁谤性的诗文颇能蛊惑人心,将使天下"不循陛下之化",此该杀者三。

苏轼读书明理,却因一己私利,"肆其愤心,公为诋訾",可谓明知故犯,此该杀者四。

神宗数日内接二连三地接到状纸,觉得苏轼的事已闹得"舆论沸腾",于是下诏将苏轼谤讪朝政一案送交御史台彻查。

李定等人闻诏喜不自胜。唯一让李定感到犯难的是,要想找到一个逮捕苏轼的如意人选实在很不容易。此人要精明干练,要善于虚张声势,又不能对苏轼暗生同情。最终李定等人选择派太常博士皇甫遵去逮捕苏轼,于是皇甫遵带着拘捕令和儿子以及两名御史台兵丁出发了。

苏轼在京城的朋友中,最先得知这一消息的是王诜。王诜是宋朝开国元勋王全斌的后代,神宗的妹妹魏国大长公主的驸马。他长于山水画,与苏轼交往密切,两人感情深厚。闻知朝廷要抓捕苏轼的消息,王诜火速赶往南都(今河南商丘)通知苏辙。苏辙立刻派人飞奔湖州。幸亏皇甫遵的儿子在润州忽然生病,耽误了半天,苏辙的信使终于抢先一步赶到，将消息事先告知了苏轼。王诜后来因此落了一个泄露密令的罪名。

七月二十八日，皇甫遵一行抵达湖州。苏轼事先得知自己闯祸，却不知是何罪名，见皇甫遵脸色铁青，气氛凝重，便郑重地说："轼自来激恼朝廷甚多，今日前来，必定是赐死，死固不辞，只求能与家人诀别。"

皇甫遵冷冷地说："还没有这么严重。"

苏轼取出诏令一看，才知原来是革职进京。于是两名士兵上前将苏轼五花大绑，带出门去。目击者云："顷刻之间，拉一太守，如驱犬鸡。"

王夫人与全家老少呼天抢地。真宗朝有位处士被朝廷召见，临行前妻子吟诗送行，苏轼忽然想起此诗，觉得妙不可言，于是朗声吟诵给妻子：

> 且休落魄贪杯酒，更莫猖狂爱咏诗。
> 今日捉将官里去，这回断送老头皮。

小臣愚暗自亡身

八月十八日，苏轼被解到汴京，随即被投入御史台一间阴暗狭窄的单人牢房。

御史台位于京城内东澄街北。和一般建筑坐北朝南的格局不同，御史台的大门是朝北开的，取阴杀之义。御史台四周遍植柏树，数千乌鸦栖居其上，所以御史台又称为"乌台"或"柏台"。苏轼的这次狱案，因此被称为"乌台诗案"。

最初苏轼只承认《山村五绝》有讽喻时政的意思，此外别无干涉。但御史们声称苏轼的《八月十五看潮五绝》之四是攻击神宗皇帝兴水利的：

> 吴儿生长狎涛渊，冒利轻生不自怜。
>
> 东海若知明主意，应教斥卤变桑田。

苏轼解释说，这里的冒利轻生是指弄潮儿贪图彩物，致有溺死者。当时神宗下诏禁止弄潮，诗的最后两句是说，东海龙王假如知道神宗爱惜生民、禁止弄潮的旨意，应该把沧海变成桑田，让弄潮儿得以耕种自食，免得他们再去"冒利轻生"。但御史们却一口咬定苏轼不老实，足足逼供了2天，苏轼心力交瘁，便懒得再辩。

从八月二十日到十月中旬，将近2个月的审讯使44岁的苏轼在精神上和肉体上都经受了难以言喻的凌辱和折磨。最后苏轼写了两万多字的供状，然后独自枯坐在囚笼里等待最后的判决。

苏迈每天给父亲送饭。父子两人早有约定，平时只送蔬菜和肉，如果得到凶讯就送鱼。一天，苏迈因钱粮用尽，需要出城借贷，只得委托京城的一位亲戚代为送饭，临行前却忘了将秘密约定告诉他。

这位亲戚想给苏轼换换口味，特意买来一尾鲜鱼精心烹制，送了进去。苏轼一见，悲从中来，双泪横流。一想到可怜的妻儿将无所依怙，弟弟也受到了牵连，苏轼心中无限悔愧。听说系狱期间，杭州、湖州百姓自发组织为自己连续数月作"解厄道场"，祈祷神灵，苏轼十分感动，打算死后葬在湖杭一带，于是提笔写下两首绝命遗诗：

> 圣主如天万物春，小臣愚暗自亡身。
>
> 百年未满先偿债，十口无归更累人。
>
> 是处青山可埋骨，他时夜雨独伤神。
>
> 与君今世为兄弟，又结来生未了因。

柏台霜气夜凄凄,风动琅珰月向低。

梦绕云山心似鹿,魂惊汤火命如鸡。

眼中犀角真吾子,身后牛衣愧老妻。

百岁神游定何处,桐乡知葬浙江西。

(《狱中寄子由二首》)

苏轼以为自己难逃一死,但朝廷中拯救苏轼的活动从未停止。最早是弟弟苏辙请求解除自己所有的官职为兄赎罪,然后是已从吏部侍郎位子上(相当于人事部副部长)退休的范镇上书皇帝请求赦免苏轼。三朝元老张方平也为营救苏轼而上书,劈头一句就是苏轼"实天下奇才",还说苏轼是"独以名太高,与朝廷争胜耳"。宰相吴充提醒神宗为何不能容忍一个写诗的苏轼。神宗的祖母曹后病重,神宗决定大赦天下为太后请寿,太后说:"不赦天下凶恶,只要放了苏轼。"就连曾经的政敌、已经退隐江宁的王安石也上书说"岂有圣世而杀才士者乎?"

结果神宗派人复审,然后对苏轼从轻发落,贬官黄州(今湖北黄冈)。其他涉案人员也受到了相应的处分:王诜被削除一切官职爵位;苏辙贬官筠州;张方平等罚铜三十斤;司马光、范镇、黄庭坚等人各罚铜二十斤。

黄州好猪肉,价贱如泥土

黄州是一个偏僻萧条的江边小镇。因为是犯官,没有官舍住,苏轼父子只得借住在城里一座名为定惠院的小寺庙里,跟着和尚们一起吃斋。好在主持和尚将他们视为贵宾,礼遇有加。

初到黄州的日子,苏轼常常整日闭门不出,从早睡到晚,也不和人往来,更不去别人家里拜访。

苏轼常常去城南安国寺沐浴,不久便在安国寺长老的指点下,开始从佛学的观念来看待自己的不幸:乌台诗案遭谗致毁,就是因为自己屡犯"绮语戒","口业"太盛,而又固执己见。于是苏轼开始在安国寺学习静坐默修的禅定功夫,早去晚归,坚持了整整5年,终于达到了"物我相忘,身心皆空"的境界。每每沉浸于"一念清静,染污自落,表里翛然,无所附丽"的状态中,苏轼便感受到无与伦比的愉悦。

黄州消息闭塞,与世隔绝,即使朝廷的邸报也极难一见。苏轼又无公事可干,于是天天闲在家中,生活极端枯寂乏味,常常在江边弄水挑菜便过了一日。杭州那种诗酒风流、雅集频仍的生活成了遥远的过去。

但苏轼很快就想出了办法自寻其乐,他每天布衣草鞋,与农民、渔父、樵夫、市井商贩随意地聊天说笑,或者求人家讲个鬼故事听听。人家不会讲,他会再三坚持"瞎编一个也行"。就这样,苏轼养成了"上可陪玉皇大帝,下可陪卑田院乞儿,眼前见天下无一个不好人"的超然气度和旷达胸怀。读苏轼这时期的书信,会让人以为他过着神仙般的生活:"扁舟草履,放浪山水间。客至,多辞以不在,往来书疏如山,不复答也。此味甚佳,生来无此适。"

朝廷是不给犯官发正常俸禄的。在黄州住了一年之后,苏轼的积蓄即将告罄,接下来的生活怎么过下去成了一个难题。这时的苏轼心想,如果能有一片土地,男耕女织,自给自足,该有多好。

没想到苏轼的朋友帮他四处奔走,最后竟获得有关部门的许可,帮他找了一块废弃的营地用于垦辟耕作。

这片营地位于郡城东门外的小山坡上,有五十余亩,荆棘丛生,瓦砾遍地,极为贫瘠。从元丰四年(1081年)二月开始,苏轼亲自带领全家老少早出晚归,开荒垦地。现在苏轼成了一名地地道道的农民,除了种稻、种麦,还先后种下了桑树、枣树、栗树、松树,以及朋友特地托人远道送来的橘树。之后他又辟出十几方菜地,小小农场初具规模。苏轼闲时漫步其间,颇有志得意满之感。一天,他忽然想起园中尚缺茶树,便寄诗一首,向一位和尚求取茶种:

> ……
>
> 不令寸地闲,更乞茶子艺。
> 饥寒未知免,已作太饱计。
>
> ……

(《问大冶长老乞桃花茶栽东坡》)

苏轼仰慕的诗人白居易任忠州刺史时,曾在忠州东坡垦地种花,写有《步东坡》等诗:

> 朝上东坡步,夕上东坡步。
> 东坡何所爱,爱此新成树。
>
> ……

苏轼这块新垦的荒地恰在黄州东门之外,于是他沿引白居易的故事,将其取名为"东坡",同时自号"东坡居士"。

躬耕东坡的生活并非总是充满牧歌情调的,水旱灾害常常困扰着苏轼。收成不佳的时候,苏轼只好节食。他曾写了一篇《节饮食说》张贴在壁上:

> 东坡居士自今以往,早晚饮食,不过一爵一肉。有尊客盛馔,则三之,可损不可增。有召我者,预以此告之,主人不从而过是,乃止。一曰安分以养福,二曰宽胃以养气,三曰省费以养财。

260

吃不起昂贵鲜美的羊肉,苏轼便精心烹制便宜的猪肉,还撰写了一篇《猪头颂》。东坡肉因此享誉千载:

> 净洗铛,少著水,柴头罨烟焰不起。
>
> 待他自熟莫催他,火候足时他自美。
>
> 黄州好猪肉,价贱如泥土。
>
> 贵者不肯吃,贫者不解煮。
>
> 早晨起来打两碗,饱得自家君莫管。

小舟从此逝,江海寄余生

苏轼在东坡那片营地营建了一座农舍,取名"雪堂"。每天清晨从居住的临皋亭出发,来到东坡耕作,在雪堂读书著述,接待朋友客人,回到家常常已是深夜。有时与朋友们偷饮私酒、大嚼牛肉,酒足肉饱,放歌山野间。回家之时,城门已闭,于是乘醉翻墙而入。

还有一次乘醉回到临皋亭时,应门的家童早已鼾声如雷,苏轼敲门后见没有反应,干脆站在江边欣赏江景,突然心潮澎湃,作歌一首,高歌数遍:

> 夜饮东坡醒复醉,归来仿佛三更。家童鼻息已雷鸣。敲门都不应,倚杖听江声。
>
> 长恨此身非我有,何时忘却营营。夜阑风静縠纹平。小舟从此逝,江海寄余生。

(《临江仙·夜归临皋》)

第二天一早,这首歌词已传遍全城。人们绘声绘色地说,苏轼昨夜吟唱此歌之后,"挂冠服江边,拏舟长啸去矣"。知州徐君猷听闻此事,又惊又怕。他与苏轼私交甚好,但作为知州,他对犯官负有监管之责。他急忙带人亲往临皋亭查看,谁知苏轼鼾声如雷尚在梦中。

这时来黄州追随苏轼的人,有道士杨世昌、和尚参寥、失意的老乡巢谷、琴师崔闲、游侠陈慥,正所谓三教九流,无所不有。黄州城西北长江之滨有座红褐色石崖,人道是三国周郎赤壁。苏轼虽然很怀疑这个赤壁是否就是三国周瑜破曹公处,但他常常与朋友们一起夜游赤壁,凭吊怀古。苏轼在这里写下的千古绝唱包括《念奴娇·赤壁怀古》和前后《赤壁赋》,而他47岁的生日也是在赤壁之下摆酒设宴度过的。

元丰六年(1083年)二月以来,已在黄州贬居4年之久的苏轼,健康状况再次恶化。先是患疮疖,疼痛难耐,卧病不起。此病尚未治愈,到五六月间,风火之毒上升,侵及右眼,炎赤肿痛,几乎失明。所以六月之后,苏轼便借了一间僧舍打坐静养。

卧病其间,苏轼闭门谢客,除了几位密友,其他客人一律不见。不过黄州人早已见惯苏轼每天出入东门,时时畅游赤壁,但自入春以来,忽然踪影全无,都觉得有些奇怪,隐隐约约听说病了,而且病得不轻。

六月下旬,与苏轼同样出自欧阳修门下的散文家曾巩在临川病逝。于是谣言顿起,说苏轼与曾巩在同一天故去,被玉皇大帝召到天庭做文学侍从去了。

流言传到京城与宫廷,神宗皇帝一天之内听到不止三人说起苏轼死讯,叹息再三,饭也不吃,郁郁不乐。

流言传到许昌,致仕的老臣范镇竟毫不怀疑,伏案大哭,打算派人前往黄州吊唁。他的儿子劝慰老人这可能是谣言,范镇觉得有理,于是修书一封,派门客前往黄州探听消息。苏轼得信,大笑不止。在给范镇的回信中,苏轼慨叹"平生所得毁誉,殆皆此类也"。

苏轼病逝的流言,让神宗皇帝感到不起用苏轼这样的才子,对不起仁宗皇帝,同时也是朝廷的耻辱。可是立即起用苏轼,必然遭到宰相府一帮痛恨苏轼的人反对。元丰七年(1084年)正月的一天,神宗忽然亲书手札,称苏轼"人才实难,不忍终弃",诏令改授苏轼汝州(治今河南汝州)团练副使,也不撤销原来的处分,只是将苏轼挪到了离京城较近的州郡。

这年九月,爱妾朝云为苏轼产下一子,小名干儿。苏轼以"遁"名之,以寄托自己对隐居读书的追求。在洗儿会上,苏轼还口占一首《洗儿戏作》,说自己希望儿子长大了是个笨蛋:

> 人皆养子望聪明,我被聪明误一生。
>
> 惟愿孩儿愚且鲁,无灾无难到公卿。

在赶往汝州的途中,苏轼游玩了庐山,写下了"不识庐山真面目,只缘身在此山中"的诗句。舟行水上,烈日暴晒,闷热异常,加上数月奔波,小儿苏遁突发高烧,滴水不进,苏轼平日积蓄的草药竟毫无用处。六月底苏轼一行抵达金陵时,干儿已经停止了呼吸。朝云哭得死去活来,泪水与涨乳流得床上一片湿,苏轼也是"老泪如泻水"。埋葬了干儿,苏轼心力交瘁,便想在金陵多停留一些日子。

礼岂为我辈所设

退隐金陵的王安石,听说苏轼已经到达金陵,并将择日拜访自己,既高兴又感慨,不等苏轼到来,便骑着毛驴,一身便服,到江边看望苏轼。

14年不见,苏轼发现这位曾经精明强干、雷厉风行的政治家,已经

成为一位风烛残年的孱弱老人。王安石来得突然,苏轼来不及换上官服,因此一见面便说"苏轼今日敢以野服见大丞相"。

王安石朗声笑道:"礼岂为我辈所设。"

10多年的隔阂顿时冰消瓦解。此后在逗留金陵的一个月中,苏轼频繁出入半山园,成为王安石家的常客。两人谈佛论道,评诗论史,有说不完的话题。

八月十四日苏轼离开金陵,临行前专程到半山园辞别王安石。或许预感到自己来日无多,这一别即成永诀,王安石显得分外伤感。苏轼走后,王安石十分感慨地对身边人说:"不知更几百年,方有如此人物。"

苏轼并不太愿意移居汝州。在金陵逗留了不少时日之后,他又到金山去会见朋友。这时苏轼萌发了在江南长住的愿望,最后他选择了常州宜兴。苏轼一面请朋友帮忙在宜兴买一个小农庄,一面向朝廷提交《乞常州居住表》,同时携家人继续缓缓北上。

第二年(元丰八年,1085年)二月抵达南都时,朝廷终于批准了苏轼乞居常州的申请。

三月初五,年仅38岁的神宗皇帝积劳成疾,不幸去世。

五月二十二日,在辗转跋涉数千里,在水上漂泊四百多个日日夜夜后,苏轼总算到达了常州。苏轼急切地想要买一座房屋,好让疲惫的家人尽快安定下来。结果他看中的一处房屋要价五百缗,苏轼将手中现款倾囊而出,才刚好够数。成交之后,苏轼选定了一个吉日,全家人高高兴兴地搬进了新居。

这天晚上,苏轼月下散步,来到一处村落,忽听竹篱茅舍中传来凄婉的哭声。苏轼禁不住推门而入,只见一位老妇在孤灯下哭泣。苏轼上前询问,老妇哭诉儿子不肖,将祖传百年老屋变卖。当苏轼得知"买房者是一位有名的苏学士"后,便将房契还给了老妇,然后从这所房屋中搬了出来,租了一处民居住下。

在常州住下之后,苏轼过上了悠然自得的田园生活。然而没过多久,苏轼便得到朝廷的诏书,被任命为登州(治今山东蓬莱)知州。原来新皇帝哲宗年仅10岁,不能亲政,太皇太后高氏垂帘听政,任用以司马光为首的变法反对派。司马光当然不会忘记以才高名世、因讥讽新法下狱的苏轼。

"溪叟相看私自语,底事(何事)区区,苦要为官去",对于自己被重新起用,苏轼并没有感到多少激动和喜悦。

苏轼对常州恋恋不舍,迟至十月十五日才抵达登州。抵达登州仅仅5天,苏轼又接到朝廷的诏令。他被任命为礼部郎中,要重回京师了。十二月抵达汴京后,过了仅仅10天,苏轼又迁官为起居舍人,3个月后又被任命为中书舍人,不久又升为翰林学士、知制诰,成了正三品大员,离宰执大臣仅一步之遥。

人人皆戴子瞻帽

元祐年间,大才子苏轼成了士林的超级明星、宋朝举国上下崇拜的偶像。苏轼平日喜欢戴一种高筒短檐的便帽,全国士大夫便竞相仿效,一时出现了"人人皆戴子瞻帽"的时尚潮流。

一天,苏轼陪同哲宗皇帝去醴泉看戏。宫廷艺人们上演了一出滑稽小品,几个书生打扮的丑角在台上吹牛,都说自己的文章盖世,争得不可开交。这时一个戴子瞻帽的丑角走上台来将他们喝住:"不必吵了,我的文章比你们的都要好得多!"

"为什么?"其余小丑大惑不解。

"你们没看见我戴着子瞻帽吗?"

据传,宋朝书法四大家"苏黄米蔡",苏轼排在第一位。在京城,苏轼的字可谓是一字千金。崇拜者们想尽一切办法,狂热地搜集他的题字。殿前副都指挥使姚麟虽是武人,却是收藏爱好者,但一直苦于无缘与苏轼结交。一天他对经常出入苏府的朋友韩宗儒说:"你若能给我弄到一张苏翰林的墨宝,我送你一腿羊肉。"

韩宗儒满口应承,此后不断地给苏轼写信,收到回函就立即去姚麟那儿换回十几斤羊肉。这个秘密后来被黄庭坚知道了,他对苏轼说:"当年王羲之手书《黄庭经》换得一群白鹅,人称'换鹅子'。现在韩宗儒用您的信函换羊肉,看来可称'换羊书'了。"

不久哲宗皇帝生辰,知制诰苏轼忙得不行,无暇给韩宗儒回信。韩宗儒吃不到羊肉,便派仆人催促。苏轼正想匆匆回上一封,猛然想起黄庭坚的话,搁笔对韩家仆人说:"告诉你家公子,本官今日不杀羊。"

苏轼在当时才名远播。监察御史张舜民奉命出使辽国,在沿途旅馆、驿站的墙壁上看到了辽人所题写的苏轼诗词。在辽国的书肆中,他还买到了一本《大苏小集》,里面刊载了数十篇苏轼的作品。辽、西夏、高丽的使者来到宋朝的京城,总要询问苏氏父子的情况,热切地表示希望能够会见苏轼、苏辙。

一天,苏轼陪同使者们品茗听曲。皓月临空,花香袭人,大家谈笑风生,气氛十分融洽。座中有位辽使突然起身对苏轼说:"在下久闻苏翰林大名,不胜钦敬,今有一事求教。我大辽国旧有一联,曰'三光日月星'。遍国之中,无人能对。贵国既以文治名世,大人又为中朝第一,属一对联,想来不费吹灰之力,不知能否赐教一二?"

苏轼想也不想,回答道:"好像有个天生妙对,叫作'四诗风雅颂',不知尊意以为如何?"

《诗经》分风、雅、颂三部,雅又分大雅、小雅,果然天衣无缝。辽使正惊叹不已,这时苏轼又缓缓地说:"我另对一联,算是凑数——'四德元亨利'。"

辽使一听，心想《易经》所谓四德乃"元、亨、利、贞"，大惑不解，欲要分辩。苏轼却说："您是不是想说我忘了一德。您作为大辽的使节，应该知道我朝仁宗皇帝的庙讳吧(宋仁宗名赵祯)，您不会要直言相称吧?"

鏖糟陂里叔孙通

京城的生活，到处都是书画诗酒的艺术气息。正当苏轼如鱼得水般尽情地享受这种风雅的生活之时，朝廷的政局正在发生天翻地覆的变化。司马光义无反顾地废除了熙丰年间实施的新法，元丰八年(1085年)七月罢保甲法，十一月罢方田法，十二月罢市易法、保马法，紧接着要求废除免役法。

熙宁初年王安石变差役为免役时，苏轼曾是最激烈的反对者之一。但是，此后多年担任地方官所积累的实践经验使苏轼逐步认识到，自己原来以为不可取代的差役法积弊甚深，免役法虽然不是十全十美，但是按户等征税雇役可以断绝官吏勒索的机会，确有可取之处。

虽然苏轼因为反对新法而蒙受了极大的苦难，几乎是九死一生，但这回他再次不识时务地成了免役法的大力维护者。苏轼将自己的观点对司马光和盘托出，无奈司马光的脾气与王安石一样执拗，对苏轼的意见不以为然。

虽然司马光两次报告中提出的罢废免役法的理由前后矛盾、漏洞百出，但在高太后的支持下，元祐元年朝廷还是正式下诏废除了免役法。在这种情况下，除了苏轼之外，满朝官员竟无一人再提出反对意见。苏轼觉得好笑，他在给朋友的信中写道：

昔之君子，惟荆(荆国公王安石)是师；今之君子，惟温(温国

267

公司马光)是随。所随不同,其为随一也。老弟(苏轼自称)与温相知至深,始终无间,然多不随耳。

免役法宣布罢废没几天,苏轼便提交了一份报告继续陈述他的反对意见,并在政事堂当面与司马光理论。司马光怒形于色,对苏轼的意见置若罔闻。苏轼退朝回家后直呼司马光为"司马牛"。

半年之后,司马光因病去世,然而司马光一手提拔的四名御史刘安世、王岩叟、刘挚、朱光庭早已将苏轼视为异端。

接下来,苏轼又得罪了洛阳人程颐。

程颐世称伊川先生,青少年时代与其兄程颢一起师从北宋理学创始人周敦颐,为宋代理学的代表人物。英宗、神宗两朝,大臣屡次推荐他,他都不肯出仕。程颐授徒讲学30余年,门人弟子遍及朝野,在当时的学术界影响深远,声誉日著。

哲宗即位之后,司马光等人举荐程颐任崇政殿说书,程颐以布衣之身成为帝王之师。程颐为人不苟言笑,动辄诵说三代古礼,开口必称尧舜孔孟,俨然以师道自居,丝毫不近人情。一天程颐在经筵为皇帝讲书,课间休息时间移坐殿旁小轩,君臣喝茶赏春。当时微风轻拂、垂柳依依,小皇帝顺手折下一根柳枝玩耍。程颐见了立即站起身来,拉长了脸教训小皇帝:"现在正是春天,莺飞草长,万物生荣,皇上不可无缘无故摧折生命,致伤天地和气。况且,为君者以仁为本,爱惜万物须从小事做起……"

哲宗很不高兴,将柳枝狠狠扔在地上。

司马光于元祐元年(1086年)九月一日去世,那天皇帝正领着百官在南郊举行明堂祀典,将神宗的灵位移入太庙。九月六日,典礼结束,朝臣们都急着赶往宰相府吊唁。这时程颐拦住大家说:"《论语》曰:'子于是日哭,则不歌。'今明堂吉礼刚过,岂可又行丧礼? 庆吊同日,与古礼不合也。"

当时有人反驳说："孔子说哭则不歌，又没有说歌则不哭啊。"

程颐有些尴尬，顿时满脸涨得通红，扯着嗓门继续争辩。苏轼本来就讨厌程颐，这时见程颐板着脸唠叨不休，忍无可忍，上前挖苦说："此乃鏖糟陂里叔孙通所制礼也。"

叔孙通是秦汉时期的一位儒生。刘邦称帝后，他采择古礼，结合秦制，为汉王朝制定了一整套规章与礼仪。鏖糟陂则是一处沼泽地，位于北宋都城西南十五里处，"夏秋积水，沮如泥淖"。"鏖糟陂里叔孙通"，意思是从脏乱之地来的冒牌叔孙通。

此言一出，百官哄堂大笑。程颐恼羞成怒，一帮出自程门、视程颐如圣人的洛学弟子也是怒不可遏。从此苏程结怨，遗下无穷后患。

一肚子不合时宜

2个月后，苏轼主持馆职考试，出了这样一道策问试题：

> 今朝廷欲师仁祖（仁宗）之忠厚，而患百官有司不举其职，或至于媮；欲法神考（神宗）之励精，而恐监司守令不识其意，流入于刻。

这只不过是一道分析仁宗、神宗两朝朝政特点的考题，程颐的门生、司马光的党徒谏官朱光庭却借题发挥，指控苏轼攻击先朝政治，要求朝廷予以惩治。当时主政的高太后见多识广，欣赏苏轼才华而厌恶谏官无事生非，因此下诏苏轼无罪。

然而程颐的门生们和司马光提拔的谏官们十分担心高太后如此看重苏轼，长此以往苏轼拜相指日可待。于是朝廷中由程颐、朱光庭结成的洛阳人一派(洛党)和刘挚、梁焘等人结成的河北人一派(朔党)纷纷登场,合力围攻苏轼(蜀党)。

再次卷入党争令苏轼十分沮丧,他连上四道奏疏,要求离朝外任,但都没有得到朝廷的批准。为了鼓励苏轼,高太后特别告诉苏轼:"学士今日进用,并非他人举荐,而是神宗皇帝的遗意。"高太后要求苏轼尽心侍奉哲宗,以报先帝知遇之恩。

受此激励,苏轼更加勤于政事,直抒己见,然而与洛、朔两党的矛盾也愈演愈烈。

又是一个暮春天气,阳光和煦,家中侍妾、婢女正忙着收拾晒了一天的书籍,苏轼忽然拍拍自己的肚子问道:"你们说,这里都装的是什么?"

一个婢女说"都是文章"。

另一个说是"满腹经纶"。

爱妾朝云却说是"一肚子不合时宜"。

真不愧是红颜知己,苏轼听后不禁捧腹大笑。

到了元祐四年(1089年),就因为这"一肚子不合时宜",苏轼遭到洛、朔两党和变法派余党的连续攻击。苏轼知道自己不能继续留在朝中了,经过苦苦请求,终于获准以龙图阁学士的身份出知杭州。

> 到处相逢是偶然,梦中相对各华颠。
>
> 还来一醉西湖雨,不见跳珠十五年。
>
> (《与莫同年雨中饮湖上》)

阔别15年后重回杭州,苏轼十分欣喜。

然而迎接苏轼的却是连续的灾难。苏轼是元祐四年七月到达杭州的,这年年初杭州遭水灾,早稻无法下种,五、六月又闹旱灾,晚稻收成无望。粮食歉收,米价猛涨,苏轼向朝廷反复陈词,要求拨救灾粮二十万石,宽减农业税三分之一,赐每道价值一百三十贯钱的度牒(僧道的资格证书)三百道,然后又用计划整修官舍的费用到外地采购粮食投放市场。到了元祐五年(1090年),杭州的米价终于稳中有降,百姓平安度过了荒年。

水旱灾害带来了严重的疫病。苏轼一面组织医僧为民治病,一面自费购买大批药材配制"圣散子"秘方,免费发放民众。疫病过后,苏轼又拨出公款两千缗,自己又捐黄金五十两,在众安桥创置了一所病坊,取名安乐坊,延请懂医的僧人坐堂诊治。据学者研究,安乐坊是中国第一所面向民众的官办医院。安乐坊后来搬到了西湖边,改名安济坊,直到苏轼去世时依然存在。

元祐五年四月的一天,一百一十五名父老相约来到州府,请求苏轼治理西湖。他们说,西湖不仅是湖山胜境,更是杭州农田灌溉、居民饮水的主要水源,也是保证运河通畅的重要水源。然而近年来西湖埋塞近半,加上各种水草滋生,水面日减,长此以往,不用20年,西湖就可能消失了。

于是苏轼一面进行全面调查、察访,广泛征求意见,制定治湖规划,用手头余留的救灾款召集民工清除水草、疏浚湖底,一面写奏疏向朝廷争取治理西湖的经费。从西湖疏浚出来的淤泥堆积如山,如何处理这些淤泥将成为治理西湖的一大难题。最后苏轼决定用淤泥在湖中筑起一道长八百八十丈的长堤,南起南屏山,北至栖霞岭,上建跨虹、东浦、压堤、望山、锁澜、映波六桥。长堤筑成后,苏轼又命人在长堤两岸遍植芙蓉、杨柳,还修建了九座亭阁。杭州人民感谢苏轼的功绩,将此堤称为"苏公堤"。"苏堤春晓"至今仍是著名的"西湖十景"之一。特别是在春季,苏堤上每日都是游人如织,士女如云。

譬如原是惠州秀才

元祐六年（1091年），杭州任满，苏轼被召回京城。苏轼请求外放
未得批准，但他实在不愿回到京城这个是非之地，因此将家眷留在杭
州，单身独往汴京，寄宿在弟弟苏辙家中。

当时苏辙已位至尚书右丞，苏轼的职位是翰林承旨兼侍读。兄弟
同居高位，朝中朔、洛两党岂能不嫉恨。不久便有人试图仿效"乌台诗
案"，再兴文字狱，以悖逆大罪置苏轼于死地。苏轼深感人心险恶，不
愿留在朝中，频频上疏坚请外任，终于获准出知颍州（今安徽阜阳）。

在颍州度过了一段平静的生活之后，第二年苏轼被调到了扬州。
数月之后，哲宗皇帝年满18岁，即将亲政，朝廷将在南郊举行盛大的祀
天大典，并将南郊卤簿使（掌管帝王驾出时扈从的仪仗队）这一庄重神
圣的职位交给了苏轼。

皇帝第一次亲行郊祀大典，非同小可。苏轼不敢怠慢，立即赶往
京城。郊祀大典之后，苏轼进官端明殿学士、翰林侍读学士、礼部尚
书，这是他一生最高的官位。

然而无论苏轼的官位多高，耿直的性格让他无法摆脱党派的争
斗。加上年轻的哲宗皇帝性情暴躁、好色懒惰，作为翰林侍读学士（皇
帝的老师）的苏轼感到心灰意冷，坚请外任。

紧接着苏轼失去了生命中两位最为重要的人物。一位是贤妻王
闰之，她于八月病逝。一个月后，苏轼政治上的保护者高太后去世，哲
宗亲政，政局即将发生天翻地覆的变化。

这时苏轼已经收到了外放定州的诏书。离任前，哲宗竟然拒绝按
惯例接见苏轼这位老师。苏轼深知国是将变，心情沉重，临行前留下

一篇报告,劝哲宗皇帝不要"急进好利之臣",朝政不当"轻有改变",要坚守"安稳万全之策",然后匆匆赶往定州而去。

定州治所在今河北定州市,北宋时属于边界地区,是一个军事重镇。但澶渊之盟后,宋辽两国长期和平相处,定州军备早已松弛。苏轼到任后,果断地整顿武备。然而这时苏轼已经预感到一场政治风暴即将向他袭来。

元祐九年(1094年)四月十二日,哲宗下诏改年号"元祐"为"绍圣",意思是要继承神宗朝的施政方针。随后,变法派人士章惇等纷纷入朝重掌权力。他们把打击反对新法的"元祐党人"作为第一要务,在短短一两月间,将当时在朝任职的高级官员三十多人全部贬到岭南等边远地区。

很快,苏轼被贬到英州(治广东英德)当知州,这时苏轼已经60岁了。从定州到英州有数千里路程,当时华北地区正值大旱,赤地千里,黄埃滚滚。苏轼年老体弱,两眼昏花,奔波劳碌之中,左臂肿痛复发,加上平生不善积累钱财,无钱雇人买马。在这样的困境中,苏轼不得不绕道汝州找弟弟苏辙求助,于是苏辙给了哥哥七千缗钱。

然后苏轼走水路南下。到金陵后,苏轼安排长子苏迈带领妻小及老弱仆佣回宜兴居住。苏轼舟至安徽当涂,朝廷发布诰命,又将苏轼贬到了惠州安置,苏轼的身份由一州的长官变成了由州府看押的罪官。到此地步,苏轼觉得不能连累家人,打算只身奔赴贬所。儿子、儿媳哭着要求与父亲同行,最后苏轼决定只带小儿苏过、侍妾朝云和两位女佣同行,其他家眷由次子苏迨带回宜兴与长子苏迈一起居住。

翻过大庾岭,苏轼抵达韶州曹溪南华寺。这里是唐代高僧六祖慧能禅师住持讲法之地,寺中大鉴塔藏有六祖慧能的肉身。苏轼伫立塔前,不觉泪如雨下。念人生之虚幻,悲身世之坎坷,苏轼忽然觉得自己本是三世精炼修行人,只因一念之差,才流落红尘,遭受这一辈子的无穷反复。

十月二日,苏轼来到瘴疠之地惠州。惠州父老竟也熟悉苏轼大名,人们扶老携幼,成群结队前来迎接,嘘寒问暖,令苏轼十分感动。

垂老投荒,来日无多。面对今日的落拓,对比昔日的荣耀,牢骚满腹是正常现象,圣贤也不免于精神上的焦虑。但被贬到惠州的苏轼对朋友说,就当自己本来就是惠州的一个落第秀才,本来就该在这个地方过一辈子,不也该好端端地享受生活吗?难道有什么不可以的吗?

惠州的生活条件极差,市井中每天只杀一头羊。不过苏轼也买不起羊肉,只好厚着脸皮用很少的钱买回一点没人要的羊脊骨,回家放锅里用水煮熟,再趁热漉出,浸点米酒,散点薄盐,微微烤焦,啃它半天,竟也能剔出一星半点的肉来。苏轼还在给弟弟的信中大谈这种辛苦吃法的乐趣,说隔几天这样吃一次,"甚觉有补"。

苏轼开始安闲自在地享受起在惠州的清苦生活,身边很快也围绕了一群地位悬殊、层次不等、性情各异的朋友,其中有官有民,有僧有道,还有高蹈林泉的隐逸之士。他们都不顾政治上的风险,陪苏轼游山玩水、吟诗作赋,或者携带酒米前来拜会。

渐渐地,苏轼竟觉得惠州"风土食物不恶,吏民相待甚厚",这地方倒成了他修身养性的乐土。

天女维摩总解禅

在惠州,苏轼一开始住在官府提供的居所合江楼上,但随着朝廷永不赦还元祐党人的消息传来,苏轼一方面估计合江楼住不长久,另一方面也打算在惠州长住终老,于是决定在惠州买地建屋,并让长子苏迈全家和幼子苏过的家眷搬到惠州来同住,只将次子苏迨留在宜兴参加科举考试。

绍圣三年（1096年）三月，苏轼买下白鹤峰上的几亩隙地，规整土地，斫木陶瓦，建屋二十间，空余土地则种上花草果木。消息传出，前来帮忙的惠州百姓络绎不绝，这座简陋的民居很快粗具规模。

然而绍圣三年七月，苏轼刚刚写完《白鹤新居上梁文》，新居尚未全部落成，爱妾朝云却病逝了，年仅34岁。当时苏过正在外地采购木材，两个女仆也病倒了一个，垂老的苏轼孤立无助，极为凄楚。

朝云熙宁七年（1074年）进入苏家时年仅12岁，23年间一直跟随苏轼辗转南北。无论苏轼升陟贬黜，朝云始终忠贞不贰。

姬妾本是荣华富贵的点缀，被苏轼戏称为"搽粉的虞候"，并没有义务与主人患难与共。元祐年间苏轼家中的姬妾相继辞去，只有朝云随他南迁至惠州，并毅然承担起主妇的责任，细心周到地照顾苏轼的饮食起居。拮据的经济状况，恶劣的生活环境，朝云都泰然自若。闲暇时，朝云读书念经，习字临帖，与苏轼谈禅论道，成了苏轼生活中最重要的知己朋友。

苏轼为第一位妻子王弗写了两篇文字，为继妻王闰之写了三篇，为朝云则写了二十余篇。苏轼对朝云的钟爱化作这二十余篇玲珑晶莹的诗、词、文，成了中国古代文学宝库中难觅的瑰宝。

白居易（号乐天）年近七旬时决定遣散家伎，卖掉宝马。不料善唱《杨柳枝》的爱妾樊素不忍离去，白居易为此作《不能忘情吟》。然而第二年"病与乐天相伴住，春随樊子一时归"，樊素还是离开了老病的白居易，远走高飞了。

相比之下，朝云的忠贞不渝确实难能可贵。苏轼称赞，她的深情不变恰似东汉时伶玄的侍妾通德；她的勇敢坚强，可与晋朝的李络秀相提并论，可惜遁儿早夭，朝云没有络秀的福分。朝云之所以超越了历史上这些有名的女子，是因为她在精神上与苏轼达到了同一境界。自从来到岭南，朝云总是和苏轼一起参禅学道。为了陪伴苏轼，朝云脱去了舞衫，扔下了歌扇，手拿经卷，常守在炼丹药炉边，祈愿炼丹成

功,同登仙山净土:

> ……
>
> 不似杨枝别乐天,恰如通德伴伶玄。
>
> 阿奴络秀不同老,天女维摩总解禅。
>
> 经卷药炉新活计,舞衫歌扇旧因缘。
>
> 丹成逐我三山云,不作巫阳云雨仙。

(《朝云诗》)

苏轼与朝云心心相印,他总是将他们的爱情比作佛教中的天女与维摩。据《维摩经》云,"维摩室有一天女,见诸大人,闻所说法,便现其身,以天花散诸菩萨大弟子上,而为供养"。道行圆满的人,天花洒在身上便会纷纷滑落,如果天花黏附在衣服上,则说明此人思想与言行还不合法性。在另一首献给朝云的词中,苏轼吟道:

> 白发苍颜,正是维摩境界。空方丈、散花何碍。朱唇箸点,更髻鬟生彩。这些个,千生万生只在。……

(《殢人娇·赠朝云》)

一日,贬居惠州的苏轼与朝云闲坐。正当秋凉时节,苏轼放下手中书卷,凝视窗外,见落木萧萧,凄然有悲秋之感,于是请朝云唱了一曲他填的《蝶恋花》:

> 花褪残红青杏小。燕子飞时,绿水人家绕。枝上柳绵吹又少,天涯何处无芳草。
>
> 墙里秋千墙外道。墙外行人,墙里佳人笑。笑渐不闻声渐悄,多情却被无情恼。

朝云歌喉将啭,却已泪满衣襟。苏轼十分惊讶,忙问她因何如此。朝云说:"奴所不能歌者,唯'枝上柳绵吹又少,天涯何处无芳草'二句。"

"枝上柳绵吹又少",所言是人生无常。"天涯何处无芳草",所言者爱情虚幻。此后朝云常常若有所思,每日不停地念着这两句歌词,眼中不断地流泪,直至病倒"尤不释口"。临终之时,朝云意志清朗,心力坚强,"口诵《金刚经》四句偈以绝":

一切有为法,如梦幻泡影,如露亦如电,应作如是观。

遵照朝云遗言,八月三日,苏轼将她安葬在栖禅院东南山坡上的松树林中。栖禅院的和尚们无不感叹,专为她建亭于墓上,墓联云"如梦如幻如泡,如影如露如电",故称"六如亭"。

内翰昔日富贵,一场春梦

朝云病亡半年之后,白鹤新居落成,苏轼终于有了安居之所。长子苏迈全家和苏过的家眷经过一年艰难的远途跋涉,也来到了惠州。

正当苏轼沉浸于举家团圆的快乐之中,朝廷对元祐党人的迫害加剧了,苏轼听说他们这些贬官将被贬谪到更远的海南岛去。

绍圣四年(1097年),惠州知州方子容怀着沉重的心情专程前来传达了朝廷的诰命。苏轼被贬到昌化军(治儋耳,今海南儋州),而他的弟弟苏辙也在不久之后被贬到雷州。于是苏轼安顿全家留在白鹤新居,只带苏过一人前行,并决定到海南之后"首当作棺,次便作墓",死后葬在海南,还为此立下遗嘱,对长子苏迈吩咐了后事。

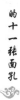
苏轼兄弟相遇于藤州，同行至雷州，然后苏轼渡海到达贬所。海南岛的生活相比黄州、惠州，可以说是真正的艰难。这里气候恶劣，炎热湿毒。苏轼在这里过上了"举无所有"的生活：食无肉，病无药，居无室，出无友，冬无炭，夏无寒泉，洗澡无浴室，更无书籍和笔墨纸张。加上语言不通，习俗迥异，似乎什么活动都无法开展。苏轼刚到儋耳，"淡然无一事"，真有度日如年之感。他最初住在官舍，但不久就被朝廷派来的官员赶了出去，于是不得不在城南盖了一间茅屋居住。

即使在这样的环境中，苏轼仍然可以苦中作乐。不久他便融入了海岛黎民的生活之中，交了很多土著朋友，即使田间劳作的老妪也会拿他开玩笑："内翰昔日富贵，一场春梦！"

苏轼的日常生活中，梳头和沐浴本是他的两大爱好，也是简单易行的保健方法。海南既无浴室，也无澡盆，洗澡不方便，苏轼只好采用道家的办法，每晚睡前双手揩摩全身，称为"干浴"。至于晨起梳头百遍的习惯依然保持，每当太阳升起，露水还未全干，苏轼便无忧无虑地起床，在晨风清凉里洗脸梳头，有着说不尽的清爽与舒畅。

除了早起梳头，漫长的午后在窗下悠闲地打盹也是海岛贬居生活中的一大乐趣。苏轼常常把两腿盘起来坐在蒲团上，恍恍惚惚地进入"非梦亦非觉"的空灵状态。

海岛之上洗澡不便，但可以经常洗脚。苏轼每晚睡觉之前都要备上足够的冷水和热水，尽情地浸泡洗濯一番。一边听着炉火上沸水发出的声响，一边不时地在瓦盆里加入冷水和热水，洗上半个时辰，然后在灯下剪一剪指甲，苏轼感到身心快意，就像雄鹰摆脱了羁绊。

后来，苏轼写了《旦起理发》《午窗坐睡》《夜卧濯足》三首诗，集为组诗《谪居三适》，寄给远在杭州的僧友参寥。诗里说似乎不谪居就无法体验到这三适，诗中充满了自信与自得，大有捷足先登、先享为快的潇洒气度。

道大不容，才高为累

在儋耳的第四个年头（1100年）的正月里，哲宗皇帝去世了。因为没有儿子，哲宗的弟弟赵佶继位，这就是宋徽宗。皇太后向氏垂帘听政，朝廷政局再次发生巨变，形势朝着有利于元祐党人的方向发展。二月朝廷大赦天下，元祐诸臣纷纷内移。

苏轼直到三月初才得到这一消息，他被内移到廉州（今广西合浦）。刚到廉州，朝廷又安排他到永州（今湖南永州）安置。此时长子苏迈一房及幼子苏过的家眷仍在惠州居住，次子苏迨也从常州赶往惠州。因此离开廉州之前，苏轼写信通知苏迈，让他率领全家到梧州相会，然后溯江同往永州。就在苏轼赶往永州的路上，朝廷又下了一道诰命，苏轼被授予一个成都府玉局观的闲职，不必赴任，可以在任何喜欢的地方居住。

经过再三的考虑，苏轼还是决心到常州宜兴定居。然而建中靖国元年（1101年），66岁的苏轼从瘴疠之地的岭南返回时，已身染瘴毒。一年来长途奔波，以舟楫为家，生活极不安定，苏轼早已精力衰颓、体质虚弱。当年五月从金山舟行返回真州变卖产业时，苏轼连日夜不成眠，形神交瘁，加上河道熏污，秽气侵入，终于病倒了。

六月，苏轼又因为饮冷过度，得了痢疾，只好卧床静养。不料数日后瘴毒大作，苏轼腹泻不止，此后病情一直没有好转。于是苏轼给苏辙写信嘱托后事，然后离开真州赶往常州。

抵达常州仅仅一个月，苏轼病情恶化，一夜高烧，牙床出血，全身无力，瘴毒、肠胃、心肺、血液数病并发，病情复杂。苏轼又自病自诊，专用清凉药。七月十八日，苏轼自知不起。将三个儿子叫到床前交代后事时,他回顾自己一生光明磊落,无怨无悔,便说"吾生无恶,死必不坠"。

10天之后,建中靖国元年(1101年)七月二十八日,苏轼溘然而逝。第二年,苏辙按哥哥遗嘱将他迁葬于汝州郏县(今河南郏县)小峨眉山。8年之后,苏辙也归葬此地。元代至正年间,苏洵衣冠冢也置轼、辙墓中,后人遂称"三苏坟"。

时人有这样一段著名的祭文总结苏轼的一生:

　　道大不容,才高为累。皇天后土,鉴平生忠义之心;名山大川,还千古英灵之气。识与不识,谁不尽伤? 闻所未闻,吾将安放。

世间本无花旦石

范寥

当年游侠成都路

没有几个人弄得清楚范寥是谁，无论是在今天还是在宋代。

宋代成都范氏名宦辈出。第一位是范镇。他于仁宗宝元元年（1038年）考中状元，仁宗时知谏院，曾请仁宗立太子，前后上章十九次，待命百余日，须发为之变白。后为翰林学士，论新法，与王安石不合。哲宗时官拜端明殿学士，封蜀郡公。第二位是范镇的侄儿范百禄。他于仁宗皇祐元年（1049年）考中进士，累官至中书侍郎。第三位是范百禄的侄子、范镇的从孙范祖禹。他于仁宗嘉祐八年（1063年）考中进士，曾从司马光编修《资治通鉴》，居洛阳12年，官拜翰林学士。范氏三代都反对王安石变法，支持司马光。后来蔡京当政，迫害元祐党人，范祖禹被贬至广东化州，死于当地，直到南宋时才恢复名誉，追复为龙图阁大学士。

在成都范氏家族中，另有一位范祖石，与范祖禹是同辈。原来范镇的曾祖父范昌佑有两个儿子，长子范琮这支十分兴旺，范镇、范百禄、范祖禹都出于这一支；次子范璨向下传四代，就出了一位范祖石。

这位范祖石出身名门，聪明无比，又受过很好的文化教育，可谓上知天文，下知地理，经史子集无所不读，吟诗下棋、花圃园艺无所不精，连气功拳棍都无所不学。可惜父亲去世得早，加之他生性放荡不羁，最烦世俗束缚，以致家中无人能够管教，因此整日游荡嬉戏，不务正业，平日里竟是三教九流无所不交，喝酒赌博无所不为。

范家本来就十分富裕，后来几位叔叔闹分家，祖石父亲已经去世，因此祖石以继承人的身份与叔叔们平分了家财，因此获得了一大笔财富。一夜之前，祖石发现自己成了一名阔少，竟可以支配这么多的财产，实在是兴奋不已，心想再也不用在赌场上受窝囊气了。

祖石来到赌场，排场自然不比以前，他的阔少做派、豪侠气概在赌场赢得了无比尊崇。于是他豪性大发，赌得气势磅礴、痛快淋漓，直赌到腥风血雨、天昏地暗、天翻地覆、沧海桑田。一个月后，范祖石输个精光，由阔少豪侠变成了一文不名的穷光蛋。

怎么办？祖石左思右想，实在是走投无路，只好去参加科举考试。

一群赌友从未见过祖石读书，听说他要去考进士，一个个笑得喝不下去酒。笑完之后劝他说："这个事情很难的，你又没学过，怎么考啊？"

祖石说："我这就去报名。"

这年秋天，祖石便考了当年成都地区的第二名。不过这次考试他只是获得了参加礼部正式考试的名额，要中进士还要等第二年春天去开封参加礼部的考试。

成都多才子，成都的第二名到京城考个进士那还不是探囊取物！祖石得意坏了，离第二年的考试还早，他也不复习准备，整天泡在酒坊里喝酒。喝完了又没有钱付账，酒家劝他少喝点，他就破口大骂，说人家嫌他穷，说："不想想老子以前赢钱时赏过他们多少钱，等老子考中了进士加倍赏你们！"人家哪里肯信，说："酒钱都付不起，你还有钱上京城考试啊？"便开始起哄嘲笑祖石。

祖石一怒之下出手打人，酒后下手也没个轻重，一个套路还没打完，一人便口吐白沫，两眼一翻，呜呼哀哉了。祖石一看大事不妙，乱拳打开人群，拔腿就逃。

日后黄庭坚有诗描写范祖石这段往事云：

当年游侠成都路，黄犬苍鹰伐狐兔。

二十始肯为儒生，行寻丈人奉巾屦。

……

（《和范信中寓居崇宁还雨二首》其一）

283

世间本无花旦石

　　范祖石逃出成都府，却发现各地州府城镇都张贴了缉拿文告，于是只能往农村潜伏。他身无分文，一路偷鸡摸狗，竟也过得刺激而不失潇洒。一日范祖石来到一座大庄园，庄园之中有一座大庄院，前通官道，后靠溪冈。一周遭杨柳绿荫浓，四下里乔松青似染。草堂高起，高馆低轩，转屋角牛羊满地，打麦场鹅鸭成群。田园广野，负佣庄客有千人；家眷轩昂，女使儿童难计数。

　　范祖石在这个庄园混了几天，摸清了情况，打听到庄主正想请一位园丁为他修剪花圃，于是便将自己的姓名减去偏旁，改为"花旦石"，自称因经商在成都府蚀光老本，一时走投无路，想投靠庄主做一名园丁。庄主见其乖巧斯文，便聘用了他。

　　不觉半年过去，冬去春来，已是京城开考时节。花旦石想到若非自己一时糊涂，酒后杀人，现在或许已是金榜题名、春风得意。他越想越烦闷，又不能找人倾诉，一时技痒，便在花圃亭壁上题诗一首，宣泄心中郁结。

　　不料次日庄主来花圃游赏，见到此诗，方知园丁来历十分可疑，心中大骇，不敢再留，取出半笏（金银铸成笏形，一枚为一笏）白银命其速速离开，以免祸乱庄园。

　　离开后，范祖石改名范寥，用所得白银添置了一套儒士服装，一直往东南逃亡。他在途中曾经拜访过一名朝廷重臣，这位大臣发现范寥见识非凡，学识渊博，便留他在府中教其子读书。不料范寥嫌学生愚笨迂腐，没有豪侠之气，便每日晚上溜出府第饮酒赌博，回来常是酩酊大醉。学生忍无可忍，指责老师无行。范寥大怒之下竟然将学生暴扁一顿,随后便再次开始了流浪生涯。

这回范寥改变了装束,扔掉了儒冠儒服,在头上扎了个椎髻,穿了身野服,看上去就像一个方外道士。当范寥来到东南的越州(今浙江绍兴)地面时,得知直龙图阁学士、知越州翟思正想招一名私人秘书,于是便投了一封书状求职。翟思打开书状一看,发现书法精美绝伦,便召范寥面试。一见才发现原来是个道士,弄得翟思哭笑不得。翟思正想打发他走人,翟思的儿子翟汝文从里屋看到了范寥,认为此人面相异于常人,恐怕有些来历,于是详细盘问起他的来龙去脉。

范寥无所畏惧,如实回答。翟氏父子得知范寥考过科举,便问他所习何经。范寥回答专治《周易》《尚书》。翟思将信将疑,便从这两部经书中出了五道经义考范寥,范寥挥毫立就,文不加点。翟思父子一看,文理高妙,书法潇洒,方信范寥门第书香,学识渊博,乃当今难得之奇能异士,无奈时运不济,虎落平阳,竟至如此落魄。翟思父子爱才心切,便将范寥留在身边,以士人待之,并鼓励他重走科考仕宦之路。

说到科考,范寥淡淡一笑:"一来当今皇上听信蔡京之言,废除科举,行三舍之法(所谓三舍,就是将全国学校分为上舍、内舍、外舍三个等级,通过层层考试渐次升舍,直至上舍毕业方可授官出仕),科考尽出学校;二来范某身负大恶,乃朝廷通缉之要犯,若参加科考,岂非自投罗网。"

翟思回答说:"此言差矣。足下若是平庸之辈,翟某非但不会作此念想,反而会将足下押送有司,刑狱伺候。但足下学识渊博,见识高远,奇才异能,更兼胸襟磊落。人才难得,足下如不能为朝廷所用,翟某倒是有愧当今皇上求才心切。我看不妨这样,我想办法让你在我的家乡润州丹阳(今江苏镇江)重新入籍,然后送入当地州学。三舍科考每年举行,不想不出一年足下定能考入太学,不出三年定能以上舍高第出仕!"

于是范寥随翟思到丹阳入了户籍,并在润州州学入了学籍。翟思知道范寥难改豪侠本性,取出一百贯钱给州学教授,让他在范寥缺钱时周济,并嘱咐不要一次性给,否则范寥一天就花完了。没想到范寥嫌州学的教学水平太差,经常教训教授,又违反校规,带着其他学生喝酒赌博。没几天,翟思就收到了州学教授的投诉,说自从范寥来到学校,学校就不得安宁,他已经把一百贯钱都给了范寥,现在范寥已不知所踪。

翟思知道范寥难以管束,也就没有追查。后来翟思在京中任职,范寥也一直没有出现。直至翟思去世,翟家正在办丧事,突然有人恸哭着闯进翟家。门吏无法阻拦,与他吵了起来。翟汝文心想莫非是范寥来了,出门一看,果然是他。翟汝文佩服范寥知恩图报的侠义精神,将他留在家中,十分优待。不料几天之后范寥不辞而别,与范寥一同消失的还有翟家办丧事所用的全套白银器皿。翟汝文倒也不心疼这套器皿,只是想不明白翟家上下这么多人,加之门禁森严,范寥是如何在众目睽睽之下将这么多银器裹挟而去的呢?

范公来寻八桂路

翟思是在崇宁元年(1102年)去世的。就在这一年,向太后去世,朝廷政局再次发生巨变,以蔡京为首的政客集团打着继承神宗皇帝变法大业的旗号,将反对变法的官员一网打尽。当时蔡京清查向太后当政时上书言事的五百八十二名官员,按赞成新法与否分为正邪六等。蔡京党羽四十一人列正等,升官重用;与蔡京政见不同的五百四十一人列邪等,分别贬逐或降官、免职。不久,蔡京集团又将元祐、元符年间恢复旧法的文彦博、司马光等一百二十人列为元祐奸党、元符奸党,由宋徽宗赵佶御笔书写"奸党"名单,刻石于端礼门外。崇宁二年

（1103年），赵佶下诏将三苏和黄庭坚、张耒、晁补之、秦观等苏门四学士，以及范祖禹、范镇和刘攽等人的著作列为禁书。

崇宁二年十一月，被卷入元祐党禁的黄庭坚获命远谪宜州（今属广西）。第二年五月左右，黄庭坚到达宜州。

黄庭坚（1045—1105），字鲁直，号山谷道人，晚号涪翁、黔安居士、八桂老人，洪州分宁（今江西修水）人，北宋著名诗人、书法家。黄庭坚自幼聪颖异常，5岁能背诵五经，7岁写过一首《牧童诗》："骑牛远远过前村，短笛横吹隔陇闻。多少长安名利客，机关用尽不如君。"

治平年间黄庭坚考中进士，以才能见重于文彦博。元丰元年（1078年）黄庭坚作了两首古风，投书给当时任徐州太守的苏轼，以表示仰慕之意。苏轼读其诗，认为"超逸绝尘，独立万物之表，驭风骑气，以与造物者游"。黄庭坚由是诗名大振，两位大诗人从此结下至死不渝的友谊。

黄庭坚的诗以杜甫为宗，讲究修辞造句，强调"无一字无来历"和"脱胎换骨，点铁成金"，多写个人日常生活，风格奇崛。除诗文外，黄庭坚更擅长行书、草书。他的草书单字结构奇险，章法富有创造性，经常运用移位的方法打破单字之间的界限，使线条形成新的组合，节奏变化强烈，因此具有特殊的魅力。黄庭坚是北宋书坛杰出的代表，相传与苏轼、米芾、蔡京等合称为"宋四家"。

黄庭坚是范寥最为敬佩的诗人、艺术家。当范寥得知黄庭坚被发配到宜州时，恨不得立即去追随他。这年秋天，范寥从建康（即江宁府，今南京）出发，渡过长江，沿溢水南下至洞庭湖，经湖南进入广西。崇宁四年（1105年）三月十四日，范寥终于抵达了宜州，当天晚上便借宿在黄庭坚寓居的崇宁万寿寺。第二天范寥便去拜访黄庭坚。闻名不如见面，范寥见黄庭坚有仙人之风，暗暗折服，"于是忘其道涂之劳，亦不知瘴疠之可畏耳"，从此"日奉杖屦"，每日陪伴在黄庭坚身边，寸步不离，直至这一年黄庭坚去世。

黄庭坚开始在这一年写日记。这一年是乙酉年,这部日记后来流传下来,就被称为《乙酉家乘》(也称《宜州家乘》)。通过日记和其他一些记载,我们可以了解到范寥与黄庭坚交往的很多细节:

三月十五日,晴,黄庭坚记载"成都范寥来相访",并称赞范寥是"好学之士也"。

三月二十一日,雨,黄庭坚与范寥、何凌共同进餐。

四月初六,晴,崇宁寺和尚法旲宴请黄庭坚,范寥作陪。

四月初七,晴,黄庭坚与范寥一起剥粽子吃。

四月二十九日,郭全甫在城门南楼宴请黄庭坚,范寥等作陪。

五月初二,雨,黄庭坚又与郭全甫、范寥等人在南楼聚会。

五月初七,崇宁万寿寺宣称寺有寺规,不能继续留宿黄庭坚。于是黄庭坚与范寥一起搬到了南楼。南楼就是城楼上的一间矮屋子,非常狭窄,夏天特别闷热。从此范寥就与黄庭坚同食同住,每日下围棋、谈经论文、对榻夜语、举酒浩歌。有一天忽然下了一场小雨,黄庭坚身体略感舒适,便饮起酒来。喝得微微有些醉时,他坐在胡床上,将脚伸出栏杆去淋雨,顿时觉得身心轻快,回头便对范寥说:"信中,吾平生无此快也。"信中就是范寥的字。

五月十六日,雨,范寥陪黄庭坚一起参加李元朴在郭全甫家设的酒宴聚会。

五月十八日,晴,范寥陪黄庭坚、欧阳佃夫一起在崇宁寺沐浴。

六月十六日,邵彦明与其弟彦升又在龙水城南的龙隐洞设酒宴,黄庭坚与范寥、欧阳佃夫借马一起赴宴。刚到龙隐洞时,雷声大作,大家都以为要下暴雨,没想到一会儿又是晴空万里。一行人点着火炬钻进山洞,洞内石壁潮湿,道路曲折险绝,五人相互扶持,忽上忽下,终于从南面走出洞口。然后一行人又回到东面的洞口乘凉,欧阳佃夫抚琴,范寥向欧阳佃夫学习琴艺,黄庭坚与邵彦明弈棋,后来黄庭坚又作了几句诗。黄庭坚还对洞口的一种乔木产生了兴趣,这种乔木像栟椆,但果实像橄榄,随从说这叫木威,但书中并没有这种植物的记载。黄庭坚还详细了解到,当地风俗多取这种植物的果实作为烹制猪肉的珍贵佐料。不一会就有人送了黄庭坚一些果实让他尝尝,但黄庭坚显然受不了这个味道。欧阳佃夫则说,这种果实广东人称为乌榄,云贵一带则称为波斯橄榄,而这种植物的叶子柔韧密致,两广一带的人都拿它来做雨衣。

七月初三,晴,郭全甫又带酒到南楼来,与黄庭坚、范寥、李元朴、欧阳佃夫等人同饮。

七月初六、十一日、十七日、二十一日、二十五日、二十九日,黄庭坚多次与范寥等在崇宁寺沐浴。

七月十二日、十三日、十五日、十六日,黄庭坚与郭全甫、范寥等人在南楼下月光中饮牂牁酒(牂牁是古地名,在今云贵地区,牂牁酒是当地土酒,口味与中原颇异)。范寥的《从庭坚城南晚望诗》应该就是在其中一个明月夜中所作的:

> 此邦虽在牂牁南,更远不离天地间。
>
> 人生随处皆可乐,为报中原祗如昨。

七月十八日,黄庭坚与范寥一起拜访秦禹锡家。

七月二十二日,黄庭坚与范寥等一起在郭全甫家饮酒。

七月二十七日,黄庭坚与范寥一起探病李元朴。

八月十二日,黄庭坚又在南楼与范寥等友人一起进餐。这是《乙酉家乘》中有关范寥的最后一条记载了。

这期间黄庭坚与范寥常有诗文唱和,现在流传下来的有《和范信中寓居崇宁遇雨二首》等。这年的重阳日,范寥陪黄庭坚登上城楼极目远望。当时黄庭坚听到边上有人说"今岁当鏖战,取封侯",感慨不已,于是作了一首词:

诸将说封侯，短笛长吹独倚楼。万事尽随风雨去，休休，戏马台南金络头。

催酒莫迟留，酒味今秋胜去秋。花向老人头上笑，羞羞，白发簪花不解愁。

（《南乡子·诸将说封侯》）

当时黄庭坚引声高唱这首词曲，如痴如醉，情绪完全失控。范寥从未见过黄庭坚如此失态，在身旁听着听着，感觉一切即将随风而去，化为乌有，顿时悲伤不已，痛彻骨髓。此后黄庭坚一病不起，月底便驾鹤道山。当时黄庭坚无一位子弟亲属或门生在身旁，还是范寥和其他一些当地的朋友为黄庭坚料理了后事。有些材料记载，范寥从翟家偷来的银器被用来为黄庭坚办理丧事了，也不知是真是假。

范君胆勇如季路

黄庭坚去世后，范寥又成了孤魂野鬼，像《水浒传》中的鲁智深、武松一样，走投无路只好出家做和尚。

范寥离开宜州后，曾去拜访过一位高僧，并要求出家。高僧收留了范寥，还为他取了个法号叫"恪能"。不久这位高僧去世，范寥又往茅山投靠落拓道人张怀素。

这位张怀素是河南舒州人，走的是旁门左道。据说他本来是个和尚，元丰末年（1085年）曾来到京师附近的陈留给人占卜，而且常常"插花满头"，在陈留县内装疯卖傻、胡言乱语，自称是"戴花和尚"，不久就成了当地的一位名人。有记载称，当时的陈留知县对张怀素经常妖言惑众非常不满，便派人去查他的度牒，也就是出家做和尚的执照证书，发现张怀素所持度牒是南唐李氏政权颁发的,于是将张怀素的度牒没收,打了他一百棍屁股后勒令其还俗,并将其驱逐出陈留县境。

和尚没得做,张怀素便披头散发,自号"落魄野人",继续从事占卜活动。张怀素会耍各种魔术把戏,当时有些朝廷高官对他这一套十分着迷。第一位痴迷于张怀素法术的是后来与王安石翻脸的吕惠卿。张怀素在吕惠卿面前随手取出一个香盒、茶具,然后在其中变出一颗会跳跃的圆药丸。圆药丸在桌子上旋转,变成一个小人,又跳到地上,慢慢变大,最后一看,原来就是张怀素。吕惠卿对眼前发生的一切惊叹不已,认为张怀素不是得道高士便是世外仙人。

第二位痴迷于张怀素法术的是王安石的女婿蔡卞,他相信张怀素能驱使飞禽走兽,相信张怀素曾经劝说孔子不要过早地诛杀少正卯,相信刘邦与项羽在成皋相持时张怀素曾经登高观战。如此说来张怀素都已经1000多岁了,一定是神仙下凡。蔡卞兴奋地向他的下属陈瓘描述张怀素的这些奇迹,陈瓘觉得莫名其妙,哭笑不得,只能用"子不语怪力乱神"来劝止蔡卞。

与张怀素交往最深的则是王安石的外孙吴侔,以及吴侔的堂兄吴储。王安石的长女嫁给了吴充之子吴安持,王安石曾写过一首《赠外孙》的诗送给吴安持的儿子吴侔:"南山新长凤凰雏,眉目分明画不如。年小从他爱梨栗,长成须读五车书。"后来李壁为王安石的诗集作注,注到这首诗时,引用了宋朝国史的一段记载,说从元祐六年开始,张怀素就经常与吴侔的堂兄吴储有来往。张怀素为吴储占卜,说吴储的福分将如后秦国主姚兴(366—416)一样,"可为关中一国主"。吴储听张怀素说自己"福似姚兴",吓了一跳,忙说自己"福弱,岂能及姚兴"。不料张怀素竟说"但说有志不说福",十分露骨地怂恿吴储谋逆。李壁又说,绍圣四年(1097年)张怀素入京,再次怂恿吴储,吴储则将此事告诉了堂弟吴侔。

范寥离开黄庭坚之后,就开始投靠张怀素。不过也有记载认为,

范寥在追随黄庭坚之前,在金陵就已经投靠张怀素了,而且正是奉了张怀素之命才去宜州寻访黄庭坚,并怂恿黄庭坚谋逆的。黄庭坚听了范寥的谋逆之计,惊恐万分,掩耳而走。

然而在张怀素的谋逆集团中,范寥与吴储兄弟发生了严重的冲突。据说吴储兄弟一见范寥就十分厌恶,对张怀素说:"这人怪怪的,干吗不杀了他?"

范寥知道吴储兄弟想谋害自己,自己的处境十分险恶,便开始谋划脱身之计。一天夜晚,吴储兄弟再次谋划谋反之地,张怀素夜观星象,总觉得时机未到。

范寥听说此事,第二天对张怀素献计,说他有遁甲之术密藏在金陵,此去不远,可以取来献给张怀素。张怀素答应了,范寥因此脱身。

脱离险境之后,又一次走投无路的范寥决计至京师告发张怀素,却苦于没有路费。于是他来到以前镇江府学的同学汤东野家中借路费。当时汤东野并不在家,汤母却给了范寥一万钱。范寥靠这些钱顺利抵达开封告发了张怀素等人。

不过有关范寥与张怀素集团的关系,有一部叫《京口耆旧传》的史书却有另一番记载。《京口耆旧传》是一部专门记载宋代镇江一带人物的纪传体史书,其实专门有范寥的列传。《京口耆旧传》记载,范寥在离开宜州后,来到和州,得知张怀素与知和州吴储图谋不轨,于是乔装打扮,打算混进张怀素集团。

张怀素正需要一个不知道他们计划但又能为他们跑腿送信的人,于是问范寥识不识字,范寥说不识字。

为了考察范寥,张怀素让范寥晚上留宿于一间书室。范寥入书室后,倒头便睡,对满屋文字看也不看。张怀素又写了一封控告范寥的文书,让范寥送到衙门,范寥就真的送去了,假装根本不知道文书上写了些什么。

张怀素因此大喜,从此凡是与吴储兄弟密谋逆反的书信都让范寥传递。范寥掌握了张怀素等人谋逆的证据，于是上京告发。

年光专用酒留连

大观元年（1107年）五月，范寥因告发张怀素案而立功，宋徽宗赵佶准备授予范寥文官官职。可惜当时蔡京在场，由于担心徽宗给范寥授官，恩不己出对自己不利，因此说："范寥不是由学校出身的，不应该立即授文官官职。"于是宋廷授予范寥供备库副使，一个从七品的武官。而资助范寥的汤东野也以镇江府学内舍生的身份被授予宣义郎，一个从八品的文官官阶，并出任卫尉寺主簿。

案发之后，张怀素、吴储、吴侔、邵禀四人被凌迟处斩，杨公辅、魏当、郭秉德也被处死。吴侔的父亲、王安石的女婿吴安持被除名，发送潭州编管，吴侔的母亲、王安石的长女也被发送太平州羁管，吴侔的弟弟吴儇发送道州羁管，吴侔的妹夫邓洵武也被贬官随州。此外，吕惠卿父子、蔡卞、安惇、王能甫、王沩之、王资深、阎守勤、王采等人也因牵涉此案而遭处罚。

进入仕途后，范寥曾在曹州（即兴仁府，今属山东菏泽）任官，与兴仁府主簿吕本中常有诗文唱和。现在我们还能从吕本中的《东莱诗集》中找到四首吕本中写给范寥的诗。北宋灭亡之前，范寥的官职迁转到了颖昌府兵马钤辖，掌管颖昌府禁军的训练、教阅和赏罚。

后来范寥拒绝向宦官杨戬供奉竹子，杨戬为报复范寥，告发范寥私藏苏轼的诗文墨迹，范寥因此被停职除名。

这次处罚使范寥躲过了宋廷南渡前与金军的大战。绍兴年间（1131—1162年）范寥遇赦复官，出任福建路兵马钤辖，之后又出任过知邕州兼安抚使。张守知福州时，范寥大概正在福建路兵马钤辖任上,因此张守还写过一首《次韵范寥孟冬大阅之什》,描写范寥训练军队的威风情形。

据说范寥进入仕途后一心想为朝廷立功,为自己立名。范寥虽然精通文史,但朝廷只授他武官,他在宋朝的文人政治中郁郁不得志,到了晚年整日以诗酒自娱。一位朋友在诗中这样描写范寥的晚年生活和心境:

> 天下皆闻公子贤,轻裾长袖更争妍。
> 青春自向东山好,下客空怀代舍迁。
> 生活不甘诗冷淡,年光专用酒留连。
> 直须万里骑黄鹄,俯仰安能在一椽。

(《简范信中》)

当范寥在福建路兵马钤辖任上时,宋高宗赵构看到了黄庭坚的《乙酉家乘》,十分喜爱,放在御案上方便每日翻阅。高宗读到日记中多次提到"信中",便向黄庭坚的外甥翰林学士徐师川询问这个"信中"是谁。徐师川根本就不知道,随口说:"宜州这样的荒陋岭外之地,应该没有什么士人,大概是个僧人吧。"

如果高宗知道信中就是范寥,现在正在朝廷任官,并且多才多艺、有情有义、阅历丰富、于国有功,或许会特别眷顾他,让他充分展施才华,实现高远之志吧。可惜徐师川并不知道黄庭坚还有这样一位朋友,范寥因此失去了受到赵构关照的机会。

以上有关范寥的事迹,都是从极为零碎的史料记载中收集整理而成的。高宗询问"信中"是谁便是史料中记载有关范寥的最后一件事情,范寥此后的遭遇现在已经无从得知。

没有人知道范寥是在何时何地郁郁而终的。而当范寥在某时某地郁郁而终时,他身边的人可能都不知道他是从哪里来的。在为江苏镇江地区人物立传的《京口耆旧传》中，范寥的传记赫然在列，可见宋朝人就已经弄不清楚范寥究竟是成都人还是镇江人。

范寥风流离奇的事迹就这样暗暗地隐藏于历史之中，他的一生要比许多迂腐平庸的宋代文人精彩得多。通过范寥，我们看到宋代文人的另一面在历史中若隐若现——在那个鄙视武夫的年代，还有一群不幸中了科举圈套的侠客。

花城人去今萧索

赵佶

北宋的病灶

　　历史是胜利者书写的,也是为胜利者而书写的。开国皇帝总是以胜利者的姿态登上历史舞台,他们在史书中的形象总是高大挺拔。末代皇帝不免以失败者的身份退出历史舞台,他们的故事免不了与荒淫无道、昏庸无能联系在一起。

　　有时候我们不得不相信一切都会有尽头,没有什么会永垂不朽。一个朝代的兴衰存亡,就好比一个人的生老病死,是再正常不过的事情。当一个人离开这个世界后,医生会给出一个死亡原因,或是癌症扩散,或是心肌梗死,或是失血过多,等等。不过癌细胞不是无缘无故产生的,也不是每一个人的心肌都有梗死的风险。从这种意义上讲,宋徽宗或许就是北宋王朝的那一粒癌细胞,他的统治就是癌细胞恶性扩散的过程。而这一粒癌细胞产生的原因,或许要追溯到北宋建立之前更早的时候。

　　任何一个王朝都是在特定的历史条件下诞生的,有着与生俱来的基因组合与生理特征。宋朝承续了唐末五代的社会矛盾,就好像新生儿患有先天性的遗传疾病。宋太祖深知自己的王朝最糟糕的遗传病就是他赖以起家的游民军事集团,因此从登基之日起,他就想方设法消除这个集团的政治影响。他的办法是用经济赎买的方式让武人交出权力,然后将整个行政系统交给他认为没有造反能力的文人。

　　这个办法获得了成功,但同时也产生了严重的后遗症。宋太祖任用文官的初衷就是认为文人无法形成独立的政治势力,文人的荣华富贵完全依赖于皇权的恩赐,对皇权不构成威胁。文人们纷纷通过科举制度进入官场,他们想要荣华富贵,唯一的办法就是对皇帝言听计从,千方百计讨得皇帝的欢心。皇帝想要装腔作势,就有文官鼓动皇帝去泰山封禅;皇帝想要富国强兵,就有文官帮皇帝发动一场财政改革并派军队去开拓疆土;皇帝想要风流富贵,就有文官发明一种"丰亨豫大"的人生哲学。

北宋的皇帝就陶醉在这种可以让自己随心所欲的文官政治当中,他们以为切除了游民军事集团的毒瘤,靠着一帮通过科举求富贵的文人便能开创太平盛世。然而文官们紧紧地依附于皇帝的权力体系,政治投机成为他们致富贵的最佳途径,文官政治本身成了宋朝的病灶,随时都可能感染帝国的整个政治系统,从而引发致命的病变。

自从熙宁变法将北宋的文官集团撕裂为新党与旧党两派,权力核心的政治风向便成了两派官员命运的主宰。王安石主政时期,旧党尽数离开朝廷。等到神宗皇帝去世,哲宗继位而高太后摄政之时,司马光不但尽废新法,同时还将章惇、吕惠卿、吕嘉问、邓绾、李定等新党人士贬黜。不仅如此,旧党同样玩起文字狱的卑劣伎俩,吴处厚告新党蔡确在安州(今湖北安陆)车盖亭所作诗篇是以武则天影射高太后,结果蔡确被流放到岭南新州(今广东新兴)安置。与蔡确关系比较密切或在"车盖亭诗案"中没有明确表态的官员,不论新旧皆遭贬黜。

高太后去世后,17岁的哲宗亲政。在哲宗与高太后共同听政的9年间,除苏颂一人对他们两人同样尊敬以外,其他大臣都对哲宗视而不见,无人向他启奏一事。哲宗对此一直耿耿于怀,他后来曾多次向臣僚言及自己在听政时"只见大臣臀背"的窘态。不过年幼的哲宗很是乖巧,他将这种不满深深地埋藏在心底,表面上总是"恭默不言",害怕得罪高太后导致自己被废黜。由于神宗之弟雍王赵颢、嘉王赵頵皆在世,且都是高太后所生,在"能立长君,社稷之福"的宋代,哲宗被废黜并不是完全没有可能。

哲宗亲政后,既憎恨元祐诸臣对自己的无礼,又对废除新法和无休止的党争表示不满,决心寻找机会对他们进行打击。山雨欲来风满楼，一些旧党官员已经预感到政治上可能出现风暴，纷纷上奏希望哲宗继续奉行高太后在世之政，十分害怕新党再次掌权。但是哲宗毫不理会，召回高太后时期被排斥在外的内侍刘瑗、乐士宣等十人入宫，恢复他们的职位，作为自己的心腹。对政治极为敏感的苏轼一看形势不妙，主动请求外补，出知定州。

杨畏原是王安石的学生，因在政治上反复无常，人称"杨三变"。在"元祐更化"时，他依靠吕大防、刘挚的帮助才得以逃过一劫，吕大防还将他除为监察御史，收为自己的心腹。后来杨畏在吕大防的授意下，攻击右相刘挚；刘挚罢，又攻击右相苏颂；苏颂罢，再攻击门下侍郎苏辙，使苏辙不能升任宰相。杨畏因此被超迁为礼部侍郎。元祐八年（1093年）十一月，杨畏眼见政治形势大变，立即上疏哲宗道："神宗皇帝更法立制，以垂万世。乞赐讲求，以成继述之道。"哲宗召见杨畏，询以"先朝故臣孰可召用者"，要他"尽知其详，具姓名密以闻"。杨畏推荐了章惇、安焘、曾布、吕惠卿、邓润甫、李清臣等人，哲宗于是授已罢为祠官（名义上管理道观，实际上无职责的官职）的章惇为资政殿学士。绍圣元年（1094年），旧党吕大防、范纯仁、苏辙被贬出京城，新党章惇拜左相，李清臣、安焘、曾布、蔡京、蔡卞、安惇、林希、张商英等纷纷进用，新法陆续恢复，史称"绍述"。

然而新党并不满足于掌权，掌权后还要打击迫害旧党。于是文字狱再兴，蔡卞重修《神宗实录》后，元祐年间修撰《神宗实录》的范祖禹、赵彦若、黄庭坚等人因对神宗评价不高而被流放到边远州郡。此后吕大防、刘挚、苏辙、梁焘、范纯仁、苏轼等人被流放岭南，文彦博、韩维、程颐、吕陶、刘安世、贾易、王觌等数十人被贬官，司马光、吕公著、朱光庭、孙觉、王岩叟等人虽已去世也被追夺官职，只有苏颂一人在哲宗的保护下成为唯一一位没有受到迫害的元祐大臣。

端王轻佻

元符三年（1100年）正月的一天，24岁的哲宗皇帝病重身亡。哲宗有两个皇后，一个是孟皇后。这是高太后安排的婚事，哲宗并不喜欢她。后来孟皇后被哲宗废黜，出居瑶华宫，号华阳教主。孟皇后生有女儿，却没有儿子。第二个皇后刘氏甚得哲宗宠幸，生有一子二女，但儿子赵茂出生3个月后夭折。

哲宗无子，嗣君只能从兄弟中挑选。神宗共有十四子，到哲宗去世时，存活者仍有五人，分别是九子赵佖、十一子赵佶、十二子赵俣、十三子赵似和十四子赵偲。这其中赵佖居长，赵似与哲宗是同母所出，而赵佶风流倜傥而多才艺，在朝中颇有些声誉。

哲宗病重时，军国大权都掌握在神宗正宫向太后手中。赵佶深知，要想夺得皇位，关键在于打通向太后的关节，于是他施展浑身解数，曲意逢迎，讨取向太后欢心，甚至不惜纡尊降贵，着意笼络向太后身边的侍从，让他们在太后面前为自己说项。久而久之，宫廷上下一致称颂赵佶仁义孝悌、风流蕴藉、不同凡响。向太后因此对赵佶刮目相看，认为他贤于其他诸王，对他特别钟爱。

哲宗驾崩当天，向太后召集群臣商议后事。赞成谁做皇位继承人历来是最重要的政治"站队"，直接关系到每一个大臣的前途甚至生死存亡，拥立者就有了所谓"定策功"，反对者可能要成为阶下囚。对于难以确定的人选，一般人为了明哲保身，都会采取模棱两可的圆滑态度，或者视掌权者的意向而定，以免遭不测。只有宰相章惇自以为举足轻重。他想，既是开会讨论，自然可以畅所欲言，于是提出："简王赵似与大行皇帝（刚去世的皇帝称大行皇帝）一母同胞，天子既崩，按礼

301

按律,都应该是简王继位。"

　　向太后却说,她是正宫,没有儿子,其他诸王就都应该算作庶出,没有嫡庶之分,而简王年幼,没有僭越诸兄之理。其实这只是借口,更重要的原因应该是当时哲宗和简王的母亲朱氏还在人世,简王继位会进一步助长朱氏的势力,从而威胁向太后的地位。

　　章惇又奏道:"无嫡立长,应立第九子申王佖。"

　　向太后又反驳说:"申王虽然居长,但患有目疾,世上岂有堂堂天子眇目之理,万万不可。"原来赵佖自幼患眼疾,后来可能瞎了一目,故称眇目。

　　宰相连遭两次驳斥,其他大臣不敢再言,这时向太后徐徐说道:"申王既不可立,依次自然是端王入继大统。神宗皇帝也说过端王有福寿,又仁孝,不同诸王。"

　　众臣面面相觑,不敢争辩,唯有章惇坚决反对,厉声说道:端王轻佻,不可以君临天下。"

　　另一位大臣知枢密院事曾布在哲宗亲政期间与章惇明争暗斗,这时见章惇疾言厉色,便斥责道:"章惇从未与臣等议论过立天子之事,今日突发议论,实在令人惊骇,未知居心何在。皇太后言应立端王,臣聆听多时,觉得圣谕极当,没有异议,一切敬请太后定夺。"

　　此言一出,其他大臣心领神会,纷纷附和,于是向太后命人传召赵佶进宫,一切行礼如仪。赵佶就是著名的风流皇帝宋徽宗,这一年他19岁。

画图犹喜见文雄

　　宗室亲王日常学习的主要内容是儒家经典、史籍,但赵佶对这些不是很感兴趣,倒对笔砚、丹青、骑马、射箭、蹴鞠,甚至豢养禽兽、莳弄花草怀有浓厚的兴趣,尤其是在书画方面显露出卓越的才华。

2002年4月23日上午,在北京昆仑饭店举行的中国嘉德春季拍卖会古代书画专场上,海外征集归来的稀世珍品——《写生珍禽图》长卷由700万元人民币起拍。经过数位买家十多分钟的激烈竞价,一位竞买者以2530万元成交,创下了当时中国书画在全球拍卖市场上的最高纪录。《写生珍禽图》的作者就是宋徽宗。

宋徽宗的绘画以花鸟画最有成就,而花鸟画分为艳丽工笔和朴拙墨笔两种不同的风格。《芙蓉锦鸡图》是宋徽宗工笔花鸟的代表作品,所画锦鸡飞临于疏落的芙蓉花枝梢上,转颈回顾,翘首望着一对翩翩飞舞的彩蝶。锦鸡全身毛羽设色鲜丽,曲尽其妙,俱为活笔。芙蓉枝叶之俯仰偃斜,精妙入微,每一片叶均不相重,各具姿态,轻重高下之质感跃然纸上,耐人寻味。图下几枝菊花斜插而出,增添了构图错综复杂之感,既渲染了金秋气氛,又营造出全图上贯之气势。芙蓉斜刺向上,使观者凝神于飞舞之双蝶。此画用笔之精娴熟练,双钩设色之细致入微,空间分割之自然天成,均足以代表北宋宣和间院体画的水平。

水墨花鸟画风格朴拙粗简,多表现林下水滨风物,意境清远雅逸,别是一种风致。宋徽宗传世的水墨花卉以《池塘秋晚图》最具代表性。《池塘秋晚图》为纸本水墨画,卷首画红蓼蒲草迎风摇曳,荷梗支着莲蓬挺生于水中,白鹭一只叉开双足而挺立,衬以枯荷败叶,卷末水鸟一翔一浮嬉游追逐,呈现出水边沙外的潇洒之趣。此图布局平列而疏散,笔墨朴拙灵秀。白鹭用淡墨勾出,与深墨画成的荷叶相衬托,回首望飞翔之水禽,神情生动。枯败之荷叶用干笔皴涂,勾勒叶筋,力求表现出荷叶临风翻卷之态,似信手写出,颇有早期文人画的特色。

宋徽宗的花鸟画强调形神并举,认为"有气韵而无形似,则质胜于文;有形似而无气韵,则华而不实",不但追求正确的形体,还推崇富有活泼的精神,从而达到写生逼真的最高境界——"由形似达到神似",

展现了写实技法独特的艺术魅力,被西方美术史家劳伦斯·西克曼誉为"魔术般的写实主义"。如宋徽宗的《御鹰图》,双钩谨细,毛羽洒然,形体生动而自然。尤其是鹰眼的神姿,英气勃发,显示着一种威猛之气。而全画的艺术格调却是清新文雅,绝无粗犷率野的情味。《御鹰图》画风新颖,乃形神兼备的高妙写生,超越了当时崔白、吴元瑜等花鸟画家所能达到的艺术境界。

宋徽宗的人物画也有很高水平。元人汤垕记载,宋徽宗曾画《梦游化城图》,图中描绘了徽宗想象的美妙城市,人物如半个小指大小,多达千人,城郭、宫室、麾幢、鼓乐、仙嫔、真宰、云霞、霄汉、禽畜、龙马,凡天地间所有所想之物,色色具备,非常工细,是一件可与《清明上河图》媲美的艺术精品。汤垕称赞"观之令人起神游八极之想,不复知有人间物,奇物也",可惜现在看不到了。

徽宗人物画的真迹,现存有台北故宫博物院收藏的《文会图》与故宫博物院收藏的《听琴图》。

《文会图》具体描绘了北宋时期文人雅士品茗雅集的一个场景。画中地点应该是一所庭园,四周栏楯围护,垂柳修竹,树影婆娑。树下设一大案,案上摆设有果盘、酒樽、杯盏等。八九位文士围坐案旁,或端坐,或谈论,或持盏,或私语,儒衣纶巾,意态娴雅。竹边树下有两位文士正在寒暄,拱手行礼,神情和蔼。垂柳后设一石几,几上横仲尼式瑶琴一张,香炉一尊,琴谱数页,琴囊已解,似乎刚刚按弹过。大案前设小桌、茶床,小桌上放置酒樽、菜肴等物,一童子正在桌边忙碌,装点食盘。茶床上陈列茶盏、盏托、茶瓯等物,一童子手提汤瓶,意在点茶;另一童子手持长柄茶杓,正在将点好的茶汤从茶瓯中盛入茶盏。床旁设有茶炉、茶箱等物,炉上放置茶瓶,炉火正炽,显然正在煎水。有意思的是画幅左下方坐着一位青衣短发的小茶童。也许是渴极了,他左手端茶碗,右手扶膝,正在品饮。图中右上有赵佶亲笔题诗,"题文会图:儒林华国古今同,吟咏飞毫醒醉中。多士作新知入彀,画图犹喜见文雄"。图左中为"天下一人"签押。左上方另有蔡京题诗,"臣京谨依韵和进:明时不与有唐同,八表人归大道中。可笑当年十八士,经纶谁是出群雄。"

《听琴图》中主人公居中危坐石墩上,黄冠缁服作道士打扮。他微微低着头,双手置琴上,轻轻地拨弄着琴弦。听者三人,右一人纱帽红袍,俯首侧坐,一手反支石墩,一手持扇按膝,那神气就像完全陶醉在这动人的曲调之中;左一人纱帽绿袍,拱手端坐,抬头仰望,似视非视,那状态正是被这美妙的琴声挑动神思,在那里悠悠遐想;在他旁边站立着一个蓬头童子,双手交叉抱胸,远远地注视着主人公,正在用心细听,但神情却比较单纯。三个听众,三种不同的神态,都刻画得栩栩如生。

《听琴图》的人物表情以及画面气氛非常引人入胜。宋徽宗通过纤细的技法和迷人的色彩,把作品描绘得工整清丽、神妙无加。画中抚琴人的黑衣,与两边听者一红衣、一绿衣相对比,单纯中富有变化,不纷乱的变化中又透着典雅,与环境相得益彰。此画用笔匀整细腻,人物衣纹的线条富有弹性,而且纤细匀净的线条尤其能够传达一种与古琴相符的清爽、纤劲之感。几竿翠竹虽小,却都是用双钩画出,笔笔细劲严谨,颇费苦心地营造出和谐静谧的氛围。

有趣的是,很多人认为,《听琴图》中的弹琴人正是宋徽宗本人,而红衣听者乃是蔡京。不过也有人认为,抚琴人分明是一位道士,是宋徽宗写生的对象。

宋徽宗的书法艺术可谓独步古今,他所开创的瘦金体至今脍炙人口。"瘦金体"也称"瘦筋体",也有"鹤体"的雅称,是楷书的一种。瘦金体的特点是瘦直挺拔,横画收笔带钩,竖画收笔带点,撇如匕首,捺如切刀,竖钩细长;有些连笔字像游丝行空,已近行书。蔡京之子蔡絛在《铁围山丛谈》中称:"裕陵(徽宗)作黄庭坚书体,后自成一法。"明初陶宗仪《书史会要》则说:"徽宗行、草、正书,笔势劲逸,初学薛稷,变其法

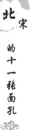

度,自号'瘦金书',意度天成,非可以形迹求也。"可见徽宗的"瘦金体"书法,其用笔源于褚、薛,但写得更瘦劲;结体笔势取黄庭坚大字楷书,舒展劲挺,然后变其法度,自成一格。瘦金书的运笔飘忽快捷,笔迹瘦劲,至瘦而不失其肉,转折处可明显见到藏锋、露锋等运转提顿的痕迹,是一种风格相当独特的字体。现代美术字体中的"仿宋体"即模仿瘦金体神韵而创。

才艺如此超凡的皇帝,在中国历史上实在不多见。不过宋徽宗赵佶的艺术成就中最被称道的是在登上皇位之后,利用皇帝的大权,完备画院体制,兴办画学,编纂《宣和画谱》《宣和书谱》,不遗余力地推动艺术事业的发展。宋徽宗即位后多次整顿扩建画院,制定了各项制度,广纳绘画人才,不断地提高画家的社会地位,给予宫廷画家正式官员的地位,"许服绯紫官服",宣和年间更准许画师"佩鱼"上朝,享受宋五品以上官员的待遇。据史书记载,稀世珍宝《清明上河图》的作者张择端就是宣和画院的画师。

李师师与浪子

宋徽宗生性轻佻放浪,被章惇斥为"端王轻佻,不可以君临天下"。也有史书说,章惇的原话是:"端王不过是个浪子。"浪子往好里说是风流雅士,往坏里说就是浪荡子。

因为浪荡子的脾气,宋徽宗与姑夫王诜可谓趣味相投。王诜字晋卿,是英宗和高太后的女儿魏国大长公主的驸马。此人多才艺,与苏轼也是好友。苏轼的书吏高俅离开苏家后,便来跟随王诜,《水浒传》中却将高俅的主人由苏轼改为苏辙。不过这位王诜放荡好色,家中姬妾成群,却还常常出入烟花柳巷。公主得病,王诜竟然当着公主的面和小妾胡来,气得神宗两次将他贬官。

赵佶还没当上皇帝时,一次在宫中与王诜相遇,说:"今天我忘带了篦子,暂借你的梳梳头发。"王诜从腰间取出篦子递上,赵佶拿着把玩不已,说:"这个篦子倒是新奇可爱。"王诜说:"正好我新近造了两副,一副还未用,待会儿我差人送来。"当天傍晚王诜派高俅给赵佶送篦子,正赶上赵佶在园中蹴鞠。高俅在旁候报之时,连声喝彩。赵佶招呼他对踢,高俅使出浑身解数,卖弄本事。赵佶大喜,便将篦子和送篦子的人一同留下。《水浒传》开篇讲的就是这个故事。

宋徽宗生性轻浮,又正值风流年华,除了耽好花木竹石、鸟兽虫鱼、钟鼎书画、神仙道教外,还有两桩要紧事体便是女色和游戏。在宫中,宋徽宗先后宠爱过的女子有原来向太后的押班侍女郑氏(后被册立为皇后)和王氏,以及大小刘贵妃、乔贵妃、韦贵妃等人。不过宋徽宗最著名的风流韵事则是他与镇安坊金线巷青楼歌妓李师师的交往。

李师师本姓王,是染局匠的女儿,4岁丧父,流落街头,被隶属娼籍的李家收养,成为名动京华的歌妓。她色艺双全,而且慷慨飞扬,有丈夫气,以任侠豪迈名噪一时,号称"飞将军"。有诗赞曰:

> 远山眉黛长,细柳腰肢袅。
> 妆罢立春风,一笑千金少。
> 归去凤城时,说与青楼道。
> 遍看颍川花,不似师师好。

宋徽宗不知从何得知李师师的艳名,经常溜出宫门,微服潜行,乘小轿子,由数名内侍导从,前往李师师处过夜。有时流连忘返,次日不归,徽宗便谎称患疾不再坐朝。

据南宋张端义《贵耳集》记载,李师师不光与宋徽宗有染。在身边众多情人中,她最为中意的是精通韵律、长于文才的周邦彦。传说当

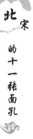
时周邦彦主管大晟府(主管宫廷音乐的机构),一次夜会李师师,不料恰逢徽宗临幸,情急之下钻到床下挨了一夜,于是尽数听到宋徽宗与李师师的对话。当时李师师问徽宗今晚住在哪里,说天快亮了,要走快走,不走就决定留下来吧,路上霜浓,马车尚且打滑,行人更是稀少,徽宗还是不要回去了。后来周邦彦作了首名为《少年游·并刀如水》的词,忠实地记录了徽宗与李师师的对话:

> 并刀如水,吴盐胜雪,纤手破新橙。锦幄初温,兽烟不断,相对坐调笙。
>
> 低声问:向谁行宿? 城上已三更。马滑霜浓,不如休去,直是少人行!

李师师在徽宗面前唱起这首词,徽宗得知此词竟是出自周邦彦之手后,不禁龙颜大怒,即刻命蔡京将其逐出京城。无奈此后李师师愁眉不展,泪眼婆娑,端的是憔悴不堪,徽宗不得不依了李师师,将周邦彦召回京城官复原职。

《水浒传》的作者似乎以此为蓝本,将周邦彦换成了浪子燕青,还编出了"燕青月夜遇道君"的故事。《水浒传》中是这样描绘浪子燕青的:

> 不则一身好花绣,更兼吹的弹的,唱的舞的,拆白道字,顶真续麻,无有不能,无有不会;亦是说的诸路乡谈,省得诸行百艺的市语。更且一身本事,无人比得,拿着一张川弩,只用三枝短箭,郊外落生,并不放空,箭到物落;晚间入城,少杀也有百十虫蚁。若赛锦标社,那里利物管取都是他的。亦且此人百伶百俐,道头知尾。本身姓燕,排行第一,官名单讳个青字。北京城里人口顺,都叫他做浪子燕青。

燕青是浪子，宋徽宗也是浪子，两人的本事也差不多。除了吹拉弹唱，宋徽宗对诸路乡谈、百艺市语也饶有兴趣，因此喜欢在宫中搞些花天酒地、放诞荒唐的秘戏。贵为宰执大臣的王黼、蔡攸常来担任这些秘戏的主角。王黼长得面白口阔、仪表俊俏，是个典型的小白脸。每逢徽宗吃酒看秘戏，王黼就和蔡攸穿着短衫窄裤，脸上涂胭脂抹粉，夹杂在戏子、侏儒中间，出些怪模怪样的洋相，说些市井淫媟戏谑的下流话，逗得徽宗前仰后合，喷饭不止。徽宗有时还在宫中学南齐东昏侯萧宝卷的玩法，让宫女当小商贩，王黼当市令(市场管理员)，自己当顾客。有一次，徽宗故意与"市令"发生争吵，拖过来就打，边打边骂。王黼被打得受不了，大声告饶："告尧舜免一次。"徽宗笑着说："我不是尧舜，你也不是稷契。"

有趣的是，《贵耳集》记载，李师师的红人除了周邦彦还有李邦彦。此人出身卑贱，善歌唱，熟悉民间俗语并善于将俗语融入词曲，又极尽风流之事，自称李浪子，世人称其为浪子宰相。

天子是浪子，宰相是浪子，这些人都围着京城名妓李师师团团转，这样的天下不亡也算奇怪。

非用蔡京不可

宋徽宗即位之初，尽管已经19岁，但为了酬谢向太后对自己的支持，仍请她垂帘听政。向太后倾向旧党，于是韩琦之子韩忠彦官拜宰相，范纯仁、苏轼自贬所召回，文彦博、司马光等旧党三十余人的官职被追复，而章惇、蔡卞、蔡京等人陆续遭到贬逐，只有曾布见风使舵，很快升为右相。这时期旧党势力有所加强，时号"小元祐"。

徽宗本打算调和新旧两党，第二年还把年号改为"建中靖国"。不料建中靖国元年(1101年)向太后去世,旧党失去靠山,新党蠢蠢欲动。这一年十一月,蔡京回到朝中,政治风向标又要转向了。

蔡京是个政治投机的高手。初入官场之时,熙宁变法方兴未艾,他凭着弟弟蔡卞是王安石女婿这一层关系与变法派挂上了钩。在"元祐更化"期间,他又摇身一变,瞬间成了司马光废新法的急先锋。司马光废免役法,复差役法,限各地官员在五天内办妥。很多人因时间紧迫而犯难,唯独蔡京在其所辖开封府内如期完成。他跑去向司马光报功,司马光高兴地拍着他的肩膀说:"使人人奉法如君,何不可行之有?"然而到了哲宗绍圣年间,他又开始巴结章惇,再次成了新党的干将。徽宗即位之初,他因与曾布争权,又遭到谏官们的弹劾,被贬杭州。

不久,徽宗亲信宦官童贯也来到了杭州。童贯本是神宗时大宦官李宪的家奴,后来受阉入宫。此人善于揣摩顺承,深得徽宗宠爱,很快被徽宗引为心腹,因此被派到杭州专程为徽宗搜集书画奇巧之物。蔡京碰上徽宗身边的大红人,绝无放过之理。蔡京本就是书画与文物鉴赏的高手,除此之外,其书法豪健、痛快、沉着,自成一体。徽宗对他的作品早就十分看重,在藩邸时曾以两万钱的高价买过蔡京为两个小吏书写的团扇。这次童贯为徽宗搜集书画奇巧,身边正缺蔡京这样的专家型人才,于是两人一拍即合,很快打得火热。蔡京让童贯把他所作字画送到徽宗面前,并不断让人为自己美言。徽宗因此有意起用蔡京,而这时曾布与韩忠彦争权,欲引蔡京相助,蔡京遂被召回京城。

一回到朝中,蔡京便建议重修神宗朝历史,为变法张本。蔡京的好友起居郎(负责记录皇帝言行的官员)邓洵武则乘机挑拨徽宗与宰相韩忠彦的关系:"陛下乃神宗之子,现任宰相韩忠彦是韩琦之子。神宗行新法以利民,韩琦反对。而今韩忠彦变更神宗法度,他作为臣子尚能绍述其父之志,而陛下贵为天子反倒不能绍述了。陛下真想继承父志的话,非用蔡京不可。"他还仿照《史记年表》的体例作了幅《爱莫助之图》。图分左右,以能绍述者居于左,以不欲绍述者居于右,"左派"只有蔡京等五六个人,而举朝辅相公卿全成了"右派"。

徽宗本来就喜欢精通书画玩乐的蔡京。在邓洵武的鼓动下,徽宗开始重用蔡京,并于1102年改元"崇宁",取崇尚熙宁之意,正式打出了绍述的招牌。不久,韩忠彦罢相,曾布也被蔡京挤出朝。七月,徽宗任命蔡京为宰相。

蔡京得势,旧党毫无悬念地再遭迫害。司马光、吕公著等一百二十人被称为奸党,徽宗用他独步古今的瘦金体将奸党名单亲笔书写刻石立碑于端礼门,这就是著名的元祐党籍碑。蔡京又请徽宗将臣僚们分为正、邪两种,凡赞扬熙宁、绍圣之政的列为正等,统统升官,反之列为邪等,分别贬降。此后宋廷又连颁诏令,禁止党人子弟、邪等人士前往京城,旧党人士的著作如三苏、苏门学士等人的文集也被列为禁书。不过事实上当时的朝廷并无所谓的新旧两党,只有依附蔡京和不依附蔡京的两派。那些曾经反对过徽宗或蔡京的新党人士,比如章惇、曾布等人,都被蔡京打入奸党行列。

丰亨豫大

如果说君主专制和文官政治是北宋王朝的病灶,那么童贯、蔡京之流以及徽宗皇帝就是受病灶影响发生基因突变的癌细胞。

癌细胞是正常细胞过度增生、异常分化而形成的。它不按正常细胞的新陈代谢规律生长,因而变得不受约束和控制,可以无规律地迅速生长,以致破坏正常组织器官的结构并影响其功能。从徽宗、蔡京这些人身上,我们同样可以看到他们不受约束和控制等特点。

当时蔡京、蔡攸父子鼓动徽宗及时行乐,蔡攸说:"皇帝当以四海为家,太平为娱。岁月蹉跎,韶华易失,何苦操劳忧勤,自寻烦恼?"蔡京还将这种观念上升到理论的高度,将《周易》中"丰亨,王假之"和"有大而能谦必豫"的说法发展成"丰亨豫大"的理论,认为"陛下当享天下之奉"。

在"丰亨豫大"理论的指导下,徽宗坚定了"太平无事多欢乐"的信念。天子既然应享天下之奉,那就必须把天下所有美好的东西都收罗到皇宫中来。崇宁元年(1102年),徽宗派童贯在苏杭设置造作局,役使数千工匠制作象牙、犀角、金银、玉器、藤竹、织绣等物,无不备极工妙,曲尽其巧。崇宁四年(1105年),徽宗又派朱勔在苏州设应奉局,搞起了"花石纲"。朱勔是苏州富商朱冲之子。朱冲早年曾帮蔡京在寺院中建藏经楼,朱勔因此得以结交蔡京。后来蔡京见徽宗喜欢奇花异石,便授意朱冲献上三棵黄杨树。徽宗很高兴,朱勔乘机进言说:"这种东西在东南一带多的是,陛下如果需要,臣可前往搜求。"于是朱勔打着供奉御前的旗号,堂而皇之地掠夺民财,百姓家中一石一木都被贴上黄封充公。运走之时,朱勔一帮人直接推倒墙垣,拆毁房屋,闹得江浙一带鸡犬不宁,民怨沸腾。这些花木奇石通过汴河运往汴京,十艘船编为一纲,故称"花石纲"。一次,朱勔搞到了一块高达四丈的巨型太湖石。他将石头载在专门制造的大船上,动用纤夫几千人,历经数月,一路拆水门、毁桥梁、凿城墙,终于运抵汴京。徽宗将此石赐名"神运昭功石",并封此石为"磐固侯"。除花石外,徽宗动用国力搜集的东西还有很多。书画自然不在话下,其他钟鼎礼器徽宗也搜集了一万余件,全是商周秦汉之物,还专门建了一座有七十五间房间的保和殿用于保存这些钟鼎。受此影响,社会上立即掀起了一阵掘坟盗墓之风。

徽宗觉得皇宫过于狭窄陈旧,毫无丰亨豫大的气派,于是决定重建拱宸门外的延福宫,工程由童贯等五人负责。政和四年(1114年),由五个小区组成的新延福宫正式竣工。新延福宫清幽雅致、不类尘寰,徽宗置身其间,心旷神怡,亲自作文,以记其美。不过徽宗很快腻歪了红墙黄瓦的殿宇，便在新延福宫中布置了一些村居野店、酒肆歌楼，每年冬至以后张灯结彩，赌博饮酒，狎妓寻欢，一任自由，直至上元节。

政和七年（1117年），徽宗又下令在京城东北部仿照杭州凤凰山的规模筑山，调拨上万名士兵、工匠累石积土，昼夜不停，耗资不可胜计。筑山工程历时六载，至宣和四年（1122年）方告落成。此山初名万岁山，后因地处汴京艮位（东北方向）而改名"艮岳"。艮岳方圆十余里，高达八九十步，其中无奇不有。徽宗为了在艮岳上见到云雾缭绕的景象，命有关部门制造了很多油绢囊，用水浸湿后于清晨张挂于峰峦之间，把雾气盛在里面，等自己临幸观赏时再打开绢囊，不多时便可云雾充盈，名曰"贡云"。徽宗在雾气中走来走去，便有腾云驾雾的神仙感觉。不过四方贡献的珍禽异鸟无人驯化，徽宗引以为憾。很快，开封以耍猴遛鸟为生的薛老头自告奋勇，每天召集皇帝的舆卫随从大喊清道回避的口令，举着华盖在艮岳上四处游逛，自己则用大盘盛着肉块粱米在前面，一边走，一边发出鸟鸣之声，招呼飞鸟前来饱餐。不久群鸟形成条件反射，一有华盖清道便云集而来。当徽宗前来游山时，一听到清道声，数万翔鸟翩翩而降。薛老头跪倒在地，高喊"万岁山瑞禽迎驾"，徽宗心花怒放，当即对薛老头封官行赏。

教主道君皇帝

享尽了人间的乐趣，徽宗又想尝尝天上神仙的滋味。还没当皇帝时，徽宗便爱翻阅道教神仙鬼怪的书籍。日有所思，夜有所梦，不久他便梦到太上老君命他振兴道教。后来道士郭天信预言徽宗将有天下，继位后茅山道士刘混康说只要垫高京城东北就能多子。恰好这些道士的话无不灵验，徽宗便开始把道士当成了活神仙。

于是，一些号称能呼风唤雨、先知先觉的"活神仙"纷纷聚拢在徽宗身边。最先亮相的是王老志。他自称服了钟离先生的仙丹，变得疯癫，抛妻离子，在田间盖草棚居住，给人指点祸福，徽宗知道后将他召进京城。王老志死后，嵩山道士王仔昔上场。他自称曾遇见过晋朝许逊真君，真君还授他《大洞隐书》。当时正值旱灾，徽宗求雨，请王仔昔书写祷雨秘符，不料并不灵验。不过后来王仔昔的秘符倒是看好了徽宗宠妃的红眼病，徽宗立即进封王仔昔为"通妙先生"。王仔昔因此得意忘形，傲慢无礼，最后竟与出家当女道士的宫女通奸，结果被下狱治死。

不过在林灵素面前，王老志、王仔昔可谓小巫见大巫。林灵素是温州永嘉人，少年学禅，却不堪师父答骂，跑去当了道士。后来他不知从哪里学了一套妖幻之术，到处招摇撞骗。徽宗第一次见到林灵素，竟觉得面善。林灵素灵机一动，信口胡诌说："天有九霄，以神霄为最高，其治所称府。神霄玉清王，乃是上帝长子，主管南方，号称长生大帝君，后来降生人世，就是陛下。长生大帝君有个弟弟，称作青华帝君，主管东方。还有仙官八百余名，如蔡京本是左元仙伯，王黼乃是文华使，蔡攸乃园苑宝华使，童贯等人也是仙官成员。我林灵素本是仙卿褚慧，和众仙官一道降临辅佐陛下，所以才让陛下看了眼熟。"徽宗本是作为人去膜拜神的，这下一不留神自己也成了神仙，连自己宠爱的小刘贵妃也被林灵素说成是九华玉真安妃下凡，当即乐不可支。不久，徽宗封林灵素为"通真达灵玄妙先生"。

到了政和七年（1117年），徽宗与林灵素导演了青华帝君白昼显灵于宣和殿、炎龙神剑夜间降临内宫的故事，然后于当年四月向道箓院（主管道教事务的机构）发了一道密诏，说："朕是昊天上帝的长子，为神霄帝君。因见中华大地金狄之教（指佛教）流行，人们焚指炼臂，舍身以求正觉，朕很是怜悯，遂恳求上帝，愿为人主，令天下归于正道。上帝应允，令弟青华帝君代朕领摄神霄之府。朕素来敬惧，尚虑我教所订未周,卿等可上表章,册立朕为教主道君皇帝。"这就是徽宗"道君皇帝"称号的来历。

皇帝成了神仙道士,还想让臣民们跟着他一起得道成仙,于是令吏民到宝箓宫(徽宗听从林灵素之言新建的道观)接受神霄秘箓。朝廷大臣纷纷拜林灵素为师。徽宗又设立道学,令道士入县学教育、考试,通过考试可以授予元士、高士、上士、良士、方士、居士、隐士、逸士、志士等名号(俱有官品),程序与科举考试一样。徽宗还要求将佛教改为道教,将僧人改称德士,并改换道士服饰。最后就连朝廷提拔官员也要由算卦的道士推算他的五行休咎,然后才能正式任命。

宣和三年(1121年)五月,汴京连遭暴雨,积水成灾,城外积水深达十余丈。徽宗害怕,忙命林灵素前去作法祛邪。林灵素率领道徒在城上刚刚迈开虚步,防汛的民夫竞相举起铁锹砸向林灵素,吓得"通真达灵玄妙先生"屁滚尿流,顾不上呼风唤雨便逃了回来。徽宗很不高兴,这时太子赵桓又来告林灵素的状,说林灵素太过蛮横,路上见到太子躲都不躲。徽宗一气之下将林灵素赶回了老家。

天下都无叹息声

徽宗虽然沉湎于奢侈放浪,但从未停止将自己的统治美化为"四方同奏升平曲,天下都无叹息声"的太平盛世。根据中国古代的政治理论,君主达成天下大治的办法之一是用音乐感化百姓。于是徽宗到处访求所谓的知音之士。不久,一个年逾九十的道士魏汉津混到了徽宗身边。他自称曾拜唐代仙人李良为师,向徽宗吹嘘伏羲、女娲、大禹制乐故事,还说这些圣人是以手指长短定音阶高低的,要求徽宗恢复先圣的音乐制度。于是魏汉津根据徽宗的手指制作乐器。徽宗的手指特别长,这些乐器奏出的音调格外高亢,响彻云霄,听得徽宗心潮澎湃,以为雅正之被于四海,从此天下可以歌舞升平了。

雅乐奏响之后,徽宗又效法大禹铸九鼎,按古书改官名,称宰相为太师、太傅、太保,副宰相为司徒、司空、司寇,公主则改称帝姬。

为了实现"四海都无叹息声"的圣政,徽宗还下令在京师建立"居养院"赡养鳏寡孤独的老人,同时在各地州县设置安济坊、漏泽园(前者用以抚养贫病不能自理的百姓,后者是安葬贫苦者骸骨的公共墓地)。政和年间,徽宗又在上清宝箓宫前新建了两个亭子:一个叫仁济亭,布施药材给人治病;一个叫辅正亭,供应符水以祛除邪鬼。

徽宗的"仁爱圣政"感动了"皇天上帝",于是各地祥瑞层出不穷,地方上报告出现的灵芝草动辄两三万株,海州(今江苏连云港)、汝州(今河南汝州)等地山上的石头全变成了玛瑙,伊阳(今河南汝阳)的太和山崩塌,生出不计其数的水晶,益阳县(今属湖南)山间小溪流出了数十斤金子,还有乾宁军八百里黄河清流见底,乾宁军因此改名清州(今河北青县)。

徽宗的仁爱圣政能够"感天动地",却不能感动天下百姓。徽宗的仁爱圣政都要挥霍国库的资财,神宗时期积累的大量财富很快被徽宗掏空。徽宗与他的宠臣蔡京、王黼、童贯、朱勔等人穷奢极欲生活的开支,无不需要百姓埋单。黑暗的统治和残酷的剥削激起了百姓的反抗,人们喊出了"打破筒(童贯),泼了菜(蔡京),便是人间好世界"的口号。从大观二年(1108年)起,各地的抗争就接连不断。宣和二年至宣和三年间,方腊、宋江起义终于在两浙、黄淮爆发了。

海上之盟

政和元年（1111年），宋朝派出一个高级代表团出使辽朝，向大辽皇帝贺寿，童贯出任副团长。童贯将近20岁才净身，虽然面色黔黑，但十分英俊，身材魁梧，双目炯炯有神。更为奇特的是，史书记载童贯"颐下生须十数"。"颐"是下巴，也就是说童公公的下巴不同于一般公公，他的下巴是"生须十数"。按照古人"须长为美"的审美标准，童公公仅凭这"十数"便足以笑傲群宦了。这一年离宋辽签订"澶渊之盟"已有107年。从"澶渊之盟"起，双方高层一直保持亲密交往，百姓安居乐业，互通贸易，边境百姓竟不知兵戈为何物。

十月，使团回宋路经卢沟桥，出身燕州大族、曾任辽朝光禄卿的马植连夜谒府求见童贯，并献上联合女真灭辽之计。童贯被这个马植打动了。

5年之后，在童贯的援引下，马植出现在宋徽宗眼前。马植恳求宋徽宗"念旧民涂炭之苦，复中国往昔之疆"，并断言旧疆臣民一定会箪食壶浆以迎王师。

面对一个燕人的慷慨陈词，燕云十六州的历史突然涌现在徽宗眼前。徽宗立即为他封官赐姓，燕人马植从此成了大宋赵良嗣。徽宗结金图辽的消息在大宋朝野引起了轩然大波。太宰郑居中请求朝廷谨守澶渊盟誓，认为贸然开战，后患无穷。知枢密院事邓洵武疾呼"百年盟誓，一朝弃之，诚恐兵举一动，中国昆虫草木，皆不得休息"。草泽小民安尧臣也上疏指斥蔡京、童贯结父燕人，轻举兵端，狼子野心。就连当时的高丽国王也托人捎口信，认为宋辽唇亡齿寒，劝徽宗"女真虎狼耳，不可交也"。徽宗是个"虚心纳谏"的人，他一度打算放弃这个计划。

但是，童贯力排众议，上了一本《平燕策》，全面阐述了收复燕云的重要性与可行性。同时徽宗派出一个很会看相的画师陈尧臣以使臣的身份前往辽国谒见天祚帝，令其将天祚帝的相貌牢记于心，然后作画带回朝廷。经过仔细分析，陈尧臣断言这位天祚帝天生一副亡国相。为了不让童贯一人独占功劳，王黼、梁师成等人连忙掉转船头积极主张伐辽。让人好奇的是，陈尧臣有没有看出徽宗也长了一副亡国相呢？

政和八年（1118年），徽宗派武义大夫马政使金，向女真族的完颜阿骨打传达了宋朝欲与金通好的意向，双方开始商讨结盟攻辽。

一番周折，宣和二年（1120年），徽宗再派赵良嗣以买马为名义出使金朝，要求与金朝共同灭辽后收回燕云十六州故地。徽宗给赵良嗣的御笔指示明确要求收复燕京及其所管辖的州城，然而狡诈的女真人说徽宗只要求燕州一地，弄得赵良嗣在谈判中非常被动。最后双方约定：金朝进攻辽中京（今内蒙古宁城西），宋攻取燕京一带；灭辽之后，燕京归宋所有，宋朝将原来向辽朝提供的经济援助转给金朝。这个盟约就是所谓"海上之盟"。面对金朝的无理取闹，徽宗表示坚决反对和严重抗议，严正声明要求将燕云十六州都归宋所有。

在徽宗的坚持下，金朝同意派人到宋朝重新谈判，然而这时联金攻辽的关键人物童贯并不在朝中。徽宗是个"责权分明"的人，他不能亲自与金朝使臣谈判，让其他大臣代替童贯也不合适，而且也没人愿意接手这么棘手的"外交"问题。事情就这么拖着，金朝使臣在宋廷住了三个月，仍不得要领，只好莫名其妙地回去了。原来当时南方方腊起义，童贯率领原本准备攻辽的军队南下镇压方腊去了。

宣和四年（1122年），金朝攻占辽中京后，约宋攻辽燕京。这时，辽天祚帝已逃往夹山，耶律淳在燕京被拥立为帝。而宋朝南方方腊也已被平定，童贯领十五万宋军进屯河北，信心满满地准备北伐辽朝，尽复燕京之地。

五月,金攻占辽西京(今山西大同),再议与宋军联合进军。这时童贯发现大宋"热爱和平"的边疆驻军已经记不起如何作战了。在严峻的形势下,童贯急中生智,以"王者之师"的姿态派出使者劝降耶律淳,并对燕京民众进行"吊民伐罪"的宣传。不料使者被杀,燕京老百姓也没有人出城迎接王师。

童贯大军到达高阳关(今河北高阳东)后,急命名将种师道率东路军攻白沟,辛兴宗率西路军攻范村。孰料种师道无原则地坚持和平主义观点,竟认为大宋伐辽是背信弃义、乘人之危的不义之战,消极参战。东路军前军两败于兰甸沟、白沟,西路军也在范村溃败。种师道撤军雄州时再遭辽军袭击,损失惨重。第一次攻辽遭到了意想不到的挫折。

有学者假设哲宗之后继位的如果不是赵佶,北宋的政局会不会如此迅速地堕落?不过更为有趣的假设或许是,如果当时徽宗不是联金攻辽,而是联辽抗金,那么是不是可以向辽朝提出赎回燕云十六州的条件?相比之下,"海上之盟"充分暴露了徽宗在军事、外交方面的背信弃义、鼠目寸光、利令智昏。

收复燕云

七月,辽天祚帝逃入沙漠,耶律淳病死,辽朝行将灭亡。宋宰相王黼认为这是伐辽的好时机,向徽宗提议再攻燕京。金朝得知,考虑到若不联宋出战,将得不到宋朝的经济援助,便再次约战燕京。

九月,辽涿州守将郭药师率常胜军八千人以涿(今河北涿州)、易(今河北易州)两州降宋,燕京也向宋奉表称臣。宋朝不费一兵一卒得到两座城池,举朝欢庆,赵佶御笔改燕京为燕山府,其他八州一一赐名,以示征服一府八州的必胜信心。

于是童贯派刘延庆、郭药师率十万大军渡白沟伐燕,不料被辽军阻击。这时郭药师自荐率兵夜袭燕京,并要求宋军前线统帅刘延庆派其子刘光世接应。郭药师攻入燕京,遇到顽固抵抗,而刘光世见势不妙,为保存军力,竟不去接应,郭药师只得撤退。辽军乘机反攻,刘延庆赶紧撤军。

十二月,完颜阿骨打率金军进攻燕京,燕京投降,而这时宋金双方关于攻下燕京后领土分割的谈判还没有完成。取得军事胜利的阿骨打开始耀武扬威,在谈判中漫天要价。经过艰苦的谈判,金朝终于答应将燕京及所属九州中的六州归还宋朝,宋朝也承诺每年向金提供五十万经济援助,并额外赠送一百万贯作为"军事援助"。岂料金军在撤军前对燕京大肆洗掠,将富户、财物、人口席卷而去,童贯接收的只是一座空城和蓟(今河北蓟县)、景(今河北遵化)、檀(今北京密云)、顺(今北京顺义)、涿、易六州,其中涿、易两州是主动降宋的。

无论如何,大宋帝国终于收复了失去将近200年的燕云之地,太祖、太宗未竟伟业由徽宗君臣完成,宏伟庄严的《复燕云碑》高高地矗立在燕京,宋廷上下无不欢欣鼓舞。

宣和五年(1123年),降金辽将张觉不堪金朝的压迫,逃到燕山府,以平、营、滦三州降宋。金朝以此为借口向宋朝兴师问罪,声称宋方破坏了宋金之间的盟约。徽宗认为张觉降宋是他自己的选择,宋朝不应负任何责任。不过为了两国的"友好",徽宗还是决定密诏杀死张觉及其二子并将其首级送往金朝。

徽宗的种种"用苦良心",并不是每一个人都能理解的。当时朝中出现了一些用心险恶的诽谤,不但指责徽宗不守信用,还散布宋朝将尽杀降将的流言。这些谣言严重动摇了军心,特别是降宋辽将郭药师因此心寒,常胜军人心涣散。

这时,金太祖阿骨打去世,金太宗吴乞买新立。宣和七年(1125年),金灭辽,吴乞买竟再次以宋朝招纳张觉等事为借口,诬蔑宋朝背叛盟约,悍然发动了对宋朝的战争。

十二月,金军派使臣到太原向宋前线统帅童贯提出以黄河为界,宋朝割让河东、河北两路领土给金等无理条件。然而奇怪的是,前线指挥官童贯并没有与金军展开决战,而是以奏报情报为名潜回了开封。

于是东路金军直逼燕山府,败郭药师军。流言起了作用,郭药师再一次做了叛徒。他还劫持知燕山府蔡靖等投降金军,并为金军做向导。

面对金军的进攻,徽宗下了罪己诏,并将皇位禅让给儿子赵桓,一切军政大权都由新皇帝钦宗接管。随着金兵铁骑的逼近,宋徽宗还声称,为了不影响新皇帝指挥作战,他准备撤到南方的镇江修养身心。

数日后新年,宋钦宗赵桓改年号为"靖康",寓意向上天乞求国家的平安和人民的康乐。然而上天这一次并没有保佑宋朝,大宋帝国已在宋徽宗的翻云覆雨中变得风雨飘摇。

东京保卫战

靖康元年(1126年)正月初,金军大举进攻,宋黄河南岸守军焚桥溃逃,金军顺利渡过黄河。消息传到开封,宋徽宗连夜出逃。

宋钦宗以李纲为东京留守、尚书右丞,并在李纲的坚决要求下没有出逃。七日,金军多次进攻开封,都被李纲组织的防线击退。于是金右副元帅完颜斡离不(汉名宗望,金太祖子,人称二太子)遣使议和,宋钦宗求之不得。

二太子提出,宋钦宗要遵金太宗为伯父,宋割太原、中山、河间三镇给金,宋纳犒军费金五百万两、银五千万两、锦缎一百万匹,并以亲王、宰相作为人质交给金军。

面对如此无理的条件,宋钦宗做了两手准备。他一面命李纲部署守城,一面答应所有要求,派出宰相张邦昌、九弟康王赵构作为人质前往金营,并在开封城中大肆勒索民财,以作为求和费用。

数日后,各地勤王军队陆续抵京。勤王将领姚平仲提出夜劫金寨、全歼围城金军的建议,得到了李纲的支持。宋钦宗最后同意了这个方案,不料兵未出而谋已泄,金人早有了准备。二月初一,姚平仲率步骑数千人夜袭金营,被金兵包围,姚平仲畏罪逃走。

夜劫金寨的计划失败后,投降派大臣纷纷指责李纲误国。毫无主见的宋钦宗罢免了李纲等人,同时遣使向金人谢罪,并交割太原、中山、河间三镇。

消息传出,以陈东为首的太学生和数万东京市民群起反对,要求复用李纲等人,反对割地。在这种情况下宋钦宗又复用了李纲等人,平息了太学生的请愿风波。

太学生请愿之后,主战派在宋廷中占了上风。各地勤王之师的聚集也使得金军害怕自己陷于不利局面。与此同时,宋钦宗答应割让三镇,并以三弟肃王赵枢代替九弟康王赵构作为人质,还将另一位人质张邦昌由少宰升为太宰,于是金军于二月九日撤离开封北归。

虽然宋钦宗下诏割让三镇,但太原、河间、中山三府军民拒不接受割地诏书,李纲等大臣也坚持抗金。在这种情况下,宋钦宗又废除了割地议和的协议。

这时南逃的宋徽宗见情势好转,又想重新掌权,于是在镇江建造庭园,不但准备长期留居,而且扣留东南地区的物资和军队,欲掌握东南地区的军政大权。

宋徽宗的这些作为令宋钦宗无法容忍。当时宋钦宗已应以陈东为首的太学生严惩"六贼"的要求,将王黼安置永州并在押解途中赐死,将李彦抄家赐死,将朱勔放归田里,将梁师成贬往彰化军并在押解途中赐死。这时宋钦宗又将留在宋徽宗身边的童贯、蔡攸,以及南逃的蔡京统统贬官,并派人到镇江催宋徽宗回京,防止太上皇掌握军队。四月三日,宋徽宗见夺权无望,便从镇江浩浩荡荡回到京城,打算悠然享受太上皇的生活。七月,蔡京在流放途中病死,此后童贯、蔡攸、朱勔等相继被处死。

徽、钦父子的权力斗争至此告一段落,然而这时的宋钦宗仍不思战备,压制抗金言论,将李纲一再贬官。同时为了彻底断绝宋徽宗重新掌握权力的可能,钦宗匆匆册立自己不满10岁的儿子赵谌为皇太子。

八月,金太宗以宋废除割地协议为借口,命完颜斡离不和完颜粘罕(汉名宗翰)分率东西路军再次南侵。黄河南岸宋将折彦质所率十二万大军再次不战而溃。金军渡过黄河之后,便要求划河为界。

宋钦宗立即派出包括康王赵构在内的三路求和使臣出使金营,但这些求和使臣遭到宋朝军民的抵制和攻杀,三路使者均未完成使命。

闰十一月初,两路金军先后到达开封城下,开始大规模攻城,均为开封军民击退。

迫于压力,宋钦宗又召李纲进京领开封府,同时任命赵构为天下兵马大元帅,让他火速带兵进京勤王。但李纲与赵构都已经来不及拯救开封。

二十五日,宋钦宗听信术士郭京的胡言乱语,以他训练的七千七百七十七名所谓的"六甲神兵"出宣化门攻打金军。结果"神兵"一触即溃,郭京借口城下作法逃出城门,金军则乘机攻入开封城。

次日,宋钦宗再次遣使求和,金军则要求见宋徽宗。百般无奈之下,宋钦宗为表孝道,自行前往金营,结果被金军扣留3天。十二月二日,宋钦宗答应一切议和条款。在宋钦宗下诏要求两河诸州郡向金军投降后,金军将宋钦宗放回京城。

靖康之变

　　金军跟着宋钦宗在毫无抵抗的情况下进入了开封城，并将城内九十二座藏库中自开国以来所积蓄的金银、绢帛全部封存，同时索要犒军绢一千万匹、金一百万锭、银一千万锭（金银每锭五十两）。

　　第二年正月初十，金人要求宋钦宗出城到金营，声称将在犒军绢金全部交纳后将宋钦宗奉还。

　　为了能够回到开封，除了在开封城内采取各种手段向民间搜刮钱财之外，宋钦宗还下诏应天府也要搜刮。但是搜刮如此巨额的金银谈何容易，宋钦宗又与金军重新讨论了议和条款，不惜将自己的亲姐妹卖给金军充当赔款。这些新条款包括：皇太子赵谌、康王赵构和宰相等共六人作为人质；宋朝宫廷内的一切器物都贡纳给金朝；赔款金一百万锭、银五百万锭，宋朝须于10日内解送，如不能凑齐，宋朝可以用帝姬（公主）、王妃等折价抵付。

　　然而金军将宋朝搜刮干净之后，并没有将宋钦宗送回开封。靖康二年（1127年）二月初六，完颜粘罕奉金太宗之命，正式将宋钦宗扣留，数日后又令徽宗及所有宗室赴金营，并宣布将徽、钦两帝废为庶人，当场脱去袍服。随宋钦宗至金营的吏部侍郎李若水见状，抗论骂敌，被金人打得气绝倒地，最后惨遭杀害。

　　金军在废掉宋帝后，鉴于自己无力统治中原地区，便以屠城相威胁，要求宋朝政府另立皇帝，作为傀儡政权。百般无奈之下，三月初七，做过2个月宰相的张邦昌被金朝册立为皇帝，国号"大楚"，与金以黄河为界。

　　完成这一切之后，金军准备撤离。三月二十七日，金军统帅完颜

北宋
的十一张面孔

斡离不单独接见了徽、钦两位废帝。精神处于崩溃状态的宋钦宗只是
呆呆地僵立着，不行一礼，不发一语。

宋徽宗则头戴逍遥巾，身穿紫道服，见到完颜斡离不便作揖恳求
说："老夫得罪，合当北迁。切望太子(指斡离不)与国相(指粘罕)宽
恕，命嗣子桓(宋钦宗)与诸子女同去广南一个烟瘴小州，以享祖宗血
食，而免于发遣北行。大金如能答应，便是对赵氏一门的天地之恩，容
赵氏世世补报，而赵佶甘伏刀斧，万诛不辞。"

完颜斡离不听后，通过翻译说："大金灭辽之后，所得妃嫔、儿女尽
行分配诸军，亡辽废帝身边不留一男一女。只因你与阿爹(金太祖完
颜阿骨打)有海上之盟，如今你与废帝有后妃、儿子相随，服饰不改，已
是我大金对你天大的恩赐。你且放心，到得北境，必有快活。今夜当
命你与儿女团圆一回。"

说完，完颜斡离不也不容宋徽宗再开口，就吩咐亲兵将两个亡国
之君带走。

当夜算是徽、钦二帝临行前的全家宴会。所谓团圆者，其实只有
宋徽宗的儿女子孙，并不包括他的女婿和已被金朝将帅瓜分的儿媳。
而凡是已被金朝将帅瓜分的帝姬，也全部辫发盘头，穿着女真服饰。
另有宋徽宗的第二十五子建安郡王赵模和三名帝姬、十名宗姬已经死
在金营，茂德帝姬的儿子道道也已夭亡。

宴会中，已被完颜斡离不霸占的茂德帝姬表现得最为活跃。她到
处给人敬酒，并且不断地重复一句话："人生如梦，终归一死，得欢娱处
且欢娱，得快活处且快活。"最后，她又带着醉意，唱起了宋徽宗当年创
作的《眹龙谣》：

> 紫阙苕荛，绀宇邃深，望极绛河清浅。霜月流天，锁穹隆光
> 满。水精宫、金锁龙盘，玳瑁帘、玉钩云卷。动深思，秋籁萧萧，比
> 人世，倍清燕。

瑶阶迥。玉签鸣，渐秘省引水，辘轳声转。鸡人唱晓，促铜壶
银箭。拂晨光、宫柳烟微，荡瑞色、御炉香散。从宸游，前后争趋，
向金銮殿。

　　词中那一派帝王歌舞升平、富贵盈溢、志得意满的情调，更使这群
龙子凤孙肝肠寸断，但几乎所有的人都已无泪可挥。

　　按照金人的命令，宋徽宗与绝大多数人必须连夜转移到刘家寺，
而宋钦宗一家人则另行押送。在众人与宋钦宗诀别之前，宋徽宗率领
儿女子孙们到斋宫外，北向泰禋门下跪，朝着不可能望见的赵宋宗庙
谢罪和辞别。宋徽宗只是伏地不停地叩头，嘴里喃喃地重复一句话：
"不肖臣佶罪该万死！死有余辜！叩请祖宗降罚，而佑我皇宋！"

亡宋太上皇

　　三月二十八日，金军开始从开封撤军。大楚皇帝张邦昌准备了皇
帝的仪卫，全身缟素，亲自率百官到南薰门举行遥辞仪式，跪拜恸哭。
很多军民、太学生等也参加了这个仪式。

　　金军的俘虏包括徽宗、钦宗及后妃、皇子、帝姬、驸马、宗族、大臣
等四百七十余人，以及教坊、宫女等三千余人，此外还有伎艺、工匠、娼
优等各色人等共十余万人。战利品包括金一千万锭、银两千万锭、帛
一千万匹、马一万匹，以及各类文物、图书，不计其数，而这些战利品还
是在宋钦宗的诏令下由宋军为金军搬运的。

　　金军将俘虏与战利品分作七批，陆续押解起程。押送宋徽宗的东
路金军在四月初渡过黄河。金军避开河北路宋军据守的州县和官道，
由小路尽快北撤。令宋徽宗等人失望的是，沿途竟没有一支勤王宋军

出来拦截。

当时连日阴雨,每逢夜晚,大群低级宋俘只能在雨中挨淋。队伍在泥泞的道途中艰难跋涉,车辆损坏、牲口倒毙、俘虏死亡等事件层出不穷。不少尚未被金将瓜分的宗姬、宗妇、族妇、妓女等企图到金兵帐中暂时躲雨,结果惨遭蹂躏。

四月十六日,宋徽宗一行抵达庆源府(今河北赵县)的都城店,病了一段时间的燕王赵俣终于咽气。宋徽宗与赵俣的妻子郭氏闻讯赶来,抚尸恸哭一场。军中并无棺材,宋徽宗等人只好临时用马槽敛尸,甚至无法盖住赵俣的双脚。完颜斡离不在茂德帝姬的央求下,也前来看验死人。宋徽宗率郭氏以及赵俣的儿子赵有亮、赵有章等下跪,请求由燕王的妻儿将燕王的尸体送回河南殡葬。完颜斡离不不耐烦地说:"可将尸体焚化,由妻儿带骨殖前去燕京。"

一名金军五十夫长不再分说,率一群兵士从附近瓦砾堆捡来一堆乱木,点火之后,将燕王尸首扔进火中。宋徽宗和郭氏等只能在旁伏地号啕。

二十三日,宋徽宗一行被押至真定府(今河北正定)城。这是金军首次进入河北路一个完全由自己控制的城市,兴高采烈的完颜斡离不特意与宋徽宗并马进入东门,并且用一面旗帜为宋徽宗前导,旗上写着"亡宋太上皇"五字。

宋徽宗长途跋涉近一个月,几乎见不到人烟。真定府内虽然多是颓垣败屋,但仍有不少市民劫后余生。他们有的已经剃头辫发,也有人仍着汉服。市民们见到这面旗帜,无不失声恸哭。

午饭过后,完颜斡离不安排宋徽宗、郑太后等人观看蹴鞠比赛。打球结束,完颜斡离不请求岳父宋徽宗写一首打球诗助兴。宋徽宗于是用瘦金体写下一首七绝:

锦袍骏马晓棚分,一点星驰百骑奔。

327

夺得头筹须正过，无令绰拨入邪门。

翻译将这首诗夸了半天，完颜斡离不用生硬的汉语连连叫好，并走到宋徽宗面前，行女真跪礼说："谢过泰山。"

宋徽宗连忙作揖还礼说："愧杀老拙。"

屈身辱志分恨难雪

当夜完颜斡离不举行宴会，参加宴会的有茂德帝姬等二十名被虏女子以及宋徽宗全家。

经过一个月的风餐露宿，宋徽宗终于享用了一顿美味佳肴。酒至半酣，完颜斡离不不让翻译传话，要宋钦宗的朱皇后和朱慎妃唱歌助酒。

朱皇后与朱慎妃长期未见宋钦宗，度日如年，押送途中又遭金将调戏，因此心境极坏，宴会中无半丝笑容。听说要在席中唱歌，两人都面有难色。这时宋徽宗出来圆场说："两位新妇，你们还须仰承二太子的美意。"

朱皇后想了想，也不唱歌，只是吟了几句歌词：

> 昔居天上分，珠宫天阙。今入草莽分，事何可说。屈身辱志分，恨何可雪，誓速归泉下分，此愁可绝。

宋徽宗一听赶忙制止说："如今大宋虽亡，还须感戴大金宽恩，新妇不宜诵此词。"

完颜斡离不也不恼火，只是命朱慎妃继续唱歌。于是朱慎妃学着朱皇后，也吟诵了几句歌词：

幼富贵兮绮罗裳，长入宫兮侍当阳。今委顿兮异乡，命不辰兮志不强。

两人吟完，失声而哭，宴会上也是一片啼泣。

完颜斡离不大为扫兴，正想发作，见到心爱的茂德帝姬也在落泪，当下心软，对茂德帝姬说："你劝劝两个嫂子，大舅子（钦宗）不日就会与她们团聚了。"说完抽身离开了筵席。

金军到达真定府之后，并不急于北上，而是愁于不能攻下中山府。

中山府即今天的河北定州，知府陈遘当时已被任命为河北兵马元帅。但他并不南下赴任，而是一直坚守此城。

这时金朝三个元帅率重兵前往中山府，劝降不成，转而猛攻，竟未能成功。

四月二十六日天色未明，金兵将还在睡梦中的宋徽宗押走。宋徽宗得知自己的劝降任务之后，便要最孝顺的六子景王和七子济王同行，不料这次却遭婉言回绝，最后是十二子莘王和十八子信王表示自愿陪伴父亲。

经过两天行军，宋徽宗被完颜斡离不亲自押到中山府下。金军特别用"亡宋太上皇"的旌旗和紫罗伞作为标志，让宋徽宗骑马来到城下。宋徽宗于是在城下高喊："我是道君皇帝，今宋国已亡，我须北上，朝拜大金朝皇帝，你们可从速归降，以免生灵荼毒。"

金军屡次劝降，都说宋朝已亡，陈遘哪里肯信。现在果然见到宋徽宗，陈遘不禁涕泪满面，说："陛下安得到此？然而臣奉命守城，岂能辜负陛下委任，而不尽守土之责？"

不料这时一个部将突然用剑刺死了陈遘，开门出降。

昏德公与重昏侯

得意扬扬的完颜斡离不押着宋徽宗回真定府,路上通过翻译对宋徽宗说:"日后当奏言泰山此次立功。"

不料正说话间,突然一支宋军杀来,完颜斡离不仓促指挥金军应战。宋军杀到宋徽宗不远处,为首将领骑黄骠马,手抡铁笔刀,连劈五名金军骑士。宋徽宗定睛一看,此人竟是宋太宗六世孙赵不尤。

完颜斡离不见来将勇猛,亲自上前迎敌。赵不尤军寡不敌众,只能退出战斗,金军也不敢追赶。此次遭遇战,金军伤亡大于宋军,信王赵榛趁乱逃跑。完颜斡离不火冒三丈,从此再也不愿称宋徽宗为"泰山"了。

五月十三日,宋徽宗一行被押至燕京析津府(宋人称为燕山府)。大部分的宋俘从此被拘留在此,只有两批宋俘又被押往遥远的东北会宁府(今黑龙江哈尔滨阿城区)。

这两批宋俘,一批是普通女俘一千四百五十人和男俘九百人,另一批则包括康王赵构的母亲韦贤妃、宋徽宗第十四女洵德帝姬和宋徽宗第二十女柔福帝姬。柔福帝姬是未婚诸帝姬中年龄最大的一个,金朝元帅们商议后打算将她献给金太宗。

徽宗原以为到了燕京生活可以稍稍安定,不会再有颠沛流离之苦了。谁知这年九月,金人又因南宋兵盛,怕徽、钦父子被宋军夺回,失去与宋朝讨价还价的筹码,便将徽、钦两帝徙往辽中京(今内蒙古宁城西大名城)。徽、钦父子所需生活用品都从燕京运来,每2个月运送一次。徽宗眷属千余口,钦宗眷属百余口,费用浩大,金人又常常不按时发放粮食、衣物,致使他们生活困窘,每况愈下。

建炎二年(1128年)七月下旬,徽、钦两帝被怀疑与真定、燕山等地义军有勾结,金军决定将他们徙往上京(今内蒙古巴林左旗东南)。

徽、钦一行一千余人于八月二十一日抵达上京,第二天金太宗便把康王赵构的母亲韦贤妃和正妻邢氏等召入行幄。

二十四日,金太宗决定让徽、钦父子朝见金朝太庙,实际是行献俘之礼,以此羞辱北宋君臣。徽、钦父子被迫除去袍服,其他人则被要求脱去上衣,身披羊裘,腰系毡条,入庙行牵羊礼。

在一片胡乐声中,金太宗亲手宰杀两只羊供入殿中。献俘礼后,金太宗要求徽、钦父子到乾元殿拜见自己。于是金太宗与皇后、诸王、郎君、大臣等骑马先行,后面五面白旗,上面分别写着"俘宋二帝""俘宋二后""俘叛奴赵口(构)母妻""俘宋诸王驸马""俘宋两宫眷属"等字样。徽、钦一行人来到乾元殿跪听金人宣读诏书。

第二天,金太宗封宋徽宗为昏德公,钦宗为重昏侯,郑、朱两皇后并封夫人,胡服归第。康王母韦贤妃、正妻邢氏以下三百余人没为奴婢,入上京洗衣院为金人浣洗衣服,另有四百余宫眷送入元帅府乐院供金人淫乐。钦宗皇后朱氏不堪虐待,自缢不死,最后投水毙命。

恩莫隆于兄弟

徽、钦父子在上京刚刚安顿下来,这年十月,金人再徙二帝及诸王、驸马、内侍、宫眷于韩州(今辽宁昌图北八面城东南)。十二月来到韩州时,这些宋俘死者过半。

2年之后(建炎四年,即1130年)的七月,金人又将徽、钦父子迁于五国城(今黑龙江依兰)。刚到五国城,宋徽宗的皇后郑氏便撒手而去,徽宗在精神上受到了极大的刺激。

不久金太宗赏给徽宗缣绢十匹。还在韩州时,金太宗曾将六位帝姬赐给宗族为妻,这时她们均已生子。金太宗法外施恩,除赏给徽宗缣绢十匹,还让他与女儿们相见。徽宗感激涕零,连上两表向金太宗叩谢。

更加悲惨的事情还在后面。

绍兴三年(1133年)六月,徽宗第十五子沂王赵㮴、驸马都尉刘文彦为了改变自己的艰难处境,取得金人的信任,竟然告发宋徽宗谋反。

徽宗得知此事,召集亲属、臣僚商议对策,众人面面相觑。

七月,金人遣两使来调查此事,并要求徽宗对簿公堂。经钦宗等人再三请求,金人才答应将赵㮴和驸马刘文彦带到徽宗居处之侧审问。赵㮴、刘文彦承认是诬告,金人征求徽宗处理意见。徽宗说:"诬告之事,深悟众叛亲离,反求诸己,罔知所措。若非洗心革面,则何以全身远害,寡悔寡尤。顾惟一体,其害尚轻,苟使坐累诸人,复何面目可以自存。"

从此以后,徽宗更加沉默寡言了。

绍兴五年(1135年)正月,金太宗去世,金熙宗继位。二月,韦贤妃从上京洗衣院获释,来到五国城与徽宗相聚。但2个月后的四月二十一日,徽宗病逝,终年54岁。

徽宗临终时,遗命葬于内地,金熙宗打算许可,但朝中大臣均执异议,只得作罢。金朝葬俗不用棺椁,因此徽宗与郑皇后皆用生绢裹葬。

绍兴七年(1137年),已经当了10年皇帝的宋高宗赵构(徽宗第九子)才获知父亲宋徽宗已经去世。

绍兴九年(1139年),高宗皇后邢氏也在五国城去世。

绍兴十一年(1141年)十一月,宋、金达成绍兴和议,两国以淮水中流为界,宋割唐(今河南唐河)、邓(今河南邓州)两州给金,岁输银二十五万两以及绢二十五万匹。十二月,岳飞遇害。

绍兴十二年(1142年)三月,金熙宗册封宋高宗为帝,归还徽宗、郑皇后、邢皇后灵柩,并准许高宗之母韦太后归宋。十月,徽宗和郑皇后的灵柩被葬于越州永固陵。

韦氏离开五国城时,宋钦宗挽住车轮,悲切地说:"如果我能回到南方,只要做一个道观的观主就满足了,对九哥(高宗)再也不会有其他要求。"然而宋高宗赵构终究害怕钦宗回来争夺帝位,因此南宋君臣无人理会钦宗死活。

绍兴二十一年(1151年)二月南宋使臣出使金朝时,外交辞令中也包括归还钦宗及皇族等事。当时金朝的天子海陵王完颜亮通过翻译问南宋使臣:"如果钦宗回国,宋朝将如何安排这位昔日的皇帝呢?"经此一问,使臣竟然张口结舌,不知所措。完颜亮一笑置之,不予理会。

绍兴二十六年(1156年),当了20年俘虏的宋钦宗病逝于五国城。5年之后,宋高宗才得知兄长去世的消息,竟也痛心疾首地说:"恩莫隆于兄弟,义莫笃于君臣,朕之大欲,盖在乎此。天不我与,其又何尤。"

元世祖至元二十三年(1286年),不逞之徒发掘了南宋诸帝陵墓,徽、钦之墓也遭洗劫,但二陵皆空无一物,徽陵有朽木一段,钦陵有木灯檠一枚而已。南宋时就有人认为,徽宗的骨殖其实从来没有回到过南方。

倘若黄袍加身、杯酒释兵权、卧榻之旁不容旁人酣睡的宋太祖赵匡胤地下有知,不知会做何感想。